国家科学技术学术著作出版基金资助出版

电气化铁路再生制动能量利用

胡海涛 陈俊宇 何正友 高仕斌 著

科学出版社

北京

内 容 简 介

本书围绕电气化铁路再生制动能量利用相关理论，系统地介绍了适用于不同类型电气化铁路的再生制动能量利用方案，并探讨了"源-网-车-储"一体化供电技术，为电气化铁路高效节能、绿色用能发展探索了新方向。全书共9章，主要包括不同类型电气化铁路的牵引供电系统负荷特性、适用于不同负荷特性电气化铁路的再生制动能量利用方案、再生制动能量利用系统保护方案、再生制动能量利用系统经济性、"源-网-车-储"一体化供电技术、再生制动能量利用系统仿真实验平台、再生制动能量利用系统工程应用方案及相关案例。

本书可以作为电气工程及其自动化专业高年级本科生和电气工程学科研究生的参考书，同时可供从事轨道交通电气化与自动化领域科学研究、工程设计、装备制造和运营管理的工程技术人员参考。

图书在版编目（CIP）数据

电气化铁路再生制动能量利用 / 胡海涛等著. —北京：科学出版社，2023.9

ISBN 978-7-03-071275-2

Ⅰ. ①电⋯　Ⅱ. ①胡⋯　Ⅲ. ①电气化铁道–再生制动–研究　Ⅳ. ①U260.35

中国版本图书馆 CIP 数据核字（2022）第 009773 号

责任编辑：华宗琪 / 责任校对：王萌萌
责任印制：罗　科 / 封面设计：义和文创

科 学 出 版 社 出版
北京东黄城根北街 16 号
邮政编码：100717
http://www.sciencep.com

四川煤田地质制图印务有限责任公司 印刷

科学出版社发行　各地新华书店经销

*

2023 年 9 月第 一 版　开本：787×1092　1/16
2023 年 9 月第一次印刷　印张：17
字数：400 000

定价：198.00 元

（如有印装质量问题，我社负责调换）

序

  铁路是国民经济大动脉、关键基础设施和重大民生工程，是我国实施"交通强国"战略和建设"国家综合立体交通网"的重要组成部分，在国民经济和社会发展中发挥着至关重要的作用。截至 2021 年底，我国电气化铁路运营里程已超过 10 万公里，居世界首位。作为大功率工业负荷，电气化铁路（含城市轨道交通）能量消耗巨大，2022 年总耗电量约 1000 亿千瓦时，约占我国全社会用电量的 1.2%。在"碳达峰、碳中和"背景下，电气化铁路绿色节能运行是备受关注和亟待解决的重要问题之一。

  实现电气化铁路绿色节能运行的技术途径是多方面的，主要体现在：在能源供给侧，通过新能源接入牵引供电系统，就地消纳电气化铁路沿线可再生能源，实现电气化铁路的绿色低碳能源供给；在负荷侧，充分利用电力机车/动车组返送的再生制动能量，提高再生制动能量在牵引供电系统内部的利用率和电能品质，实现电气化铁路的节能增效。

  近年来，为了响应国家政策和行业需求，电气化铁路节能成为研究热点，受到了科技部、国家自然科学基金委员会、国铁集团等的高度重视。本书作者胡海涛教授、何正友教授、高仕斌教授承担了多项相关科研项目的研究，《电气化铁路再生制动能量利用》一书汇集了作者在研究过程中积累的能耗分析、节能、储能等方面的研究成果。该书围绕电气化铁路再生制动能量利用与节能技术前沿，介绍电气化铁路的负荷特性，在理论分析、仿真实验、现场实测数据、案例分析的基础上，提出适用于不同应用场景的再生制动能量利用方案。针对电气化铁路绿色低碳的发展要求，提出了含新能源和储能的电气化铁路"源-网-车-储"一体化供电技术，为电气化铁路绿色高效发展探索了新的方向，也为新建电气化铁路的规划和建设提供了一种可选择的绿色节能供电方案。

  该书密切结合交通基础设施绿色节能战略需求，选题意义重大。全书结构严谨、逻辑缜密、内容系统且翔实，涵盖了电气化铁路节能研究热点和潜在研究方向。该书的及时出版，对于推动电气化铁路可再生制动能量利用的技术发展与节能技术装备的研发，对于促进电气化铁路绿色低碳供能、节能与高效用能，具有重要的理论意义和应用价值。

西南交通大学首席教授
中国科学院院士、美国国家工程院外籍院士
2023 年 5 月　成都

前　　言

  截至 2021 年，我国电气化铁路运营里程已突破 10 万公里，预期到 2035 年铁路网规模达到 20 万公里；电气化率已超过 75%，预期到 2026 年电气化率将达到 89%；客货年运量分别超过 26 亿人次和 47 亿吨，运量年增长率分别超过 18%和 4%（2016～2019 年客货运量年增长率超过 8%）。随着电气化铁路运营里程、电气化率和运量的增长，牵引供电耗电量也逐渐增长。2016～2019 年全国铁路牵引供电耗电量年均增长率超过 6%，2022 年总耗电量已接近 1000 亿千瓦时，年耗电量约占我国全社会用电量的 1.2%。由此可见，铁路运营能耗问题日益严峻，节能增效需求迫切。我国《"十四五"铁路科技创新规划》中明确要求：贯彻落实国家碳达峰碳中和部署要求，充分发挥铁路绿色发展优势，把绿色科技贯穿铁路技术装备、工程建造、生产运营全过程，着力降低铁路综合能耗。因此，电气化铁路的节能增效对于推动节能技术与装备的发展和运营经济效益的提升意义重大。

  当前，我国电气化铁路广泛采用交-直-交传动型动车组/电力机车，动车组/电力机车在进站、下坡减速制动过程中优先采用再生制动方式，产生大量再生制动能量并返送回电网。一方面，由于再生制动功率具有单相、强冲击性的特点，电网一般采取返送不计甚至返送正计；另一方面，再生制动功率易抬升牵引网电压，在长大坡道下坡制动时可能由电压越限而导致制动失效。因此，有效利用再生制动能量具有良好的经济效益和安全意义。通过对百余座牵引变电所的能耗统计测算发现，全国铁路返送电网的再生制动能量占总耗电量的 5%～8%（每年 50 亿～80 亿千瓦时），枢纽型和长大坡道重载铁路可达 20%～30%。基于此，回收利用再生制动能量对提高电气化铁路供电效率、降低运行成本具有较为广阔的前景。

  本书汇集了作者及其团队在开展电气化铁路能耗分析与再生制动能量利用研究过程中形成的基础理论与工程应用方面的创新成果，重点阐述基于潮流控制的再生制动能量利用技术在不同负荷特性电气化铁路线路中的应用，涵盖再生制动能量利用系统的拓扑结构、运行原理、控制策略、保护方法、经济性以及工程应用等方面。同时，在再生制动能量利用的基础上，探索含新能源和储能的电气化铁路"源-网-车-储"一体化新型供电技术，对实现电气化铁路的绿色、高效用能具有重要意义。

  本书共 9 章。第 1 章简要概述电气化铁路供电系统结构、电气化铁路的能耗及电能质量问题和电气化铁路潮流控制技术的发展历程；第 2 章全面分析电气化铁路的负荷特性，从动车组/电力机车、牵引变电所和电气化铁路线路三个方面对牵引负荷的负荷特性进行深入分析，揭示不同类别电气化铁路的牵引供电系统负荷特性；第 3 章针对电气化铁路单个牵引变电所的再生制动能量利用技术，详细分析再生制动能量利用系统在普通线路、长大坡道线路以及铁路枢纽线路等场景下的应用方案；第 4 章针对电气化铁路多通常，普速铁路牵引负荷功率较低，其牵引供电系统的外部电源一般选用110kV电源。高速铁路由于牵引负荷功率大、冲击性强等特点对外部电源短路容量和可靠性等要求更高，因此常选用 220kV 电源(部分地区因主干供电网为 330kV，故选用330kV 电源)[1]。

1.1.1 牵引供电系统

电气化铁路牵引供电系统主要由牵引变电所和牵引网组成，是为牵引负荷提供持续电能的供给系统，其示意图如图 1-2 所示。牵引变电所是电能转换的核心，通过牵引变电所中的牵引变压器将外部电源供应的三相交流电降压变换为牵引负荷所需的单相交流电，并与接触网相连。牵引网由接触网、钢轨、回流线等组成，负责对牵引负荷供电。

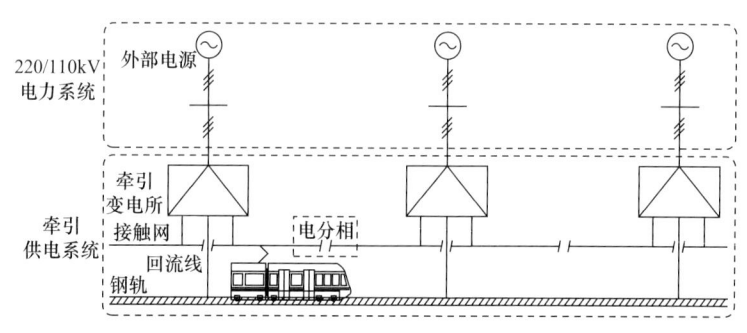

图 1-2 牵引供电系统示意图

1. 牵引变压器接线形式

牵引变压器是牵引变电所实现电压变换功能的核心设备，其将外部电源供给的三相电压变换成牵引负荷适用的 27.5kV 单相电压。电气化铁路采用的牵引变压器绕组接线形式较多，可分为非平衡接线和平衡接线。非平衡接线牵引变压器主要包括单相接线、YNd11 接线、V/v 接线(含 V/x 接线)等。三相-两相平衡接线牵引变压器有 Scott 接线、Wood 桥接线、LeBlanc 接线、阻抗匹配平衡接线等形式。考虑牵引变压器结构、容量利用率、负序电流等参数，不同接线牵引变压器的对比如表 1-1 所示。目前，V/v 接线、V/x 接线、YNd11 接线和 Scott 接线的牵引变压器广泛应用于我国电气化铁路，下面将分别进行介绍。

1) V/v 接线

V/v 接线牵引变压器接线原理和端口电压相量关系如图 1-3 所示。两台单相变压器的一次绕组分别连接于外部三相电源中的两相，二次绕组两端分别接于接触网和钢轨。V/v 接线变压器将电力系统三相电压转换为两相 27.5kV 相位相差 60°的电压。V/v 接线牵引变压器常由两台独立的单相变压器构成，两台单相变压器可设置为不同容量，且容量利用率可达 100%。由于 V/v 接线牵引变压器为不平衡接线形式，故其会向外部电网中注入较大的负序电流。

表 1-1 不同接线牵引变压器对比[2,3]

参数	单相接线	V/v 接线	YNd11 接线	Scott 接线
结构示意图	结构简单	结构简单	结构较复杂	结构复杂
容量利用率	高，接近 100%	高，接近 100%	较低	较高
负序电流影响	负序影响大，对电力系统短路容量要求高	负序电流影响为单相接线的一半	负序影响同 V/v 接线	在高密度行车条件下，负序影响很小
总体评价	具有过载能力强等优点，但负序治理和变电所设计均比较困难	容量利用率高、过载能力强，负序问题较严重	过载能力较小、容量利用率低，不适宜用作高速铁路的牵引变压器	有较好的负序抑制效果，但其变电所结构较为复杂，变压器制造、运营和维护费用都较高
应用情况	高铁较多(中国、法国等)	普速、高铁(中国、德国等)	普速较多(中国)	普速、重载(中国、日本、韩国等)

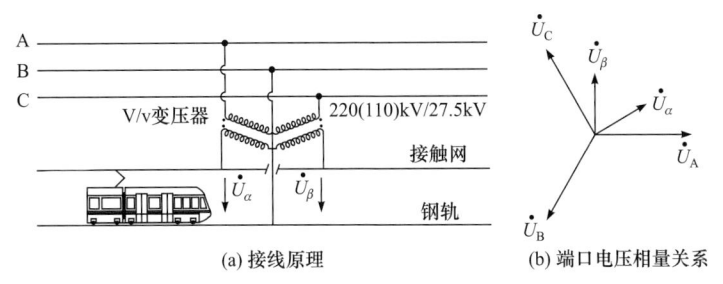

(a) 接线原理　　(b) 端口电压相量关系

图 1-3　V/v 接线牵引变压器接线原理和端口电压相量关系

2) V/x 接线

V/x 接线牵引变压器适用于牵引网自耦变压器(auto transformer，AT)供电方式，其接线原理和端口电压相量关系如图 1-4 所示。V/x 接线牵引变压器一次侧接线与 V/v 接线相同，二次侧绕组两端分别接于接触线和正馈线，二次侧中性点抽出接于钢轨。V/x 接线牵引变压器将电力系统三相电压转换为两相 2×27.5kV 相位相差 60°的电压。由于结构高度相似，V/x 牵引变压器与 V/v 牵引变压器优缺点一致。此外，由于其二次绕组的结构，采用 V/x 牵引变压器的 AT 供电系统可省去牵引变电所内的自耦变压器，节省投资。

3) YNd11 接线

YNd11 接线牵引变压器接线原理和端口电压相量关系如图 1-5 所示，其高压侧通过引入线按规定次序接到三相外部电网的高压输电线上，低压侧中一相与钢轨相连，另外两相分别接到 27.5kV 的 α 臂和 β 臂母线上，由两相牵引母线分别向两侧对应的供电臂供电，两供电臂电压的相位差为 60°。YNd11 接线牵引变压器的优点是低压侧保持三相，有利于供应牵引变电所自用电和地区三相电力，且在我国采用的时间长，有较多的经验,制造相对简单,价格也较低。YNd11 接线牵引变压器的缺点主要是其容量不能得到充分利用,且其主接线较复杂,设备工程投资较多,维护检修工作量及相应的费用也有所增加。

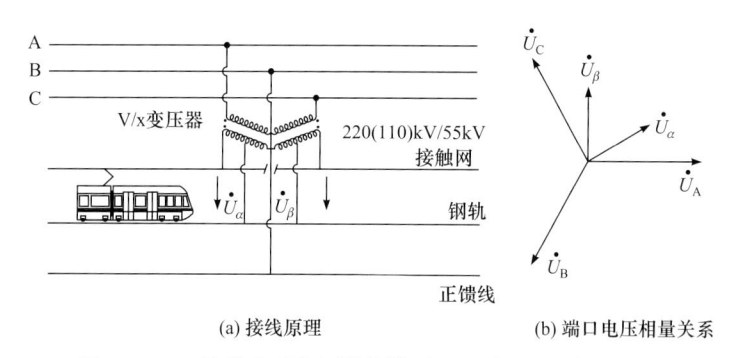

(a) 接线原理　　　　　　(b) 端口电压相量关系

图 1-4　V/x 接线牵引变压器接线原理和端口电压相量关系

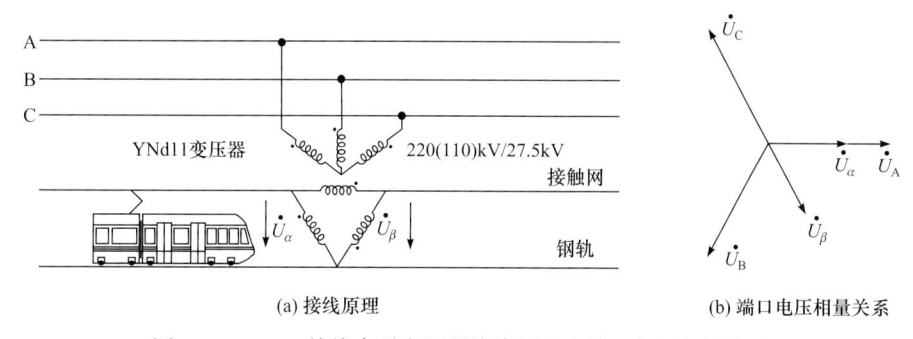

(a) 接线原理　　　　　　(b) 端口电压相量关系

图 1-5　YNd11 接线牵引变压器接线原理和端口电压相量关系

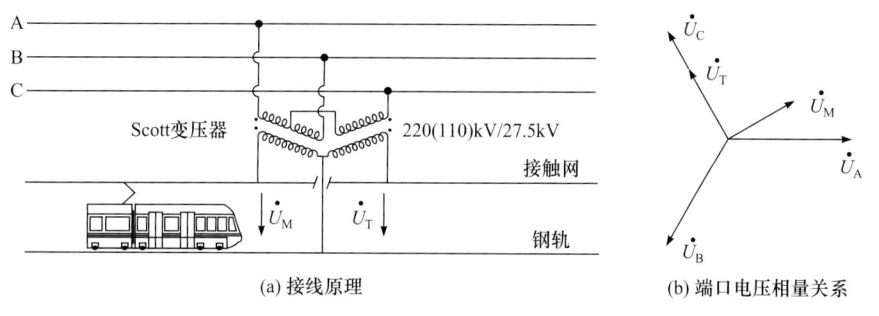

4) Scott 接线

Scott 接线牵引变压器接线原理和端口电压相量关系如图 1-6 所示,其实际上也是由两台单相变压器按规定连接而成。一台单相变压器的原边绕组两端引出,分别接到三相电力系统的两相,称为 M 座变压器;另一台单相变压器的原边绕组一端引出,接到三相电力系统的另一相,另一端接到 M 座变压器原边绕组的中点,称为 T 座变压器。Scott 接线牵引变压器是一种特殊接线的变压器,其特点是将电力系统对称三相电压转换成两相 27.5kV 相位差为 90°的电压,实现了三相-两相对称变换,降低了单相牵引负荷的不对

(a) 接线原理　　　　　　(b) 端口电压相量关系

图 1-6　Scott 接线牵引变压器接线原理和端口电压相量关系

称影响。理论上来说，如果两个供电臂的负荷相等(含有功功率和无功功率)，牵引负荷不会在三相电力系统中产生负序电流。然而，由于 Scott 接线形式的复杂度较高，国内目前应用较少。

除了上述常用于我国电气化铁路的牵引变压器，其他接线形式的牵引变压器，如阻抗匹配平衡接线、Wood 桥接线、LeBlanc 接线等，可参见相关文献介绍，此处不再赘述。

2. 牵引网供电方式

为实现特殊输电功能的技术要求和经济性能，牵引网需采用合适的供电方式。按照牵引网设备类型，牵引网供电方式主要有四种，即直接供电方式、带吸流变压器(boosting transformer，BT)供电方式、AT 供电方式以及同轴电缆(coaxial cable，CC)供电方式。上述供电方式的电气参数和性能对比如表 1-2 所示。

表 1-2 不同供电方式的电气参数和性能对比[2, 3]

参数	直接供电方式		BT 供电方式	AT 供电方式	CC 供电方式
	无回流线	带回流线			
供电臂长度/km	25~30	30~35	20~25	40~50	50~60
牵引网阻抗/(Ω/km)	0.6~0.65	0.5~0.55	0.85~0.9	0.16~0.2	0.12~0.16
牵引网结构	由接触悬挂、钢轨组成，结构最简单	由接触悬挂、钢轨和回流线组成，结构较简单	由接触悬挂、钢轨、回流线和吸流变压器组成，结构较复杂	由接触悬挂、钢轨、自耦变压器、正馈线和保护线组成，结构最复杂	由接触悬挂、钢轨和同轴电缆组成，结构较简单
牵引网电压水平	一般	良好	较差	较好	最好
牵引网电能损失	约 5%	4%~5%	7%~8%	2%~3%	约 1%
防干扰特性	最差	较差	良好	良好	最好
维护管理费用	最少	较少	较多	最多	少
牵引网造价	最低	较低	高	较高	最高

无回流线的直接供电方式如图 1-7 所示。该方式结构最为简单，仅由接触网和钢轨组成，故采用该方式的牵引网投资少、利于检修与维护。然而，无回流线的直接供电方式在通过大电流时会导致钢轨电位抬高，并对通信线路产生较大的干扰。

基于无回流线的直接供电方式，在接触网支柱上架设一条与钢轨并联的回流线，通常每隔 5~6km 设置一个并联点，此种供电方式称为带回流线的直接供电方式，如图 1-8 所示。带回流线的直接供电方式减小了钢轨电流，使钢轨电位大大降低，并且具备电磁屏蔽作用，可抑制接触网对通信线路的干扰。相较于无回流线的直接供电方式，带回流线的直接供电方式可降低牵引网阻抗，提高了供电性能，目前已在普速铁路中得到广泛应用。

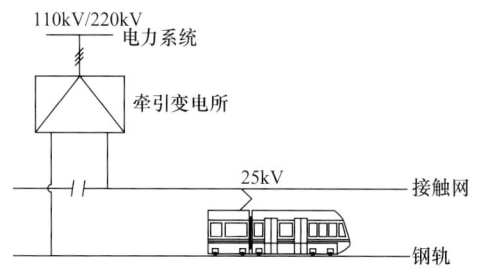

图 1-7　无回流线的直接供电方式 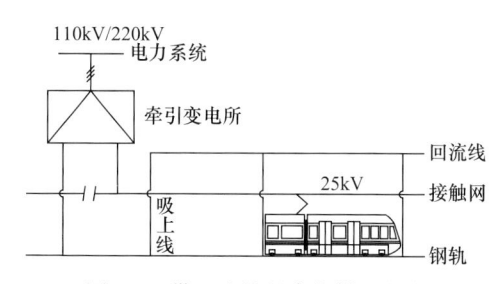　　　　　图 1-8　带回流线的直接供电方式

BT 供电方式有 BT-回流线方式和 BT-钢轨方式两种形式,分别如图 1-9(a)和(b)所示。BT 供电方式中的吸流变压器串接在接触网中,变比为 1:1。两个吸流变压器之间的距离称为 BT 段,一般 BT 段长 1.5～4km。BT 供电方式增加了牵引网结构的复杂性,提高了造价,同时牵引网阻抗变大导致供电臂长度缩短,约为无回流线直接供电方式的 3/4。虽然 BT 供电方式的钢轨电位低,抑制通信干扰效果良好,但由于 BT 分段伴随着火花间隙,因此 BT 供电方式不适合高速、重载铁路。

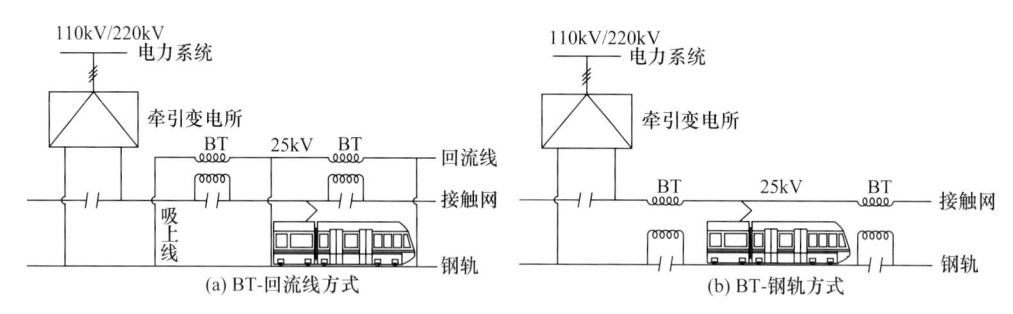

图 1-9　BT 供电方式

AT 供电方式如图 1-10 所示。AT 供电方式一般每隔 10～15km 在接触线和正馈线中并入自耦变压器,自耦变压器的中性点与钢轨相连。AT 供电方式具有供电电压高、线路电流大、牵引网阻抗小、大功率下接触网仍有较高网压水平等优点,适用于高速、重载等大功率牵引负荷的供电要求。AT 供电方式已成为高速铁路应用最广泛的牵引网供电方式(少量高速铁路采用无回流线的直接供电方式或带回流线的直接供电方式),在重载线路也多有应用。鉴于高速铁路负荷功率大、行车密度高、负荷冲击强,我国《高速铁路设计规范》中规定:设计速度 300km/h 及以上的高速铁路,牵引网应采用 2×25kV 供电方式;设计速度 250km/h 的高速铁路,牵引网宜采用 2×25kV 供电方式。

CC 供电方式是一种新型供电方式,如图 1-11 所示。同轴电缆沿铁路线路埋设,内部芯线作为供电线与接触网连接,外部导体作为回流线与钢轨相接,每隔 5～10km 作为一个分段。CC 供电方式吸流效果和抑制通信干扰效果均优于 BT 和 AT 供电方式,供电能力也优于 AT 供电方式,钢轨电位较低,接触网结构较简单,对净空要求低,宜用于高速、重载铁路。但同轴电缆造价较高,现多用于重要城市、桥隧的低净空地段等特殊场合。

图 1-10 AT 供电方式

图 1-11 CC 供电方式

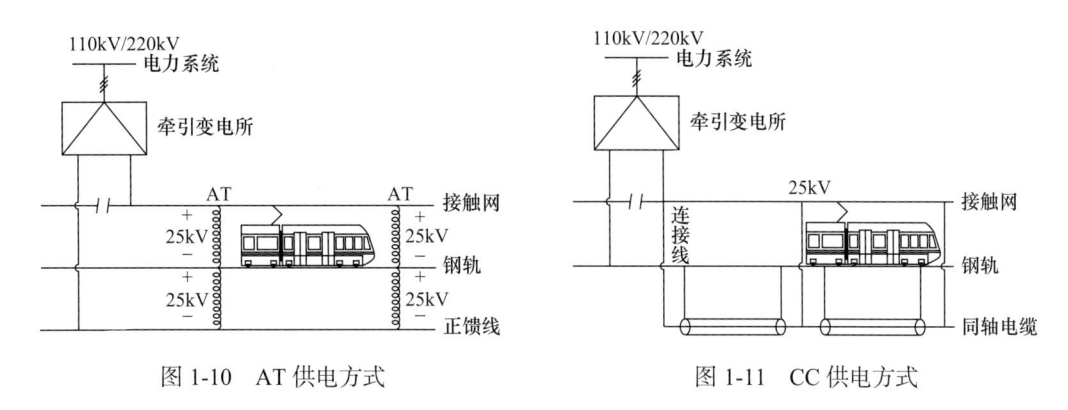

除上述介绍的常规供电方式外，近年来国内外专家学者对新型供电方式也进行了探索，如 24kV 柔性直流供电系统[4]、基于三相-单相变换器的交-直-交电力电子式贯通供电系统[5]等。新型供电方式虽然在一定程度上可解决现有供电方式的某些不足，但仍处于研究初期，需要更多的理论研究和工程验证提供支撑。

1.1.2 铁路电力变配电系统

图 1-12 为典型铁路 10kV 电力变配电系统的供电结构。图中，电力网分别以配电所供电和区间供电两种方式向铁路 10kV 电力负荷供电[6]。在配电所，地方 10kV 电源与一级负荷贯通线、综合负荷贯通线进线经调压、降压后分别为相应等级的负荷供电；区间供电则采取箱式变压器的形式为区间负荷供电。

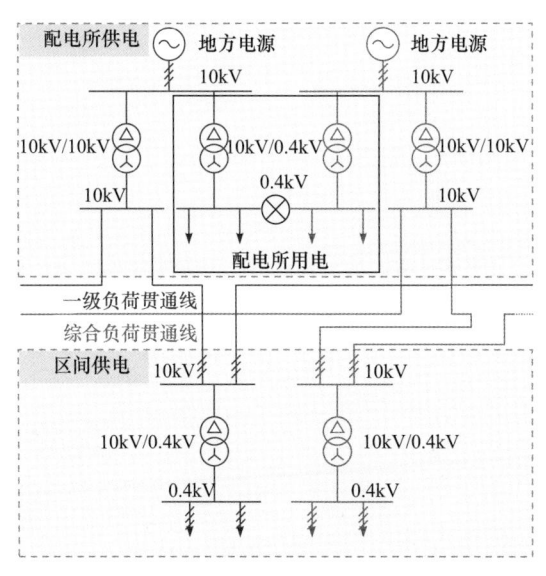

图 1-12 典型铁路 10kV 电力变配电系统供电结构图

通常，10kV 配电所设置在沿线大型铁路站场附近，常与铁路枢纽牵引变电所合建。10kV 配电所通常采用"一站一所"的配置方式，为铁路沿线负荷、铁路站场负荷以及配电所负荷等供电。为区分负荷的重要程度，将铁路 10kV 电力负荷分为一级负荷和综合负荷两个等级,它们的特点如下[1]。

(1) 一级负荷中断供电将引起人身伤亡、主要设备损坏、大量减产以及造成铁路运输秩序混乱等。属于该等级的负荷包括与行车有关的通信、信号、综调系统、电力监控以及各通信枢纽电源室等。为保证一级负荷的供电安全,此类负荷由一级负荷贯通线主供,且不允许外部电源接入;综合负荷贯通线备供。

(2) 综合负荷包括二级负荷与三级负荷,其中中断二级负荷供电将引起产品报废、生产过程被扰乱等问题,影响铁路运输;而不属于一级负荷或二级负荷的均为三级负荷。综合负荷有动车组、车辆检修设备、道口信号、站场客用电梯及空调等,由综合负荷贯通线供电。

1.2 电气化铁路能耗与电能质量问题概述

电气化铁路牵引负荷普遍采用大功率交流传动的电力机车和动车组(若无特别说明,后文统一用列车表示交流传动型电力机车和动车组)。由于牵引负荷的大功率、强冲击、快速移动、单相性和非线性等特点[7],在运行过程中会导致电气化铁路出现能耗与电能质量问题,为电气化铁路供电系统以及接入区域电网的安全、稳定和高效运行带来了诸多挑战[8,9]。为此,本节将对电气化铁路面临的能耗与电能质量问题进行概述。

1.2.1 能耗问题

21 世纪以来,我国进入了高铁快速建设时期,电气化铁路线网规模得到了蓬勃发展[10-12]。然而,在庞大的运营规模下,电气化铁路能耗问题也日益突出。据统计,2021 年全国铁路(含国家铁路和地方铁路)牵引变电所总耗电量高达约 900 亿千瓦时,约占我国全社会总用电量的 1.1%,是电网最大的单体用户[13,14]。能耗问题已成为电气化铁路发展过程中亟待解决的关键问题之一。

图 1-13 为电气化铁路牵引供电系统能耗示意图(其中 E 表示所消耗的能量)。由图可知,电能消耗环节主要包括三个子系统:牵引供电网络、牵引传动系统和轮轨驱动系统[15]。其中,牵引供电网络通过牵引变压器、馈线线缆以及接触网实现电能在电力系统和列车之间的传输。牵引传动系统的主要功能是实现牵引供电网络和轮轨驱动系统之间

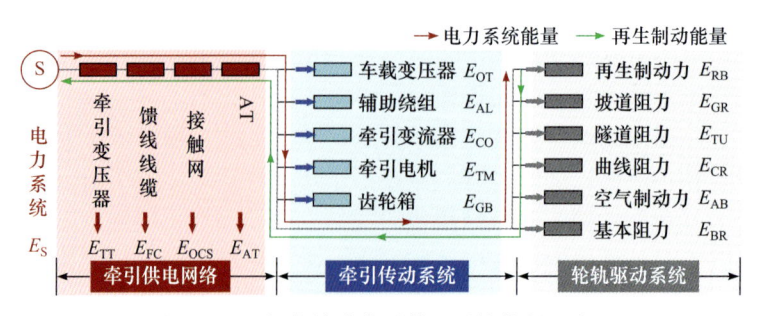

图 1-13 电气化铁路牵引供电系统能耗示意图

的电能转化和传递。通过车载变压器、牵引变流器、牵引电机和齿轮箱等装置将牵引网上的电能转化为机械能，并以牵引力/制动力的形式驱动轮轨驱动系统运行。轮轨驱动系统应用牵引传动系统传输来的机械能实现动车组的加速/减速，并克服相应的运行阻力，包括基本阻力、坡道阻力、曲线阻力以及隧道阻力等。

影响电气化铁路牵引供电系统能耗的因素主要包括如下三类[15,16]：①牵引供电网络中各个供电设备的等效参数主要包括牵引变压器等效参数、接触网等效参数；②牵引传动系统中各个元件的传输效率以及辅助绕组的额定容量；③轮轨驱动系统中列车的牵引/制动特性、运行速度以及数量/行车密度。列车运行速度通过技术速度来衡量。列车技术速度是指列车在区段内各区间运行(不包括中间站停站时间)平均每小时行驶的公里数。列车技术速度越高，系统消耗的电能越大。在我国高速铁路大规模运营且快速发展的情况下，我国电气化铁路的电能消耗问题将会日益严峻，因此如何有效降低电气化铁路能耗意义重大。

随着电力电子器件、功率集成模块的问世和控制理论的发展，异步电动机的调压变频调速得以顺利实现，从而使交流传动开始应用于电力机车/动车组中[17]。与直流电机相比，三相异步电机结构简单、无换向器和电刷、可靠性高、维护方便、体积小、重量轻、转速高。此外，交流传动还具有牵引制动性能好、易于再生制动、黏着利用率高、功率因数高、谐波含量小等优点。为此我国电气化铁路广泛采用交-直-交传动列车。当列车制动减速时，牵引电机由电动机状态转变为发电机状态，将损失的动能转化为电能返送至牵引网供同臂牵引列车使用[7]。由于地理环境和经济等因素，我国东部地区多为平原，高铁线路密集，多条线路汇集形成较多的铁路枢纽(如南京南、杭州东、上海虹桥等)，其负荷密度高、列车制动频繁、再生制动能量多且波动性大[6]。而西部多为山区、丘陵地带，线路中存在较多的长大坡道(如西成高铁鄠邑-汉中段45公里25‰坡度为全国高铁最长坡道；在建的川藏铁路30‰坡度预计将超过50公里)，列车下坡制动持续时间长，再生制动能量产生较多且相对平稳[8]。通过对全国100余座牵引变电所能耗统计测算，全国铁路返送电网的再生制动能量占总耗电量的5%~8%(每年50亿~80亿 kW·h)。部分牵引变电所实测日返送再生制动能量数据如表1-3所示。从表中可以发现，不同线路条件的牵引变电所返送再生制动能量的数量差异较大，如京沪铁路三界牵引变电所日返送再生制动能量为 2390kW·h(约占牵引能量的 1.25%)，而京沪高铁南京南牵引变电所日返送再生制动能量为 21980kW·h(约占牵引能量的5.11%)，大秦铁路涿鹿变电所日返送再生制动能量高达51744kW·h(约占牵引能量的20.11%)。由此可见，牵引变电所普遍向电网返送了丰富的再生制动能量，尤其是铁路枢纽、长大坡道等特殊线路。然而，电力部门对牵引供电系统返送电网的再生制动能量采取"返送正计"或"返送不计"的计量方式，导致铁路部门的运营电费支出未得到削减，造成大量经济损失。同时，返送的再生制动能量三相不对称，加剧电网侧负序不平衡。特别地，列车运行于长大坡道区段时：上坡消耗大量牵引功率，导致网压快速降低；下坡向牵引网返送大量再生功率，导致网压快速抬升；对外部电网造成巨大的冲击，极端条件下可能导致列车制动失效，严重影响行车安全，甚至引发安全事故。因此，大量的再生制动能量直接返送回电网既不经济，也不安全。

表 1-3 部分牵引变电所实测日返送再生制动能量

线路类型	线路	牵引变电所	日牵引能量/(kW·h)	日返送再生制动能量/(kW·h)	再生制动能量/牵引能量/%
普通线路	杭甬高铁	牛汇桥	333231	18303	5.49
	金温高铁	丽水	173948	17317	9.96
	成渝高铁	荣昌北	186337	16129	8.66
	杭甬高铁	新上虞	348167	14453	4.15
	西成高铁	付家	94397	12992	13.76
	成贵高铁	乐山	89889	12440	13.84
	襄渝铁路	三汇坝	141333	2640	1.87
	宝成铁路	马角坝	181352	1848	1.02
	京沪铁路	三界	191178	2390	1.25
铁路枢纽	沪汉蓉高铁、京沪高铁	南京南	429989	21980	5.11
	沪杭高铁、京沪高铁	虹桥	287425	12894	4.49
	宝成铁路、西成高铁	广元	138399	8620	6.23
	合武、宁西、阜六铁路	六安	303606	8295	2.73
	杭甬高铁、杭州东枢纽	萧山 1	299442	6231	2.08
长大坡道	大秦铁路	涿鹿	257275	51744	20.11
	大秦铁路	王家湾	169383	21468	12.67
	大秦铁路	永安堡	303799	21106	6.95
	大秦铁路	东城乡	301549	20316	6.74
	神朔铁路	新城川	162265	16918	10.43

注：萧山 1 指萧山 1 号牵引变电所。

综上可知，我国电气化铁路持续快速发展，运营规模庞大，能耗问题严峻，再生制动能量丰富但利用率低。电气化铁路作为"交通强国"战略的重要组成部分，我国《铁路"十三五"发展规划》中指出：广泛应用节能型的新技术、新装备、新材料。强化能耗管理，推广智能化节能管控，提高能源综合利用。优化运输组织，提高运输效率，进一步降低铁路运输能耗水平。因此，有效提升再生制动能量利用率，实现电气化铁路的节能、增效，符合国家政策和现实需求，对于保障电气化铁路的安全、可靠、高效供电具有重要的意义。

1.2.2 电能质量问题

牵引供电系统的单相性以及牵引负荷的强非线性等特点导致电气化铁路存在多种类型的电能质量问题，主要包括以负序、谐波和无功为代表的传统电能质量问题以及以宽频带振荡为代表的新型电能质量问题[18-22]。

1. 负序(三相不平衡)

牵引变电所将从公共电网获取的三相电压转化为单相电压供给牵引负荷使用。牵引负荷具有单相独立性和不对称性，加之牵引供电系统两个供电臂负荷相对独立，产生的负序电流注入电力系统破坏了其三相对称性，由此导致负序问题。负序问题对电力系统的主要部件均会造成危害，主要包括[18]：①负序电流使发电机转子产生附加损耗和过热现象，破坏转子部件的机械强度，并因为温升过高影响励磁绕组的绝缘强度；②负序电流使发电机组振动增加，引起金属疲劳和机械损坏；③负序电流注入时，可能导致继电保护和自动装置误动作，引起电力系统的供电故障；④负序电流会占用系统中设备的容量，限制设备出力，并且会造成系统额外损耗。

电气化铁路的负序电流水平不仅与牵引负荷情况有关，还与牵引变压器的接线方式相关。在几种常用的接线方式中，同等负荷情况下 V/v(含 V/x)牵引变压器产生的负序电流最大。由于 V/v 牵引变压器的容量利用率最高、结构简单且性价比高，在我国电气化铁路中得到广泛应用。加之近年来高速铁路的快速发展，高速动车组功率高，其导致的负序问题也更为严重。因此，负序问题是我国电气化铁路电能质量问题的关注重点之一。

2. 无功

电气化铁路的无功问题主要与列车类型以及变流结构有关。早期的列车采用交-直型传动方式，采用半控桥式整流装置，通过控制晶闸管的导通角来实现机车出力的调节。交-直型传动方式使得电力机车的功率因数普遍偏低(约为 0.8)，导致发生较为严重的无功问题。为克服交-直型机车的不足，并满足高速和重载铁路运输的要求，基于大功率交流传动技术的新型列车应运而生。新型列车采用交-直-交型传动方式，通过电压源型变流器(voltage source converter，VSC)和脉宽调制(pulse width modulation，PWM)技术，实现列车接近单位功率因数运行，其牵引变电所功率因数能满足国标要求，无功问题基本得到解决[17]。随着高速铁路网的建设，出现在交-直-交型电力机车客运专线的无功问题大为改善，无功问题主要出现在部分使用交-直型电力机车的货运线路中。然而，我国仍有部分交流车型在弱网条件下，难以实现有效无功补偿控制，造成功率因数偏低的情况。目前，发现在某些枢纽地区也出现该问题。

无功问题不仅会造成牵引变压器等设备的容量利用率偏低，还可能对上游电力系统造成以下危害[18]：①发电机组的输出容量、输变电设备的供电容量以及电气设备的效率降低，而发电和输电成本增加；②当功率因数低于规定值时，则在传输相同的有功功率的情况下，视在功率将增加，相应的电流将增加，从而导致输电网络的功率损耗、电压损失增加。

3. 牵引网电压波动

牵引负荷功率的强冲击性和运行工况的多变性(在加速、减速、制动、起动等不同工况间随机切换)导致牵引网电压剧烈波动。特别地，对一些外部电网较为薄弱的线路而言(如部分偏远山区铁路)，由于供电电源容量小、输电网线路长，其面临的牵引网电压波动问题将会更加严重[22]。过高或过低的牵引网电压都会影响列车的行车安全，并且过低的牵引网电压还会导致系统传输损耗增加。因此，平抑牵引网电压波动、维持电压水平，对于提升铁路牵引供电系统可靠性、降低系统损耗都具有重要意义。

4. 谐波与谐波谐振

牵引负荷的牵引传动系统采用电力电子变换装置，具有强非线性，在运行过程中向牵引供电系统注入丰富的谐波，导致了谐波以及谐波谐振等问题[18]。

早期的交-直型电力机车由于采用晶闸管，在运行过程中产生大量的谐波电流，其中以 3 次、5 次、7 次等较低的奇次谐波为主，电流总谐波畸变率(total harmonic distortion, THD)高达 20%以上[19]。交-直型电力机车产生的大量低次谐波电流通过牵引变压器直接注入电力系统，不仅使电网中的电气装置产生附加的谐波损耗，还会造成严重的电压畸变，对系统中的变压器、电机、测控装置产生直接或间接影响，降低电力系统的运行效率。

新型交-直-交型电力机车/动车组采用全控型四象限变流单元，开关频率显著提高，其电流 THD 和低次谐波得到了极大改善，但增宽了谐波输出频谱，在开关频率附近的高次特征谐波明显增加(如 CRH2 型车的特征谐波主要集中在 50 次附近，而 CRH3 型车的谐波频率主要集中在 34 次附近)。大量高次特征谐波进入电力系统将对发电机等旋转设备产生较大的危害。更重要的是，牵引网线路众多，线路分布电容与系统阻抗耦合，导致牵引网存在并联谐振点[20]。如果列车谐波频谱中与牵引网谐振点频率相同的谐波较为丰富，牵引供电系统将被激发严重的谐波谐振，导致严重的感性谐波畸变、牵引网电压振荡甚至牵引变电所保护跳闸等现象，严重危害行车安全。随着电气化铁路规模的快速发展，交-直-交型电力机车/动车组大量投入运营，高次特征谐波治理与谐振抑制是电能质量治理的关注重点。

5. 宽频带振荡

近年来，具有大功率、高速度、负载性能好等优点的和谐号(CRH)系列动车组以及和谐系列(HXD)大功率电力机车得到了广泛应用，电气化铁路牵引供电系统由此出现了以低频振荡和谐波不稳定为代表的宽频带振荡问题[21,22]。表 1-4 统计了近年来国内外电气化铁路出现的宽频带振荡案例。目前，国内外电气化铁路供电系统已多次出现从几赫兹到几千赫兹的多类型宽频带振荡事件，导致运行事故不断，严重威胁运行安全。宽频带振荡带来的严重危害，不仅会引起控制系统不稳定，还易造成保护装置跳闸、避雷器爆炸、列车烧损等，导致列车晚点甚至危及人身安全。宽频带振荡问题严重威胁着电气化铁路的安全稳定运行，已成为近年来重点关注的电能质量问题。

表 1-4 国内外电气化铁路宽频带振荡案例

序号	发生年份	发生线路	振荡频率/Hz
1	1964	日本新干线	1750
2	1995	瑞士铁路	10
3	2004	韩国铁路	1250
4	2008	中国大秦线	2
5	2011	中国京沪线	2500~2750
6	2011	中国武广线	2500~2750
7	2011	意大利铁路	1950
8	2012	中国京津线	1150~1450
9	2016	中国宁西线	650
10	2018	德国铁路	750
11	2020	西班牙铁路	3~7

针对以上问题,自 2010 年起,以作者团队为代表的研究团队通过对 10 多类电力机车/动车组和 100 多座牵引变电所的联合测试发现:电力机车/动车组与牵引供电网形成的强耦合系统因"参数不匹配"引发了低频、中频到高频范围内的多类型、宽频带振荡现象。图 1-14 为现场实测宽频带振荡波形。从测试结果可以看出,宽频带振荡频带宽、随机性强,具有不确定性、时空发展性、模态叠加性,传统阻抗匹配理论难以完全揭示其产生和发展机理,同样,传统抑制方法仅适用于特定频带,难以实现宽频带综合治理。

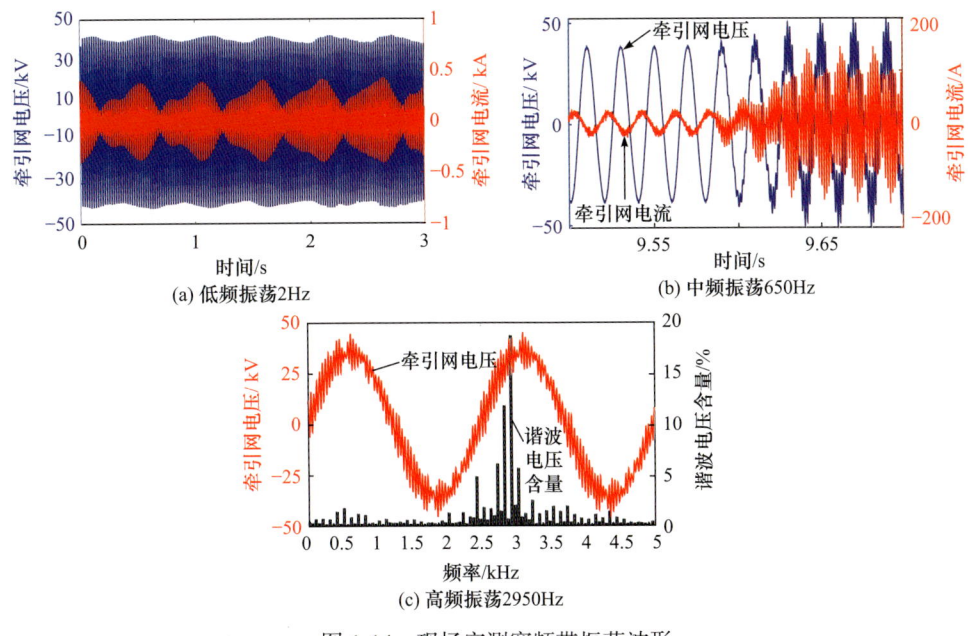

(a) 低频振荡2Hz

(b) 中频振荡650Hz

(c) 高频振荡2950Hz

图 1-14 现场实测宽频带振荡波形

因此,如何在统一框架内解释不同的宽频带振荡现象,并给出综合抑制策略,是一个亟待解决的难题。

总体来说,随着大量新型列车投入运行,电气化铁路传统电能质量问题已得到显著改善,但新的电能质量问题(如宽频带振荡问题)对电气化铁路牵引供电系统造成了不可忽视的影响。因此,电气化铁路电能质量问题需得到持续关注,电能质量问题的有效治理对保障电气化铁路安全、稳定、可靠运行具有重要的现实意义。

1.3 电气化铁路潮流控制技术概述

电气化铁路潮流控制技术指通过特定的装置与潮流控制方法,改变系统潮流,使其达到特定的目标,其发展历程如图1-15所示。在早期,由于电气化铁路电能质量问题较为突出,潮流控制技术重点关注谐波、无功和负序等电能质量问题的治理。进一步,为解决电气化铁路电分相问题,潮流控制技术开始聚焦于实现同相供电,同时兼顾电能质量问题的治理。随着交流传动技术的普及,再生制动技术广泛应用于电力机车和动车组中,大量再生制动能量未得到有效利用,因此针对电气化铁路再生制动能量利用的潮流控制技术得到发展。近年来,在全球倡导"碳达峰、碳中和"目标的大背景下,以光伏为代表的新能源就地消纳备受关注。将新能源接入电气化铁路,一方面可为新能源消纳提供良好途径,另一方面可实现电气化铁路节能减排,是未来重要的发展方向,因此潮流控制技术未来将重点针对电气化铁路的新能源利用。

图 1-15 潮流控制技术发展历程图

1.3.1 电能质量治理

早期主要采用无源治理技术治理电能质量问题,如采用固定电容(fixed capacitor,FC)补偿可实现固定无功补偿,提高功率因数;采用无源滤波器(passive filter,PF,又称LC滤波器),可滤除某一次或多次谐波,最普遍采用的无源滤波器结构是将电感与电容串联,可对主要次谐波(3次、5次、7次)构成低阻抗旁路。无源治理技术结构简单、成本低廉,但无法动态调节以适应牵引负荷的快速动态变化特性[23,24]。

随着电力电子技术的进步,有源治理技术得到了迅速发展。针对固定电容补偿无法及时响应负载无功需求变化的问题,静止无功补偿器(static var compensator,SVC)应运而生。SVC 主要分为晶闸管控制电抗器(thyristor controlled reactor,TCR)和晶闸管投切电容器(thyristor switched capacitor,TSC)两种[25],其原理图如图 1-16 所示。TCR 通过晶闸管调节电抗器 L 中的电流,实现无功功率在容性和感性之间的平滑调节,但晶闸管相控运行会影响电流波形,产生谐波,导致系统滤波容量增大。TSC 通过晶闸管过零投切电容器组实现无功补偿,控制简单,本身不会产生谐波,其不足之处是只能发生容性无功,且无功不能连续调节。

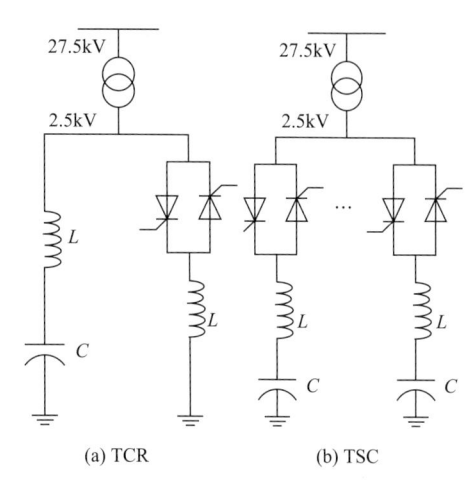

图 1-16 SVC 原理图

SVC 可以应用在高压电网侧,也可应用在牵引侧[26]。在高压电网侧并联 SVC 可以使得三相系统线电流平衡,从而实现负序治理,但补偿容量大,投资高,牵引负荷的波动性造成 SVC 各相补偿参数控制困难,实际负序治理效果受到影响。牵引侧加装 SVC 方式,既可以在牵引变电所两供电臂上并联单相 SVC,也可以安装在分区所,即供电臂末端。其主要功能是提高系统功率因数,稳定接触网电压,抑制谐波电流,并能补偿部分负序电流,但由于牵引变压器接线形式的限制,单纯在牵引侧加装 SVC 对负序电流的治理并不理想。

随着全控型电力电子器件的出现和控制技术的发展,另外一种有别于传统的以电容器、电抗器为基础元器件的无功补偿设备应运而生,即静止同步补偿器(static synchronous compensator,STATCOM)。STATCOM 是利用全控型电力电子换流器形成的高动态无功补偿器,按主电路划分为电压型桥式和电流型桥式两种类型[18],其原理图如图 1-17 所示。电流型桥式电路发生短路故障时危害比较大,且效率低,在实际工程应用中大都采用电压型桥式电路。STATCOM 通过可控关断电力电子器件产生与系统电压有一定相角差的电流注入供电系统,从而实现无功注入。STATCOM 是一种性能优良的无功补偿技术,具有可控性强、控制精度高、快速、灵活等特点,可实时控制补偿电流的幅值和极性,实现真正意义上的先进控制理论的应用。相对于电力系统而言,牵引供电系统由于其负荷波动要大得多,所需动态补偿速度也更高,这为高性能 STATCOM 提供了巨大应用空间。相较于 SVC,STATCOM 控制复杂,所用核心器件为绝缘栅双极型晶体管(insulated gate bipolar transistor,IGBT)元件,成本比 SVC 高出很多。同 SVC 一样,IGBT 在电网侧治理负序所需容量较高,在牵引侧治理负序效果有限。

针对电气化铁路谐波问题,近年来有源滤波器(active power filter,APF)得到迅速发展。有源滤波器通过向供电系统注入与负荷谐波电流方向相反、大小相等的补偿电流,抵消负载谐波电流,实现谐波治理[23]。APF 具有如下突出优点:①实现动态补偿,可对频率和大小都变化的谐波进行补偿,有极快的响应速度;②受电力系统阻抗的影响不大,网和牵引网电能质量；③可提高对外部电源适应性，可从110kV电源进线，减少一次设备投资；④变电所间可互为备用，从而减少现有牵引变电所备用设备，提高供电能力；⑤可进行双边供电，增大变电所间距，减少系统建设成本；⑥通过对牵引负荷的功率潮流进行调度实现牵引变电所的出力控制，供电区间内的再生制动能量可直接被区间内的牵引列车消耗，减少向电网返送；⑦便于接入消纳铁路沿线的分布式、集中式可再生能源。

然而，贯通式同相供电系统的系统容量要求大。传统变换器通常采用两电平结构，受电力电子开关器件额定参数的制约，其接口电压容量等级难以匹配变电所的电压与容量要求，通过变压器和多模块并联等方式增加了系统成本和复杂程度，并联多模块的控制也影响了其动态性能。而且单相侧变换器的并网要求高，不仅需要向牵引网传递有功功率，还要根据负载要求传递相应的无功功率。

在不考虑建设成本的情况下，该供电方式有一定可取之处，但考虑到牵引负荷功率高、波动性强的特点，目前工程应用的电力电子变流装置在此种工况下长期运行的安全可靠性有待进一步研究。

1.3.3 再生制动能量利用

现代交流传动列车在正常运行的制动过程中优先采用再生制动方式。再生制动能量由交流传动列车在区间限速或进站减速的再生制动过程中产生，并经受电弓返送至牵引网。列车返送至牵引网的再生制动能量被运行在相同供电臂的牵引列车消耗，富余再生制动能量经牵引变压器返送至外部电网。回收利用返送回电网的这部分再生制动能量对电气化铁路的节能高效和安全经济运行具有重要的意义。现有的电气化铁路再生制动能量利用方法主要包括优化行车运行和潮流控制两类[9]，其中潮流控制技术凭借灵活性高、效果好、功能丰富等特点已成为电气化铁路再生制动能量利用的重点发展方向。

目前，针对电气化铁路再生制动能量利用的潮流控制技术主要包括三类：再生制动能量回馈技术、铁路功率调节器(railway power conditioner，RPC)技术和储能技术。

再生制动能量回馈技术通过能量回馈装置将再生制动能量回馈到指定的非牵引供电网络进行利用，如铁路站场附近的城市配电网、铁路10kV电力配电系统等[28,29]，如图1-20所示。该技术虽然能实现再生制动能量的回馈利用，但由于再生制动能量和目标

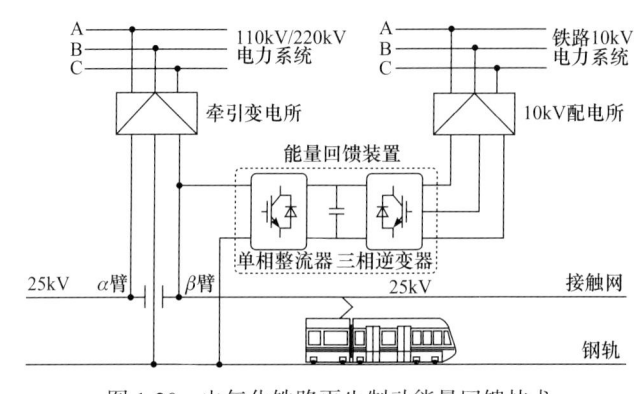

图1-20 电气化铁路再生制动能量回馈技术

供电网络的耗能需求均存在较大的间歇性和随机性,二者同步性较差,导致再生制动能量利用效果欠佳。此外,目标供电网络对回馈能量的电能质量要求较高,因此再生制动能量回馈技术发展潜力较小,鲜有研究关注。

RPC 技术较为成熟,也是目前实现广泛工程应用的潮流控制技术,按应用场景可分为变电所型和分区所型,其原理图如图 1-21 所示。20 世纪 90 年代,RPC 技术最早由日本提出[8],通过两组背靠背连接的四象限变流器跨接两个供电臂,用于改善电气化铁路的负序、无功等电能质量问题。

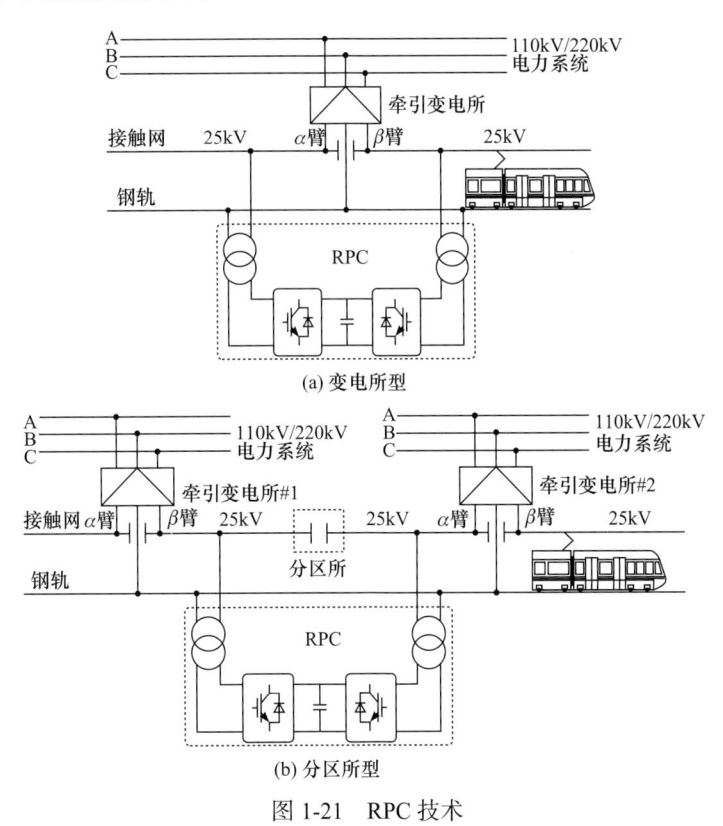

(a) 变电所型

(b) 分区所型

图 1-21 RPC 技术

在日本 RPC 技术的基础上,以湖南大学罗安院士、罗隆福教授,澳门大学黄民聪教授为代表的研究团队对其进行改进,这些研究涉及 RPC 新型拓扑结构、控制策略与设计方法等。这些改进措施在很大程度上提升了 RPC 的性能,有效改善了电能质量问题(尤其是负序、无功、谐波),同时在一定程度上提高了再生制动能量利用率[30-32]。但仍有以下不足:①主要关注电能质量问题治理(主要针对负序和无功),忽略了再生制动能量的高效利用问题;②再生制动能量利用依赖于相邻供电臂上的牵引列车(数量少),但由于行车组织限制,牵引列车和再生制动列车同时存在概率较小,可通过 RPC 转移到相邻供电臂利用的再生制动能量较少。

再生制动能量回馈技术和 RPC 技术均能有效控制再生制动功率潮流,在一定程度上提高了电气化铁路再生制动能量利用率,并有效改善了牵引供电系统的电能质量。然而,二者难以有效解决再生制动能量与目标负荷耗能需求不同步或不匹配时带来的再生制动能量利用问题。为克服上述不足，储能技术在电气化铁路中的应用得到发展。

城市轨道交通系统列车频繁制动，产生的大量再生制动能量无法得到有效利用。为保障列车运行安全，传统方案常采用电阻或闸瓦制动消耗再生制动能量以抑制牵引网电压抬升，不仅导致能量利用率低，还需额外安装散热、通风设备。近年来，储能技术因控制简单、运行效果好等特点在城市轨道交通系统中得到广泛应用[33,34]。储能系统可根据列车功率需求管理储能介质的充电或放电状态，实现再生制动能量回收利用，同时抑制牵引网电压波动，在实际应用中表现出了优良的性能。然而，相较于直流制的城市轨道交通系统，交流电气化铁路更为复杂，主要表现在：①牵引供电系统结构和线路条件更复杂；②交流系统中储能系统的控制参数繁多(两供电臂电压、电流、相位，直流电压、电流等)；③负荷特性差异大。因此，直流供电制式的城市轨道交通系统中的储能系统潮流控制技术无法适用于电气化铁路。

对于电气化铁路而言，实现其再生制动能量存储利用的关键之一在于储能单元接入牵引供电系统的方式。考虑到 RPC 技术在电气化铁路中较为成熟且具备电能质量治理功能，基于 RPC 的储能技术方案被提出[8,9]，如图 1-22 所示。基于 RPC 的储能技术方案以 RPC 的变流器直流母线为储能接口，通过 RPC 将储能单元并接于牵引供电系统两供电臂。该方案不仅可实现牵引供电系统两供电臂再生制动能量的转移利用，还可通过控制再生制动能量在牵引供电系统与储能系统间双向流动，达到回收再生制动能量的目的。同时，借助 RPC 的电能质量治理功能，还可实现对牵引供电系统的无功、谐波以及负序等电能质量问题的治理。

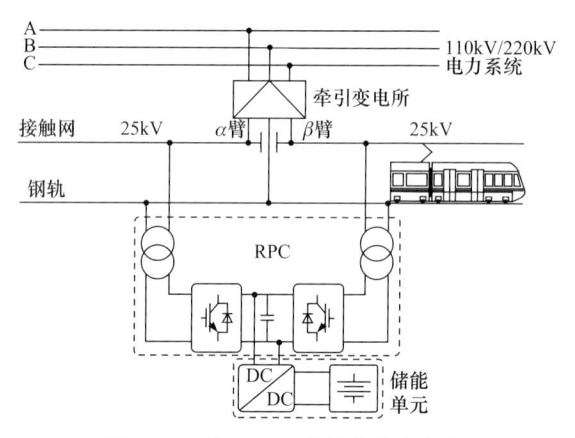

图 1-22 基于 RPC 的储能技术方案

1.3.4 新能源利用

国内外现有新能源接入电气化铁路应用工程大都集中于非牵引用电领域，如中国、日本、德国等国都建设有采用光伏系统为车站内的服务设施供能的工程项目。然而，电气化铁路的能源消耗主要为牵引供电(即列车用电)，若能将新能源发电直接用于牵引供电，对实现电气化铁路的绿色发展具有重要意义。为此，国内外学者从新能源接入电气化铁路的方式和能量管理等方面开展了大量研究[35-41]。

根据新能源接入电气化铁路位置的不同可分为电网侧接入与牵引侧接入[35,36]。电网侧接入是指将新能源发电系统接入外部电网后,再通过牵引变电所为牵引网供电。该方式虽然无须改造牵引供电系统的原有结构,但由于新能源发电需优先并入输电网,主要适用于具有大规模新能源发电系统的地区,如国内的内蒙古和新疆等地区。同时,电网侧接入实质上是新能源接入电力系统,并非专为电气化铁路供电,故本书不进行深入讨论。

牵引侧接入则利用铁路自身的分布式供电网络汇集沿线的新能源发电系统,可实现新能源发电的就地消纳,且传输损耗小。目前,英国已经建设了光伏发电系统接入直流牵引供电系统的示范工程,据估算该项目每兆瓦光伏发电设备每年可减少碳排放量约245t。德国则建立了兆瓦级光伏发电系统直接接入交流电气化铁路牵引侧的示范工程。但是上述系统的结构都与我国电气化铁路采用的分段、分相式供电系统存在较大差异,无法直接适用。

针对我国电气化铁路牵引侧接入新能源方案的研究,目前电气化铁路中的潮流控制技术主要包括四种:分散接入方案、微电网集中接入方案、接口转换器(interfacing converters,IFC)集中接入方案和RPC集中接入方案。

分散接入方案即将铁路沿线的分布式新能源(如独立风电场和光伏电站等)就近接入牵引供电系统交流27.5kV母线[37],如图1-23所示。作为最简单和最灵活的结构,此种方式可使小容量的新能源灵活地应用于牵引供电系统,而不需要复杂的电能变换和远距离传输。我国电气化铁路规模庞大,路网遍及全国各地,并且正呈快速增长态势,便于分布式新能源的接入。

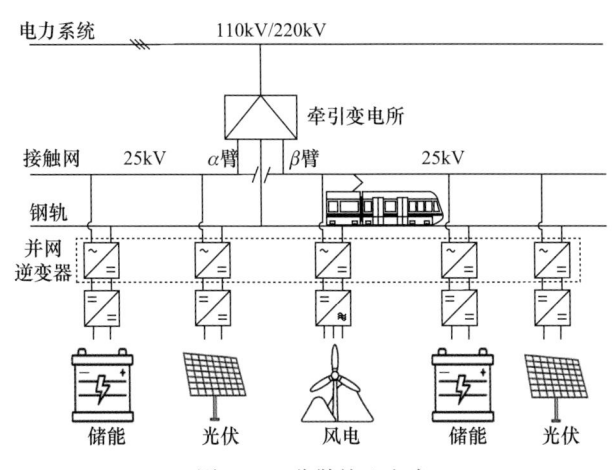

图1-23 分散接入方案

然而,由于新能源发电系统分布广泛,分散接入后系统的协调控制和维护变得困难,并且单一结构容易受到外界环境变化的影响。此外,由于牵引变电所两供电臂异相供电,新能源分散接入点、接入容量等需综合考虑两供电臂负荷需求,否则可能会造成牵引供电系统电能质量恶化。

微电网集中接入方案,即将分布式新能源汇集接入微电网后,再由微电网直接并入牵引供电系统,通过汇集母线实现大规模、长距离分布式新能源以及储能接入,经由合适的电力电子变换器以及变压器等装置实现新能源并入交流牵引馈线[38],如图 1-24 所示。微电网还可与牵引变电所高压侧相连,当牵引供电系统无法完全消纳新能源发电时,富余功率可直接由微电网向高压侧返送,而无须经牵引供电系统返送。微电网集中接入方案以微电网为基础,可运用能量管理策略优化牵引供电系统的潮流,协调微电网与相邻牵引变电所之间的能量流动。与分散接入方案相比,该拓扑具有规模化、低运行成本的优点。但是,其需要建立专门的分布式网络,以及系统中需要大量的电能变换设备,投资较高;此外,单相接入牵引供电系统中的某一供电臂,可能导致牵引供电系统电能质量恶化。

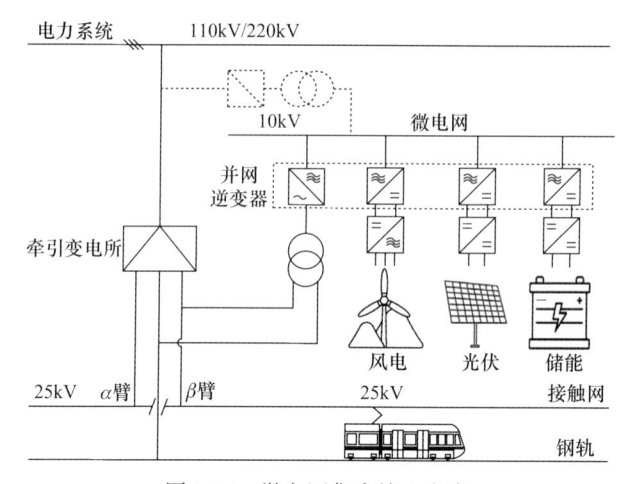

图 1-24 微电网集中接入方案

IFC 集中接入方案是将新能源发电、储能装置接入到直流母线,利用 IFC 进行交-直流变换,将新能源发电能量接入牵引供电系统中的某一供电臂[39,40],如图 1-25 所示。光伏可直接通过 DC/DC 变换器、风电可直接通过 AC/DC 变换器并入直流母线,相比前两种方式省去了单相/三相并网逆变器。此外,由于 IFC 为双向潮流控制设备,直流母线的储能装置也可参与并网供电臂中再生制动能量的回收利用。然而作为关键的接口设备,IFC 一般需要较大容量;并且因为牵引供电系统的异相供电,新能源仅接入单侧供电臂易造成两供电臂负荷差异增大,恶化牵引供电系统的电能质量。

RPC 集中接入方案即将 RPC 直流环节引出作为直流母线,为新能源接入提供接口[41]。由于 RPC 直流环节电压等级较低,故光伏、风电可通过 DC/DC 和 AC/DC 变流环节接入,新能源并网设备较简单,如图 1-26 所示。RPC 集中接入方案除了具有微电网集中接入方案的优点外,还可以通过 RPC 实现两供电臂有功功率融通,同时可对两供电臂独立进行无功补偿和谐波抑制,以改善牵引供电系统的电能质量;此方案新能源并网能量可供给两供电臂负荷,新能源消纳能力较大;直流母线上集成的储能装置可对两供电臂的再生制动能量进行回收利用。然而,在新能源并网容量较大时,需要两台大容量的单相隔离变压器以及大容量的 RPC,投资成本较高;此外,复杂的配置和控制策略也增加了日常运营和维护的难度。

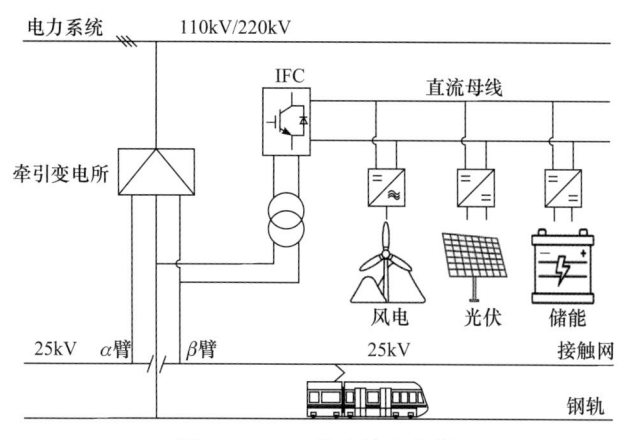

图 1-25 IFC 集中接入方案

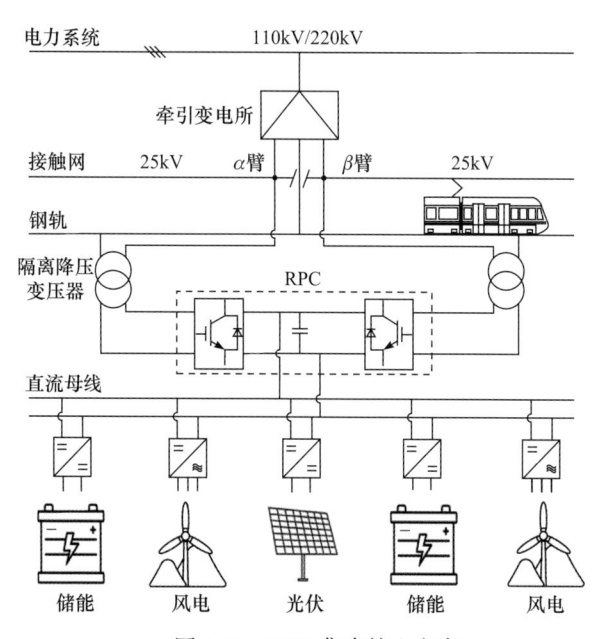

图 1-26 RPC 集中接入方案

根据上述潮流技术的相关介绍，表 1-5 给出了电气化铁路不同潮流控制技术的对比。详细总结如下。

(1) 电能质量治理。早期电气化铁路领域的电能质量治理普遍采用无源治理技术，其结构简单、成本低廉，但无法响应负载的快速变化。在传统并联无功补偿技术的基础上，SVC 通过电力电子开关投切补偿电抗器和电容器实现牵引供电系统的动态无功补偿，提高了无功和谐波的治理效果，但其补偿效果依赖于并联补偿支路数量。

表 1-5 电气化铁路不同潮流控制技术对比

技术领域	技术名称	技术目标	优点	缺点
电能质量治理	无源技术	无功补偿、谐波治理	结构简单、成本低、效果可靠	只能固定补偿，易引发谐振
	SVC	无功补偿	无功功率连续补偿	仍为无源设备，占用空间大，难以适应快速变化负载
	STATCOM	无功补偿、谐波治理	反应快速、无功补偿性能优异	成本较高，负序治理效果差
	APF	谐波治理	低次谐波滤波效果好	无法滤除高次谐波，难以适应大容量场合
	RPC	负序、无功和谐波治理，再生制动能量利用	对电能质量问题综合治理效果好，在特定情况能提高再生制动能量利用率	再生制动能量利用率依赖列车运行图
	传统同相供电	负序、无功和谐波治理，取消电分相	可取消变电所内电分相，牵引网电分相数量减半，实现电能质量治理	未彻底解决电分相问题，成本高
	贯通式同相供电	负序、无功和谐波治理，取消电分相、再生制动能量利用	可彻底取消电分相，实现电能质量治理和再生制动能量利用	并网同步较难，成本高，不适合既有线路改造
再生制动能量利用	能量回馈	无功和谐波治理、再生制动能量利用	再生制动能量能被非牵引供电网络利用，同时治理电能质量问题	再生制动能量利用率依赖于目标供电网络负荷功率需求，适用范围窄
	储能	负序、无功和谐波治理，再生制动能量利用	在 RPC 技术优势的基础上，能进一步提高再生制动能量利用率，同时治理电能质量问题	系统投资高，控制复杂，技术成熟度低
新能源消纳	分散接入	新能源消纳	结构简单，新能源发电系统容量小，无需复杂电能变换，传输距离近	系统统一协调控制和维护困难，易受外界环境变化影响
	微电网集中接入	新能源消纳	以微电网为基础，可协调微电网与相邻变电所之间的能量相互利用	需建立专门的分布式网络及大量电能变换设备，投资较高
	IFC集中接入	再生制动能量利用、新能源消纳	省去三相-单相并网逆变器，可实现并网供电臂再生制动能量回收利用	IFC 所需容量大，新能源接入单侧供电臂将恶化负序问题
	RPC集中接入	负序、无功和谐波治理，再生制动能量利用、新能源消纳	兼具 RPC 技术和储能技术优势，同时能有效消纳新能源	投资成本较高，系统配置和控制复杂，技术成熟度低

随着电力电子技术的发展，STATCOM 借助全控型电力电子器件和先进控制算法实现了动态补偿无功，且兼具一定的谐波治理功能，已在工业领域得到大量应用。APF 与 STATCOM 功能类似，但 APF 主要针对谐波治理，通过先进控制算法实现有源滤波，对低次谐波的效果较好。近年来，随着交流传动电力机车/动车组的广泛使用，无功和谐波问题已得到较大的改善，仅大量交-直型电力机车运行的电气化铁路线路中配备相关治理

设备以改善电能质量。

无功和谐波问题虽然已得到较好的解决,但电气化铁路单相供电特性造成的负序问题仍难以解决。为治理牵引供电系统注入外部电网的负序电流,日本于20世纪末提出了RPC技术。RPC技术在提供无功补偿的同时实现了两供电臂有功功率的平衡,有效治理了负序问题。传统同相供电技术借助电力电子设备实现牵引供电系统相邻供电臂相位一致,取消了牵引变电所处的电分相,同时可以实现无功、谐波和负序的综合治理,有效提高了牵引供电系统的供电稳定性和可靠性。相较于传统同相供电系统,贯通式同相供电系统将牵引网全线贯通,彻底取消电分相,在综合治理电能质量的基础上还可实现全线再生制动能量利用功能。同相供电技术对牵引供电系统改造程度较大,效果良好,目前已有几条示范线路采用了同相供电技术(如成昆铁路眉山牵引变电所、温州市域铁路和山西中南通道)。

(2) 再生制动能量利用。能量回馈技术通过能量回馈装置将再生制动能量回馈到铁路站场附近的配电网进行利用,而RPC技术通过两供电臂间的功率融通实现再生制动能量利用。二者在一定程度上均可提高再生制动能量利用率,同时兼备电能质量治理功能。然而,二者均无法有效解决再生制动能量与目标负荷耗能需求不匹配问题。为此,储能技术在电气化铁路中的应用得到了发展。储能技术借助储能介质(如超级电容、锂电池、飞轮等)实现再生制动能量的存储利用,理论上可实现再生制动能量100%利用(利用效果主要受限于储能功率和容量),同时可通过储能并网变流器改善牵引供电系统的电能质量。然而,储能系统的拓扑结构与控制算法相对复杂、技术成熟度较低,且受限于储能介质的高昂成本,目前电气化铁路储能技术只用于少数示范工程。

(3) 新能源消纳。近年来,新能源接入电气化铁路已成为国家"双碳"目标实施的发展趋势,大量国内外学者对接入方案进行了研究,但尚未实现成熟的工程应用。分散接入方案结构简单,能有效利用小容量新能源,但系统统一协调控制和维护困难。微电网集中接入方案以微电网为基础,能实现能量集中管理调度,具有规模化和低运行成本的优点,但需建立专门的分布式网络及大量电能变换设备,投资较高。IFC集中接入方案可节省三相-单相并网逆变器,并能参与并网供电臂再生制动能量回收利用,但IFC所需容量较大,新能源发电系统接入单侧供电臂可能加剧负序问题。RPC集中接入方案不仅能综合改善电能质量问题,提高再生制动能量利用率,还能消纳新能源,降低电气化铁路能耗,具有广阔的发展前景,但其仍然存在投资成本较高、系统配置和控制复杂等问题。

总体来说,在"双碳"目标的大背景下,融合新能源与储能的新型电能变换技术,实现电气化铁路供电系统的高效、多源、绿色与高弹性发展已成为新的发展趋势。但在实际工程建设过程中还需突破系统架构、互联装备、高效高弹性新能源消纳与协同运行等一系列关键技术。

1.4 本书主要内容

本书以电气化铁路再生制动能量为对象,系统地阐述了再生制动能量利用的相关理论与应用技术。全书共包括9章,架构如图1-27所示。

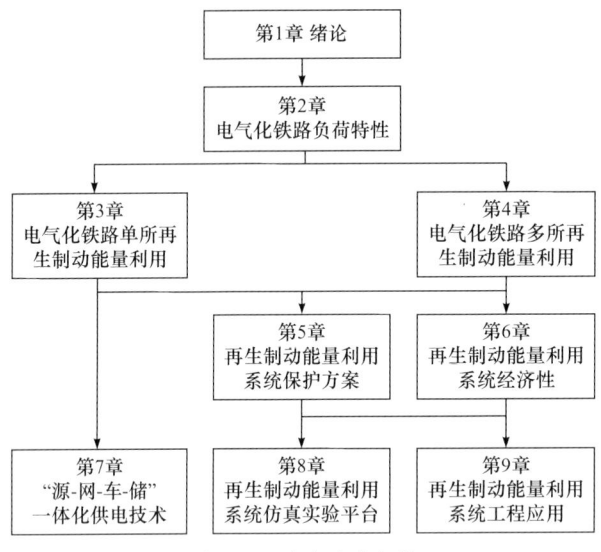

图 1-27 全书章节架构

第 1 章为绪论，主要介绍电气化铁路供电系统结构与特点、能耗与电能质量问题以及潮流控制技术现状。

第 2 章针对电气化铁路负荷特性，基于现场实测数据详细分析电气化铁路非牵引供电系统和牵引供电系统的负荷特性，为再生制动能量利用系统方案设计奠定基础。

第 3 章在电气化铁路负荷特性基础上，探讨针对单个牵引变电所的再生制动能量利用技术，从系统基本原理、运行模式与控制策略等方面详细论述适用于不同类型电气化铁路线路牵引变电所的再生制动能量利用技术，并辅以相应的仿真实验验证和基于实测负荷数据的效果评估。

第 4 章结合电气化铁路相邻牵引变电所的负荷特性，从系统基本原理、运行模式与控制策略等方面深入阐述分区所以及变电所和分区所协同再生制动能量利用技术，并提供相应的仿真验证和对比分析。

第 5 章针对再生制动能量利用系统在实际应用中的保护需求，探讨再生制动能量利用系统的保护策略，主要涉及再生制动能量利用系统自保护以及再生制动能量利用系统与牵引供电系统的协同保护。

第 6 章结合我国现行的电气化铁路电费计量政策和再生制动能量利用系统的技术效果评估再生制动能量利用技术的经济性，同时介绍基于技术经济模型的再生制动能量利用系统容量优化配置方法，兼顾再生制动能量利用的技术效果与经济性。

第 7 章在再生制动能量利用系统的基础上，结合电气化铁路发展趋势，提出电气化铁路"源-网-车-储"一体化供电技术的概念，阐述系统架构、主要功能、关键技术以及研究展望，并对其主要功能进行仿真验证。

第 8 章针对再生制动能量利用系统的设计与验证需求，系统地介绍包括综合仿真实验平台和分析评估软件的再生制动能量利用系统设计及验证工具。

第 9 章针对再生制动能量利用系统的工程应用，从技术方案、保护方案和监控方案三个方面系统地介绍再生制动能量利用系统的工程应用方案，并分别介绍再生制动能量利用系统在牵引变电所以及分区所的相关工程应用案例。

参 考 文 献

[1] 高仕斌, 蒋先国, 等. 高速铁路牵引供电[M]. 北京: 中国铁道出版社, 2021.
[2] 李群湛, 贺建闽. 牵引供电系统分析[M]. 3 版. 成都: 西南交通大学出版社, 2012.
[3] 中华人民共和国国家铁路局. 铁路电力设计规范: TB 10008—2015[S]. 北京: 中国铁道出版社, 2016.
[4] 胡海涛, 孟玺, 杨孝伟, 等. 新型 24kV 柔性直流铁路牵引供电系统分层控制策略研究[J]. 中国电机工程学报, 2021, 41(10): 3373-3382, 3663.
[5] 何晓琼, 韩鹏程, 王怡, 等. 基于级联-并联变换器的贯通式牵引变电所系统研究[J]. 铁道学报, 2017, 39(8): 52-61.
[6] 黄文龙, 胡海涛, 陈俊宇, 等. 枢纽型牵引变电所再生制动能量利用系统能量管理及控制策略[J]. 电工技术学报, 2021, 36(3): 588-598.
[7] 彭俊彬. 动车组牵引与制动[M]. 北京: 中国铁道出版社, 2009.
[8] 胡海涛, 陈俊宇, 葛银波, 等. 高速铁路再生制动能量储存与利用技术研究[J]. 中国电机工程学报, 2020, 40(1): 246-256, 391.
[9] 魏文婧, 胡海涛, 王科, 等. 基于铁路功率调节器的高速铁路牵引供电系统储能方案及控制策略[J]. 电工技术学报, 2019, 34(6): 1290-1299.
[10] 关于印发《中长期铁路网规划》的通知[EB/OL]. https://www.ndrc.gov.cn/xxgk/zcfb/ghwb/201607/t20160720_962188.html.
[11] 国家铁路局发布《"十四五"铁路科技创新规划》[EB/OL]. http://www.nra.gov.cn/xwzx/xwxx/xwlb/202204/t20220405_280556.shtml.
[12] 中共中央 国务院印发《交通强国建设纲要》[EB/OL]. http://www.gov.cn/zhengce/2019-09/19/content_5431432.htm. [2021-01-07].
[13] 2021 年中国电气化铁路市场现状和发展前景分析未来电气化率有望达到 89%[EB/OL]. https://www.qianzhan.com/analyst/detail/220/211022-dd5f11e1.html. [2021-01-07].
[14] 中华人民共和国国家统计局. 中国统计年鉴 2021[M]. 北京: 中国统计出版社, 2021.
[15] Wang K, Hu H T, Chen J Y, et al. System-level dynamic energy consumption evaluation for high-speed railway[J]. IEEE Transactions on Transportation Electrification, 2019, 5(3): 745-757.
[16] 陈俊宇, 胡海涛, 王科, 等. 一种考虑列车运行图的高速铁路牵引供电系统再生能量评估方法[J]. 中国铁道科学, 2019, 40(1): 102-110.
[17] 冯晓云. 电力牵引交流传动及其控制系统[M]. 北京: 高等教育出版社, 2009.
[18] 高仕斌, 胡海涛. 高速铁路车网电气耦合理论[M]. 北京: 科学出版社, 2016.
[19] Hu H T, Gao S B, Shao Y, et al. Harmonic resonance evaluation for hub traction substation consisting of multiple high-speed railways[J]. IEEE Transactions on Power Delivery, 2017, 32(2): 910-920.
[20] He Z, Zheng Z, Hu H. Power quality in high-speed railway systems[J]. International Journal of Rail Transportation, 2016, 4(2): 71-97.
[21] Pan P Y, Hu H T, He Z Y, et al. Rapid impedance measurement approach based on wideband excitation for single-phase four-quadrant converter of high-speed train[J]. IEEE Transactions on Instrumentation and Measurement, 2021, 70(1): 1-11.
[22] 姜晓锋, 胡海涛, 何正友, 等. 基于阻抗分析法的牵引供电低频网压波动研究[J]. 铁道学报, 2017, 39(12):23-31.
[23] 程汉湘. 无功补偿理论及其应用[M]. 北京: 机械工业出版社, 2016.
[24] Song W S, Jiao S L, Li Y W, et al. High-frequency harmonic resonance suppression in high-speed railway

图 2-6 列车区间运行过程示意图

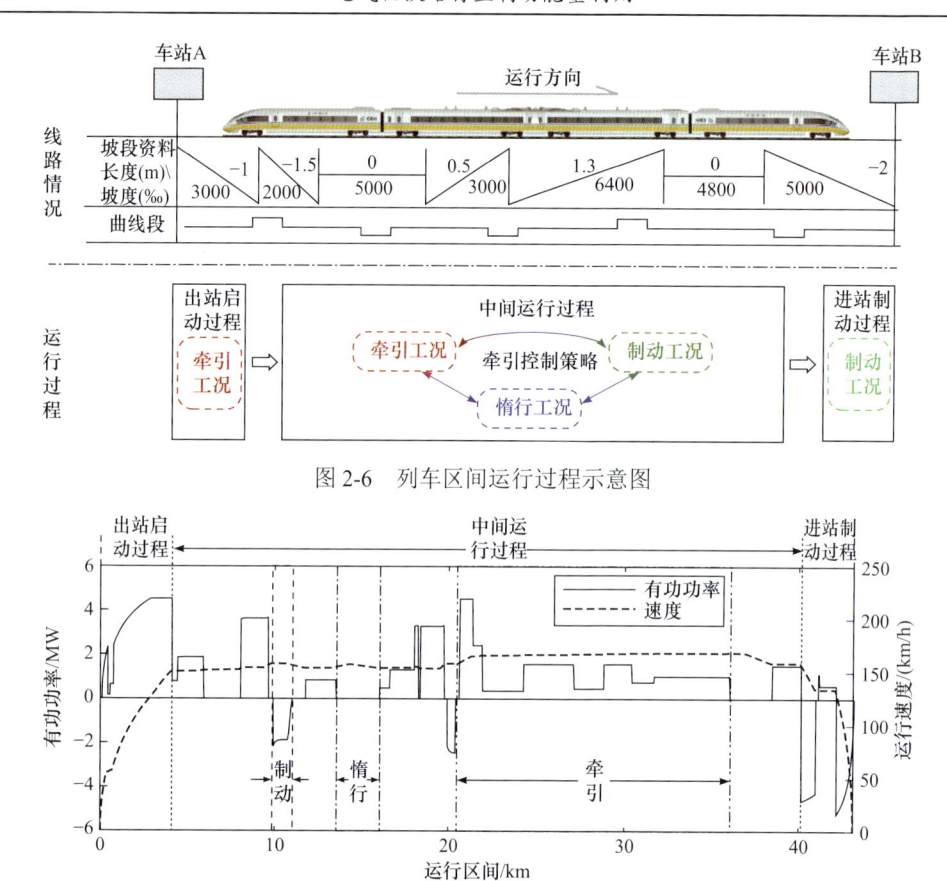

图 2-7 动车组运行区间的功率与速度曲线

功率随着速度增加而增长；达到额定功率后，若仍需加速，动车组随即运行于恒功率特性区域，即运行速度持续增加而吸收功率恒定。

(2) 中间运行过程：动车组的运行速度稳定在计划速度范围内，动车组的功率需求基本由线路条件决定。在平直路段，动车组仅需吸收较小的有功功率维持运行速度；在上坡路段，动车组需提供牵引力克服坡道阻力以避免减速，因此坡度越大动车组吸收的有功功率越大；在较小坡度路段下行时，和行进方向一致的坡道阻力与列车运行空气阻力基本平衡，使动车组呈现惰行工况；在较大坡度路段下行时，动车组需提供制动力克服坡道阻力以防止加速，因此产生了再生制动功率，该功率大小与坡度呈正相关。此外，动车组在通过电分相时，将停止吸收电能，依靠惯性驶过电分相无电区。

(3) 进站制动过程：此过程动车组需在规定时间和里程内由高速运行减速至停车。在动车组速度较高时，采用恒功率制动方式，再生制动功率较平稳；待动车组速度降低后，采用恒制动力制动方式迅速制动停车，再生制动功率随着速度降低而减小。进站制动过程的再生功率情况与制动停车的规定时间和里程等强相关，受线路条件影响较小，与中间运行过程中列车再生制动(简称中间制动)过程有一定差异。

基于上述分析，可以看出列车在运行过程中根据线路条件频繁切换运行工况，导致运行功率随之变化。在出站启动过程中，列车消耗大量有功功率使运行速度上升；在进站制动过程中，为提供足够的制动力使列车在规定时间内减速停车，通常再生制动功率较大；在中间运行过程中，列车的功率需求基本由线路条件决定，如在坡道较大的区段，为保持列车运行速度，上坡需要较大的牵引功率，下坡则产生一定的再生制动功率。此外，中间制动的制动功率和制动时间通常均小于进站制动时的制动功率和制动时间。因此，中间制动产生的再生制动能量通常少于进站制动产生的再生制动能量。

2.3 牵引供电系统负荷特性

通常情况下，电气化铁路中多车同时运行，牵引供电系统负荷实际上是供电区间内全部牵引负荷的叠加，故单一牵引负荷的特性难以表征牵引供电系统的负荷特性。电气化铁路的牵引负荷具有复杂的动态运行特性，加之电气化铁路牵引变电所的分布式供电特点，导致电气化铁路的牵引供电系统负荷特性呈现两个层级：①牵引变电所负荷特性；②电气化铁路线路负荷特性。其中，牵引变电所负荷特性针对单个牵引变电所，取决于牵引变电所供电区间内实时列车数量、列车运行工况和行车组织等因素[7]；电气化铁路线路负荷特性针对电气化铁路线路沿线的多个牵引变电所，故其负荷特性在单个牵引变电所负荷特性的基础上，还涉及线路沿线相邻牵引变电所的负荷特性，其主要与电气化铁路的线路条件强相关。考虑到供电环境、线路条件与负荷参数等因素对负荷特性的影响均可在现场实测负荷数据中精准地体现，本节将基于实测数据对典型电气化铁路的牵引供电系统负荷特性进行分析。

2.3.1 典型牵引变电所负荷特性

为全面分析牵引供电系统的负荷特性，首先需要根据牵引变电所三相侧及牵引侧各相母线的实测电压、电流数据和相应标准对相关负荷指标进行计算(如负荷功率可根据 IEEE Std 1459—2010[8]计算，谐波、负序等电能质量相关指标可根据 IEEE Std 1159—2019[9]计算)。其次，要实现牵引供电系统再生制动能量的利用，掌握其负荷再生制动特性尤为重要。为此，可针对负荷再生制动过程进行提取，并定义相关指标进行分析。当牵引变电所供电区间内列车的再生制动功率大于牵引功率时，其牵引供电系统负荷表现为一段有功功率为负数的曲线。为便于分析，此处定义牵引供电系统负荷数据中连续相邻的两个有功功率零点之间的负功率部分为一个负荷再生制动过程，如图2-8所示。

牵引变电所负荷在一段运行时间内的全部再生制动工况是由若干个再生制动过程构成的。因此，牵引变电所负荷再生制动工况的相关特性可通过分析牵引供电系统负荷再生制动过程的特性得到。为掌握再生制动过程的相关特性，此处定义再生功率、持续时间和再生能量三个指标对再生制动过程的特征进行刻画。各指标的详细定义如下。

再生功率：单个再生制动过程的最大再生制动功率，如图2-8所示。

持续时间：单个再生制动过程持续的时间，如图2-8所示。

再生能量：单个再生制动过程产生的再生制动能量，如图2-8所示。

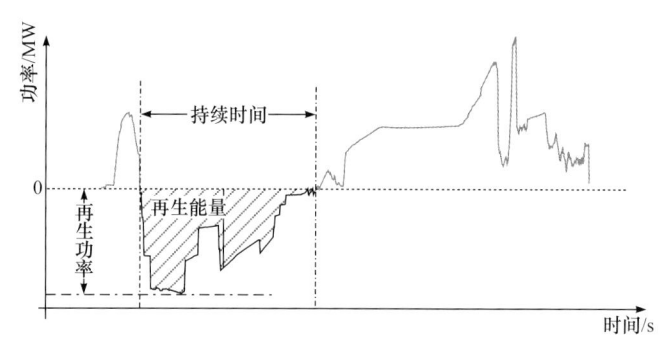

图 2-8 负荷再生制动过程定义

为衡量一段时间内牵引变电所负荷再生制动过程的密集程度，可定义再生频次指标，即一段时间内再生制动过程出现的次数，通常以一个完整运行周期进行统计。

通过对牵引供电系统负荷再生制动过程的上述指标进行计算，并在此基础上对全部指标按类进行统计分析，便可掌握牵引变电所负荷再生制动工况的特性。

下面将选取铁路枢纽线路与长大坡道线路两类典型电气化铁路线路的牵引变电所，借助上述负荷特性指标对牵引变电所的负荷特性进行分析。

1. 枢纽型线路牵引变电所

随着我国电气化铁路的快速发展，铁路运营里程快速增长，多条铁路线路交会形成了大型交通枢纽(如北京南、南京南、上海虹桥、广州南、成都东等)，形成枢纽型电气化铁路线路。枢纽型线路由多条铁路线路交会构成，其供电线路多且供电范围广，建设"一所多馈线多供电区间"的大型枢纽型牵引变电所(后文简称枢纽所)成为网络化电气化铁路发展的必然趋势[10]。枢纽所与传统牵引变电所相比，主要区别在于馈线数量更多，且采用的供电方式多样(通常包括 AT 供电和直供方式)，因此其牵引网更为复杂。枢纽所的多供电线路特点导致其供电区间内牵引负荷运行更为密集，多车混合运行导致牵引供电系统的负荷特性更为特殊。为此，本节选取国内某枢纽所进行现场负荷测试，并据此分析其负荷特性。

选取国内某枢纽所进行 24 小时不间断测试，并对数据进行相应分析，得到其负荷功率和电量及需量统计结果，如表 2-2 和表 2-3 所示。同时，图 2-9 给出了枢纽所实测负荷有功功率曲线。

从图表中可以看出枢纽所负荷具备如下特点。

(1) 负荷峰值功率高。牵引侧两供电臂负荷峰值视在功率分别为 135.5MV·A(α 臂)和 82.8MV·A(β 臂)；三相电网侧负荷总视在功率最大值为 126.8MV·A，过负荷率为 26.8%(该牵引变电所牵引变压器容量为 100MV·A)，最大需量为 47.7MW。

(2) 负荷波动性强。牵引侧两供电臂有功功率的最大值和最小值分别为 135.1MW(α 臂)、79.8MW(β 臂)、–85.8MW(α 臂)和–34.8MW(β 臂)；三相电网侧有功功率的最大值和最小值分别为 124.4MW 和–55.1MW。

(3) 负荷运行工况在牵引、再生制动以及惰行之间交替频繁。牵引侧两供电臂负荷同处于牵引工况的占比约为 55.1%，同处于再生制动工况的占比约为 5.7%，一臂牵引一臂再生制动工况的占比约为39.2%。

(4) 负荷能耗高,且产生了丰富的再生制动能量。牵引侧两供电臂负荷消耗的牵引能量(正向有功电量)和返送的再生制动能量(反向有功电量)分别为 365.4MW·h(α臂)、214.9MW·h(β臂)及28.7MW·h(α臂)、32.2MW·h(β臂)。按照电力部门计量方式(即三相功率代数和方式计算),牵引供电系统消耗电网牵引能量430.1MW·h,向电网返送再生制动能量21.9MW·h,返送的再生制动能量约占牵引能量的5.1%。虽然牵引供电系统牵引侧两供电臂相互独立,但两供电臂负荷功率在牵引变压器原边耦合导致两供电臂负荷功率相互叠加与抵消,故牵引侧两供电臂牵引消耗电量的代数和与返送再生制动能量的代数和均不等于三相计量得到的牵引变电所牵引消耗电量与返送再生制动能量。

表 2-2 枢纽所负荷功率统计表

参数	A 相			B 相			C 相		
	P/MW	Q/Mvar	S/(MV·A)	P/MW	Q/Mvar	S/(MV·A)	P/MW	Q/Mvar	S/(MV·A)
最大值	64.1	41.8	65.1	37.0	36.6	51.3	49.2	20.1	50.7
平均值	9.2	0.2	11.7	4.3	2.6	7.1	4.7	−2.6	6.5
最小值	−28.0	−19.0	0.0	−22.1	−9.2	0.0	−23.1	−16.8	0.0
95%概率最大值	31.3	12.8	33.1	19.2	13.7	23.7	21.1	1.8	23.2

参数	α臂			β臂			总功率		
	P/MW	Q/Mvar	S/(MV·A)	P/MW	Q/Mvar	S/(MV·A)	P/MW	Q/Mvar	S/(MV·A)
最大值	135.1	18.6	135.5	79.8	17.4	82.8	124.4	26.7	126.8
平均值	15.1	−0.9	18.0	8.1	−2.9	11.9	18.1	0.2	20.8
最小值	−85.8	−13.7	0.1	−34.8	−27.1	0.1	−55.1	−9.6	0.1
95%概率最大值	64.7	2.5	64.9	37.7	4.1	39.6	62.1	6.9	62.4

表 2-3 枢纽所电量及需量统计表

相别	正向有功电量/(MW·h)	反向有功电量/(MW·h)	最大需量/MW
A 相	216.4	10.5	—
B 相	114.8	18.2	—
C 相	115.5	9.9	—
α臂	365.4	28.7	—
β臂	214.9	32.2	—
三相计量	430.1	21.9	47.7

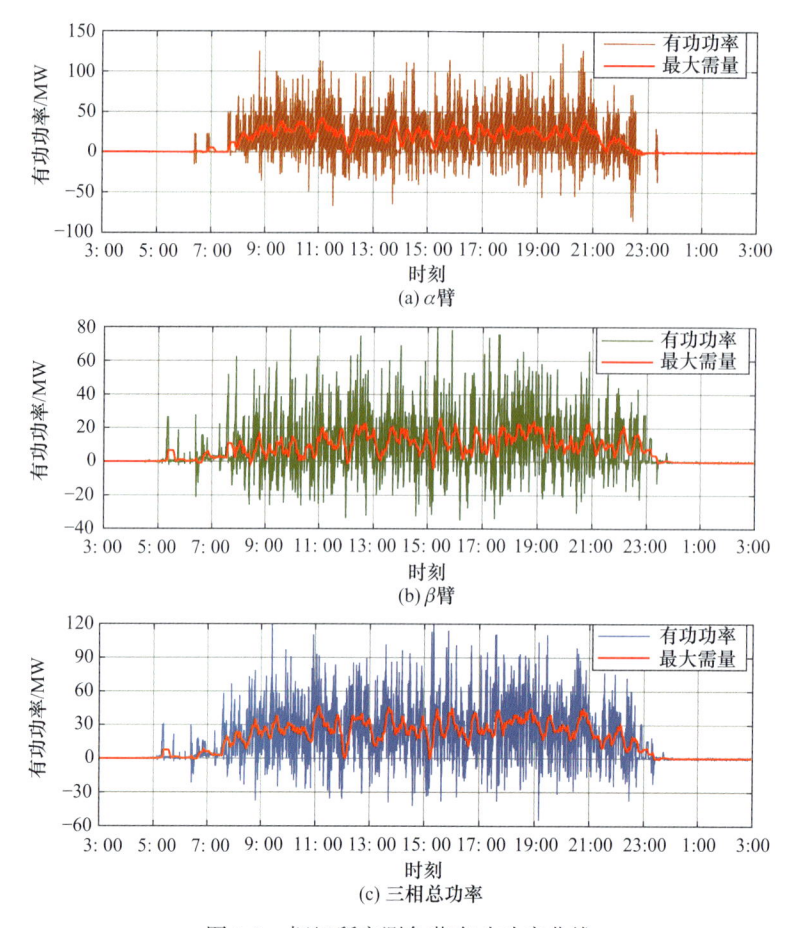

图 2-9 枢纽所实测负荷有功功率曲线

为进一步分析枢纽所负荷特性，基于图 2-9 所示枢纽所两供电臂及三相电网侧实测负荷有功功率曲线对其再生制动过程进行提取，并对每个再生制动过程的相关指标进行统计，得到图 2-10 所示再生制动过程功率及能量分布特性，相关统计结果如表 2-4 所示。从图表中可以看出枢纽所负荷再生制动过程具备如下特点。

(1) 再生制动过程出现频次高，牵引侧两供电臂负荷再生制动过程出现制动频次分别为 179(α臂)和 262(β臂)；三相电网侧负荷再生制动过程出现制动频次为 178。

(2) 再生制动过程持续时间短，牵引侧两供电臂负荷单个再生制动过程持续时间最大值分别为 136s(α臂)和 192s(β臂)，95%的再生制动过程(指再生制动过程的 95%概率统计值)持续时间短于 72s(α臂)和 186s(β臂)；三相电网侧负荷单个再生制动过程持续时间最大值为 191s，95%的再生制动过程持续时间短于 98s。

(3) 再生制动过程再生功率高，牵引侧两供电臂负荷单个再生制动过程再生功率最大值分别为–85.8MW(α臂)和–34.8MW(β臂)，95%的再生制动过程再生功率小于–29.7MW(α臂)和–17.6MW(β臂)；三相电网侧负荷单个再生制动过程再生功率最大值为–55.1MW，95%的再生制动过程再生功率小于–27.1MW。

(4) 再生制动过程返送能量丰富，牵引侧两供电臂负荷单个再生制动过程返送再生制动能量最大值分别为 1369.1kW·h(α 臂)和 797.1kW·h(β 臂)，95%的再生制动过程返送再生制动能量小于 445.5kW·h(α 臂)和 506.1kW·h(β 臂)；三相电网侧负荷单个再生制动过程返送再生制动能量最大值为 991.2kW·h，95%的再生制动过程返送再生制动能量小于 361.2kW·h。

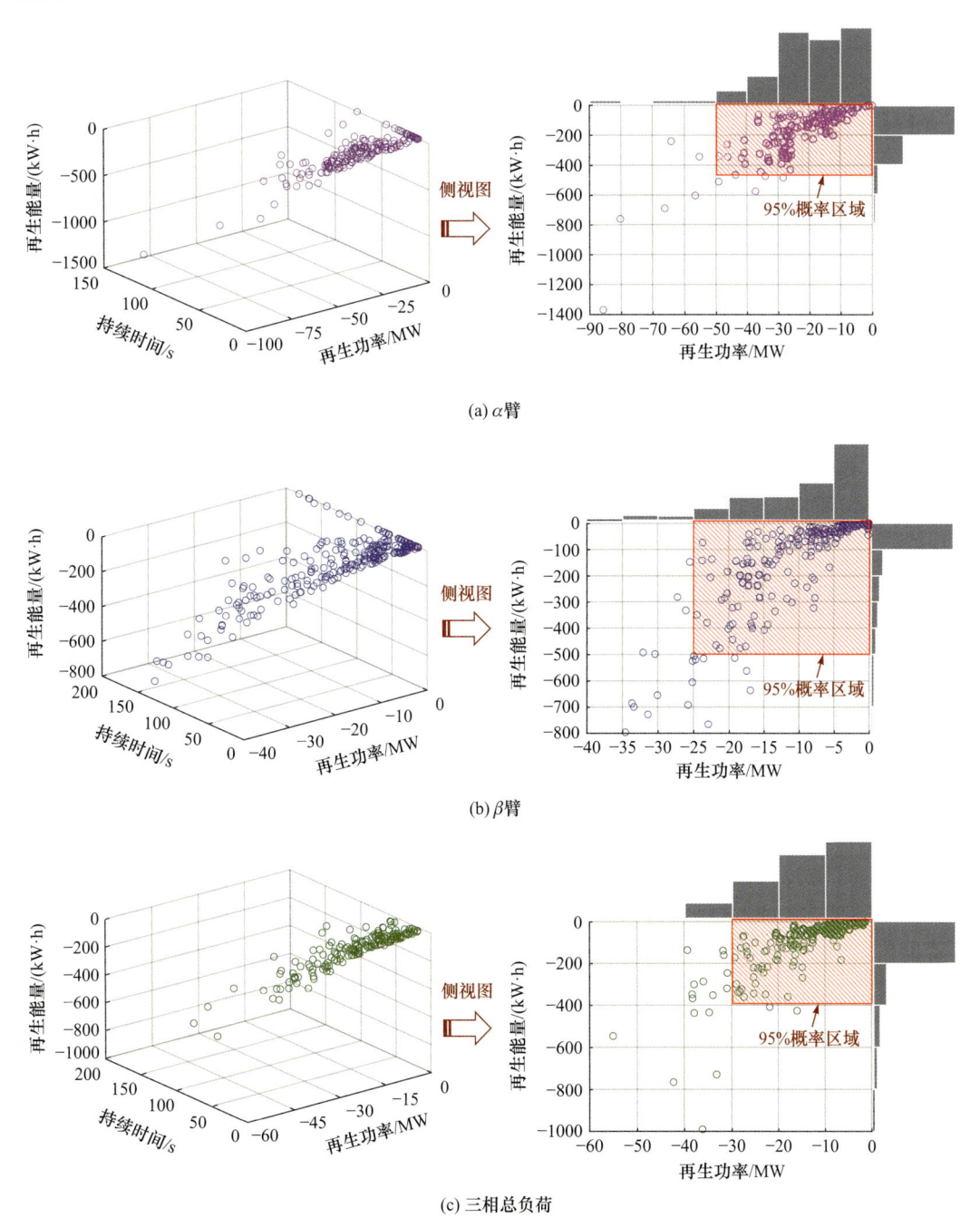

(a) α 臂

(b) β 臂

(c) 三相总负荷

图 2-10 枢纽所再生制动过程功率及能量分布特性

表 2-4 枢纽所再生制动过程统计表

参数 指标	α臂 持续时间/s	α臂 再生功率/MW	α臂 再生能量/(kW·h)	β臂 持续时间/s	β臂 再生功率/MW	β臂 再生能量/(kW·h)	三相总负荷 持续时间/s	三相总负荷 再生功率/MW	三相总负荷 再生能量/(kW·h)
最大值	136	−85.8	1369.1	192	−34.8	797.1	191	−55.1	991.2
平均值	34	−7.1	157.1	86	−4.4	121.3	40	−10.1	119.9
最小值	11	0.0	0.0	11	0.0	0.1	11	0.0	2.6
95%概率最大值	72	−29.7	445.5	186	−17.6	506.1	98	−27.1	361.2
制动频次	179			262			178		

综上分析可发现，电气化铁路枢纽所具有负荷峰值功率高、运行工况交替频繁、能耗高、返送再生制动能量丰富等特点。同时，枢纽所负荷再生制动过程频繁，每天再生制动过程出现上百次；再生制动过程持续时间短，单个再生制动过程的持续时间通常短于3min，这是由列车运行特性和枢纽型线路条件共同决定的；再生制动过程产生的再生制动能量丰富，单个再生制动过程的制动能量通常为数百千瓦时。虽然该牵引变电所牵引侧两供电臂日返送再生制动能量达到60MW·h，但由于牵引变压器原边功率耦合以及三相计量方式的影响，实际返送回电网的再生制动能量为21.9MW·h，约占牵引变电所日牵引耗电量的5%。若返送电网的再生制动能量在牵引供电系统内部得到有效利用，将有效降低牵引供电系统能耗，提高能量利用效率。因此，枢纽所具备广阔的再生制动能量回收利用前景。

2. 长大坡道线路牵引变电所

我国西部多为山区、丘陵地带，线路中存在较多的长大坡道(如西成高铁鄂邑-汉中段45公里坡度25‰，为全国高铁最长最大坡道之一；在建的川藏铁路30‰坡度的线路预计将超过50公里)。为保障行车安全，列车下坡过程中往往需要长时间制动以维持安全运行速度，其产生的再生制动能量较多且相对平稳。长大坡道线路特殊的条件导致其牵引供电系统的负荷特性与枢纽型线路以及其他普通线路条件的线路负荷特性存在较大的差异。为此，本节选取国内某长大坡道线路牵引变电所进行现场负荷测试，并分析其负荷特性。

根据牵引供电系统负荷数据实测分析方法，选取国内某长大坡道线路牵引变电所进行24小时不间断测试，并对数据进行相应分析，得到其负荷功率和电量统计结果如表2-5和表2-6所示。同时，图2-11给出了长大坡道线路牵引变电所实测负荷有功功率曲线。从图表中可以看出，长大坡道线路牵引变电所负荷具备如下特点。

(1) 负荷峰值功率较高。牵引侧两供电臂负荷峰值视在功率分别为38.7MV·A(α臂)和45.7MV·A(β臂)；三相侧负荷总视在功率最大值为68.6MV·A，最大需量为41MW。

第 2 章 电气化铁路负荷特性

表 2-5 长大坡道线路牵引变电所负荷功率统计表

参数	A 相			B 相			C 相		
	P/MW	Q/Mvar	S/(MV·A)	P/MW	Q/Mvar	S/(MV·A)	P/MW	Q/Mvar	S/(MV·A)
最大值	23.3	11.1	23.8	30.7	8.9	31.1	24.8	17.5	24.9
平均值	3.1	−1.8	6.4	7.9	1.2	8.2	3.1	3.9	7.2
最小值	−15.4	−14.8	0.0	−8.5	−2.7	0.0	−11.1	−8.5	0.0
95%概率最大值	11.7	4.2	13.1	19.2	4.3	19.4	11.7	10.6	13.4

参数	α 臂			β 臂			总功率		
	P/MW	Q/Mvar	S/(MV·A)	P/MW	Q/Mvar	S/(MV·A)	P/MW	Q/Mvar	S/(MV·A)
最大值	38.3	11.4	38.7	45.7	10.7	45.7	68.3	15.4	68.6
平均值	1.7	2.6	8.3	11.9	0.6	12.3	14.1	3.3	16.6
最小值	−26.8	−3.8	0.1	−12.6	−5.2	0.0	−28.1	−3.3	0.0
95%概率最大值	17.1	6.6	19.5	28.7	4.8	28.7	38.1	8.2	38.4

表 2-6 长大坡道线路牵引变电所电量及需量统计表

相别	正向有功电量/(MW·h)	反向有功电量/(MW·h)	最大需量/MW
A 相	103.5	25.1	—
B 相	211.3	1.5	—
C 相	100.9	19.2	—
α 臂	109.8	68.1	—
β 臂	288.3	2.2	—
三相计量	352.2	24.3	41

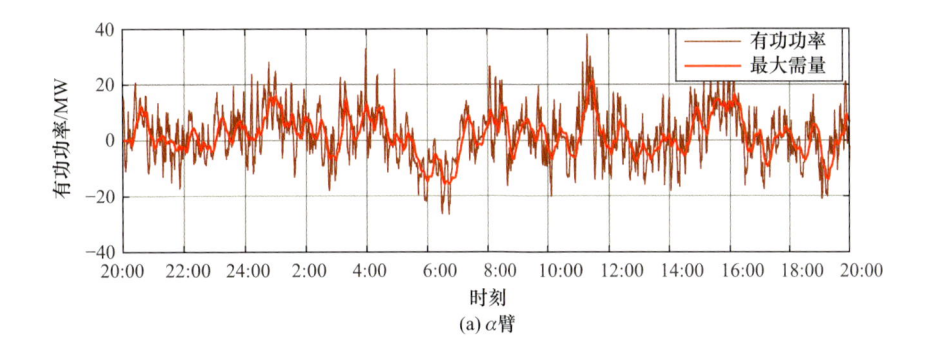

(a) α 臂

2.4 本章小结

本章结合实测负荷数据从非牵引负荷和牵引负荷两个方面对电气化铁路的负荷特性进行了分析。首先，以铁路 10kV 配电所为例分析了电气化铁路非牵引负荷的负荷特性；接着，介绍了电气化铁路牵引负荷的发展历程，并以动车组为例，从能量传输特性、牵引/制动特性以及动态运行特性三个方面分析了列车的负荷特性；然后基于实测数据分析了不同类别电气化铁路牵引变电所和电气化铁路线路的牵引供电系统负荷特性。最后，借助不同类别电气化铁路的负荷特性相关指标，对不同类别电气化铁路的负荷特性进行定性评估，以指导再生制动能量利用系统的应用对象选取及参数设计。

参 考 文 献

[1] 李芾, 安琪. 国内外高速动车组的发展[J]. 电力机车与城轨车辆, 2007, 30 (5): 1-5.
[2] 彭俊彬. 动车组牵引与制动[M]. 北京: 中国铁道出版社, 2009.
[3] 李中奇, 杨辉, 刘明杰, 等. 高速动车组制动过程的建模及跟踪控制[J]. 中国铁道科学, 2016, 37(5): 80-86.
[4] 冯晓云. 电力牵引交流传动及其控制系统[M]. 北京: 高等教育出版社, 2009.
[5] 李群湛, 贺建闽. 牵引供电系统分析[M]. 成都: 西南交通大学出版社, 2007.
[6] 陈俊宇, 胡海涛, 王科, 等. 一种考虑列车运行图的高速铁路牵引供电系统再生能量评估方法[J]. 中国铁道科学, 2019, 40(1): 102-110.
[7] 王科, 胡海涛, 魏文婧, 等. 基于列车运行图的高速铁路动态牵引负荷建模方法[J]. 中国铁道科学, 2017, 38(1): 102-110.
[8] Power System Instrumentation and Measurements Committee of the IEEE Power and Energy Society. IEEE Standard Definitions for the Measurement of Electric Power Quantities Under Sinusoidal, Nonsinusoidal, Balanced, or Unbalanced Conditions: IEEE Std1459-2010[S]. Piscataway: IEEE Standards Association, 2010.
[9] Power System Instrumentation and Measurements Committee of the IEEE Power and Energy Society. IEEE Recommended Practice for Monitoring Electric Power Quality: IEEE Std 1159-2019[S]. Piscataway: IEEE Standards Association, 2019.
[10] 王科. 高速铁路牵引供电系统动态能耗分析及优化研究[D]. 成都: 西南交通大学, 2020.
[11] 胡海涛, 陈俊宇, 葛银波, 等. 高速铁路再生制动能量储存与利用技术研究[J]. 中国电机工程学报, 2020, 40(1): 246-256, 391.

第 3 章 电气化铁路单所再生制动能量利用

随着交-直-交型传动列车的广泛使用，大量再生制动能量因供电系统结构、行车组织等原因无法在牵引供电系统内部得到利用而返送至电网，造成电气化铁路运行能效低。另外，我国电气化铁路运营里程长，线路条件复杂，不同电气化铁路线路的负荷特性差异较大。因此，本章将结合第 2 章分析的不同类别电气化铁路的负荷特性，介绍适用于不同类别电气化铁路牵引变电所的再生制动能量利用系统。

3.1 普通线路牵引变电所

由第 2 章中不同类别电气化铁路的牵引供电系统负荷特性可知，普通线路条件的高速铁路因再生频次高，再生制动功率大，返送再生制动能量多而具备较大的再生制动能量利用潜力。相较于高速铁路，普通线路条件的普速铁路电力机车通过牵引变电所向电网返送的再生制动能量较少，因此开展再生制动能量利用的节能效果和经济性不佳。虽然普通线路条件的普速铁路和高速铁路开展再生制动能量利用的节能效果和经济性存在较大的差异，但从再生制动能量利用技术角度来看二者不存在差别。因此，本节介绍的再生制动能量利用系统适用于全部普通线路条件的电气化铁路。

3.1.1 基于储能的再生制动能量利用系统基本原理

考虑到既有的再生制动能量利用技术难以有效解决再生制动能量与目标负荷耗能需求不同步或不匹配时的再生制动能量利用问题[1,2]，本节主要介绍一种基于储能的再生制动能量利用系统(后文简称再生储能系统)。

图 3-1 为再生储能系统接入 AT 供电方式牵引供电系统的拓扑结构[3]。该系统结合电气化铁路牵引供电系统的结构特性与电气特性，采用 RPC 作为储能系统的并网变流器，在其直流母线处集成储能系统，可实现牵引供电系统两供电臂再生制动能量的转移利用与储能利用，同时利用 RPC 兼顾负序、无功等电能质量问题治理[4,5]。此外，RPC 的直流母线也为新能源接入提供了接口。由于再生储能系统并接于牵引供电系统两供电臂的接触线与钢轨，故对直供方式和 AT 供电方式的牵引供电系统均适用。

对于储能系统中储能介质的选取，可根据牵引变电所实际负荷特性确定[6]。对于普通线路这类牵引负荷波动性强、再生制动功率大、再生制动过程持续时间短、单次再生制动能量较少、再生频次高的应用场景，储能介质需具备较强的大功率快充快放能力，故可选择使用功率型储能介质(如超级电容)[7]。

图 3-1 所示的再生储能系统可实现牵引供电系统两供电臂再生制动能量的相互转移利用以及储能利用。根据有功功率守恒原理，电网、牵引供电系统以及再生储能系统三

供电系统两供电臂负荷均处于再生制动工况时,再生制动能量通过 RPC 转移至储能系统,由储能介质存储,该工况典型潮流示例如图 3-2(a)所示。

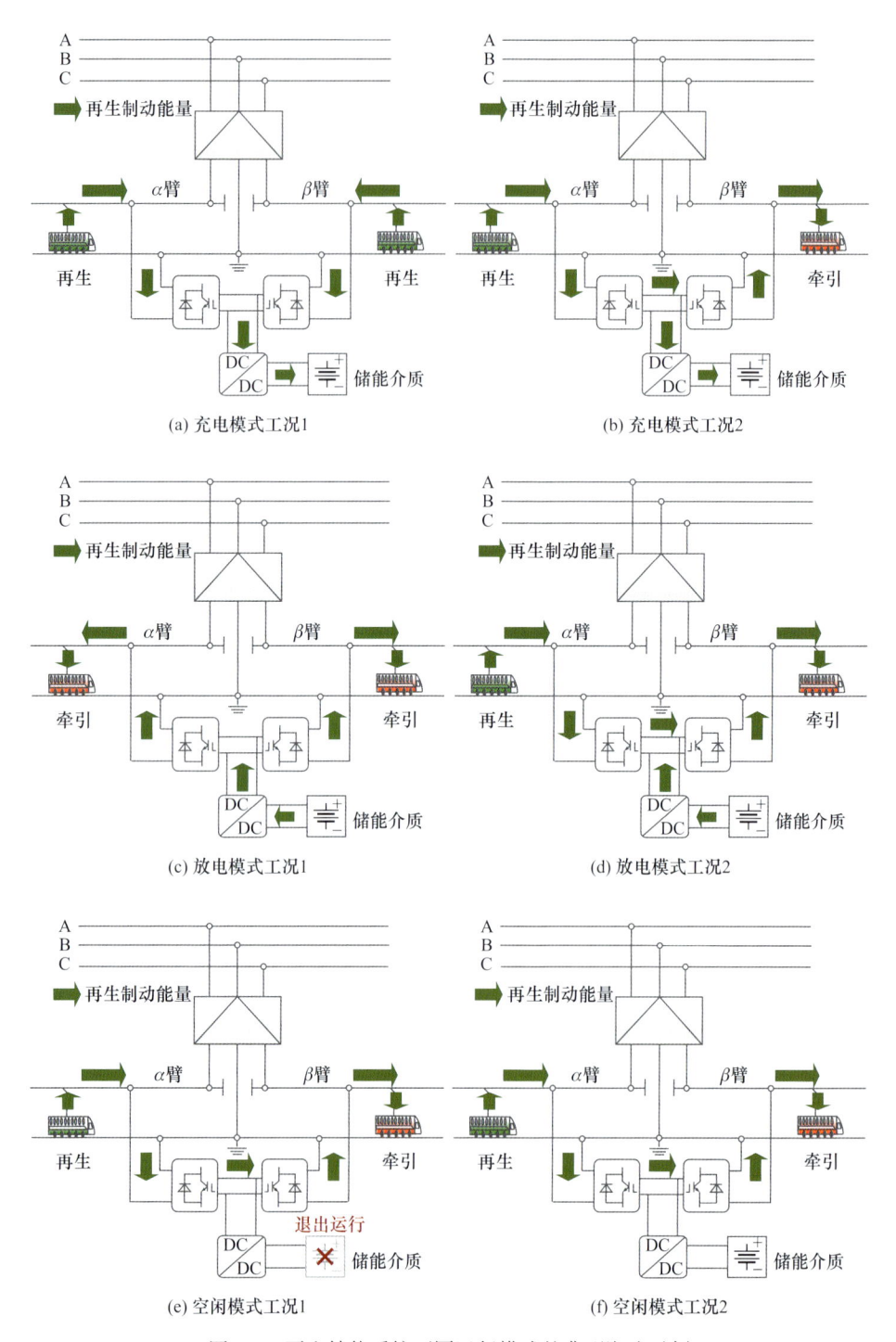

图 3-2 再生储能系统不同运行模式的典型潮流示例

当一臂再生制动工况负荷功率大于另一臂牵引工况负荷功率时，再生制动功率通过 RPC 转移供给另一臂牵引工况负荷使用，剩余再生制动功率可由储能介质充电存储，该工况典型潮流示例如图 3-2(b)所示。

2. 放电模式

当牵引供电系统处于牵引工况(即负荷总有功功率为正且大于放电模式阈值)，且储能介质荷电状态处于正常范围时，再生储能系统以放电模式运行。当牵引供电系统两供电臂负荷均处于牵引工况时，储能介质释放存储的再生制动能量，并通过 RPC 转移两供电臂供给牵引工况负荷，该工况典型潮流示例如图 3-2(c)所示。当牵引供电系统一臂再生制动工况负荷功率小于另一臂牵引工况负荷功率时，再生制动功率通过 RPC 转移供给牵引工况负荷使用，不足的牵引功率可由储能介质中储存的再生制动能量提供。该模式下的典型潮流示例如图 3-2(d)所示。

3. 空闲模式

该模式下储能介质不工作。当储能介质的荷电状态因过高或者过低超出工作区间时，仅 RPC 工作，将牵引供电系统一臂的再生制动能量转移到另一臂供牵引工况负荷利用，该工况典型潮流示例如图 3-2(e)所示；当牵引供电系统中一臂再生制动工况负荷功率几乎等于另一臂牵引工况负荷功率时，储能介质不需要充电或者放电，因此仅 RPC 工作，该工况潮流示例如图 3-2(f)所示。

根据再生储能系统的运行模式，结合其运行原理，可得到不同运行模式不同工况下再生储能系统的有功参考功率，如表 3-1 所示。

表 3-1　不同运行模式不同工况下再生储能系统有功参考功率

运行模式	工况序号	运行工况	$P_{c\alpha}^*$	$P_{c\beta}^*$	P_{ESS}^*
充电模式	1	$P_G(t) < P_{Re}$ & $SoC < SoC_H$	$(P_{L\alpha}-P_{L\beta}-P_{ESS})/2$	$(P_{L\beta}-P_{L\alpha}-P_{ESS})/2$	P_{ESS}^N
	2	$P_G(t) < P_{Re}$ & $SoC < SoC_H$	$(P_{L\alpha}-P_{L\beta}-P_{ESS})/2$	$(P_{L\beta}-P_{L\alpha}-P_{ESS})/2$	P_G
放电模式	3	$P_T(t) > P_{Tr}$ & $SoC > SoC_L$	$(P_{L\alpha}-P_{L\beta}-P_{ESS})/2$	$(P_{L\beta}-P_{L\alpha}-P_{ESS})/2$	P_{ESS}^N
	4	$P_T(t) > P_{Tr}$ & $SoC > SoC_L$	$(P_{L\alpha}-P_{L\beta}-P_{ESS})/2$	$(P_{L\beta}-P_{L\alpha}-P_{ESS})/2$	P_G
空闲模式	5	$P_G(t) < P_{Re}$ & $SoC \geqslant SoC_H$	$(P_{L\alpha}-P_{L\beta})/2$	$(P_{L\beta}-P_{L\alpha})/2$	0
	6	$P_T(t) > P_{Tr}$ & $SoC \leqslant SoC_L$	$(P_{L\alpha}-P_{L\beta})/2$	$(P_{L\beta}-P_{L\alpha})/2$	0
	7	$P_{L\alpha}=-P_{L\beta}\neq 0$	$(P_{L\alpha}-P_{L\beta})/2$	$(P_{L\beta}-P_{L\alpha})/2$	0
	8	$P_{Re} \leqslant P_{L\alpha}(t) \leqslant P_{Tr}$ $P_{Re} \leqslant P_{L\beta}(t) \leqslant P_{Tr}$	0	0	0

3.1.3 基于储能的再生制动能量利用系统控制策略

由电气化铁路负荷特性可知，列车运行过程中频繁在牵引、惰行和再生制动工况之间切换，导致牵引供电系统运行工况不停改变。根据再生储能系统的运行原理，再生储能系统需要随牵引供电系统运行工况的改变而频繁切换至对应的运行模式。加上再生储能系统属于多变流器系统，确保各变流器在多种运行模式下的稳定协调运行尤为关键。因此，基于上述目标为再生储能系统设计了基于分层控制的协调控制策略，如图 3-3 所示。

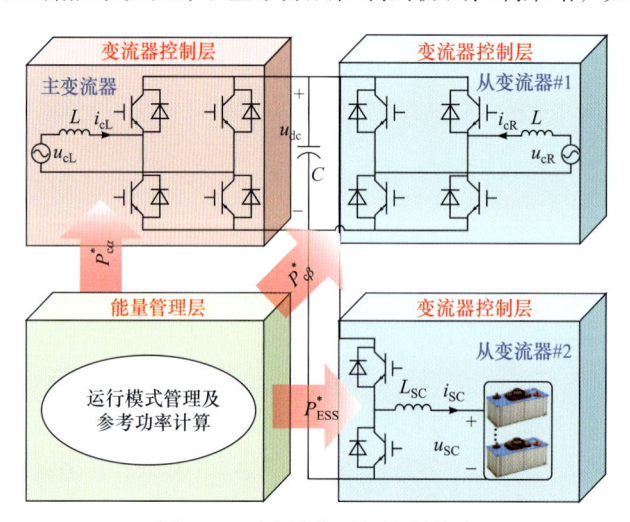

图 3-3 再生储能系统控制策略

该策略包括能量管理层和变流器控制层，其中能量管理层负责执行能量管理策略实现系统潮流管理，根据牵引供电系统负荷运行工况确定再生储能系统的运行模式，进而为变流器计算对应工况下的功率参考值。变流器控制层负责协调控制各变流器实现潮流控制，根据能量管理层计算功率参考值，控制变流器实现功率跟踪。

再生储能系统的能量管理层根据实时采集的牵引供电系统负荷电压电流计算负荷功率，进而确定牵引供电系统负荷运行工况。接着，根据再生储能系统运行原理，确定系统运行模式及运行工况，并计算变流器参考功率。再生储能系统控制策略的能量管理层策略流程如图 3-4 所示，主要包括以下步骤。

步骤 1：开始，输入牵引供电系统实时网侧功率 P_G。

步骤 2：判断 P_G 是否小于充电阈值 P_{Re}。若否，进入步骤 3，反之进入步骤 4。

步骤 3：判断牵引供电系统实时网侧功率 P_G 是否大于等于充电阈值 P_{Re} 且小于等于放电阈值 P_{Tr}。若是，则再生储能系统处于空闲模式，进入步骤 6，反之进入步骤 5。

步骤 4：判断储能介质 SoC 是否小于上限。若是，则再生储能系统处于充电模式，反之则再生储能系统处于空闲模式，进入步骤 6。

步骤 5：判断储能介质 SoC 是否大于下限。若是，则再生储能系统处于放电模式，反之则再生储能系统处于空闲模式，进入步骤 6。

步骤 6：根据步骤 3~5 中所确定的系统运行模式执行相应的运行工况判断条件，判定系统具体运行工况，确定系统参考功率。

步骤 7：输出系统参考功率至变流器控制层，结束。

为达到能量管理策略中制定的控制目标，实现再生制动能量有效利用，需通过变流器控制层实现再生储能系统中多个变流器的协同工作。为此，采用主从式控制思想实现再生储能系统的控制。为便于说明，此处将 RPC 接入 α 臂的变流器称为左臂变流器，接入 β 臂的变流器称为右臂变流器。其中，RPC 中左臂变流器工作在"主模式"，用于稳定直流母线电压，维持系统功率平衡，并跟踪系统参考功率指令。RPC 中右臂变流器和双向 DC/DC 变换器均工作于"从模式"，根据系统参考功率指令实现功率控制[8]。

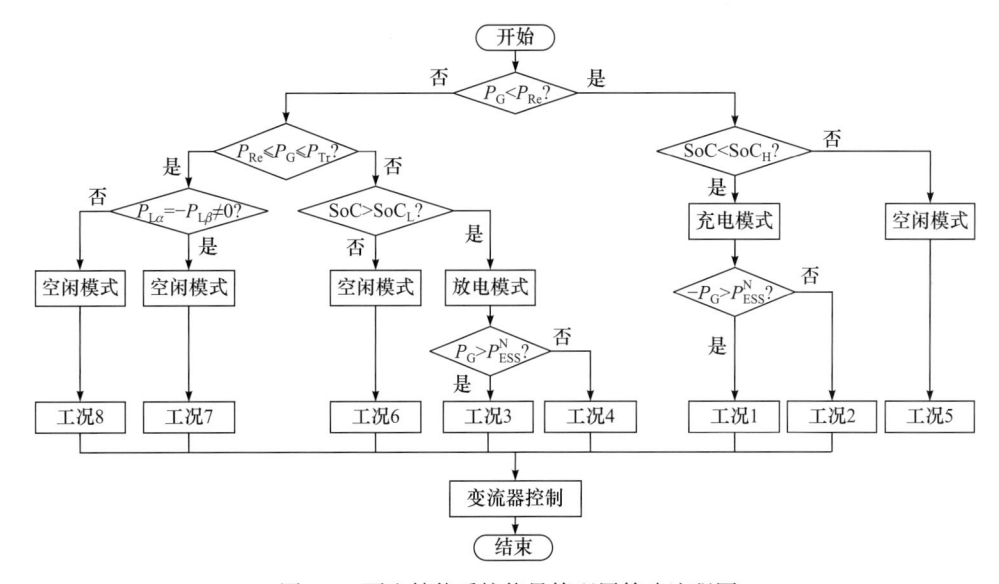

图 3-4 再生储能系统能量管理层策略流程图

RPC 控制策略如图 3-5 所示。根据上述控制目标，RPC 左臂变流器采用电压和电流双闭环控制，直流电压外环控制直流母线电压，为再生储能系统提供稳定的直流电压。电流内环采用旋转坐标系下的 dq 解耦电流控制实现有功功率和无功功率的解耦控制。牵引供电系统属于单相供电系统，因此单相四象限变流器需要通过二阶广义积分器 (second-order generalized integrator, SOGI) 构造虚拟正交分量，进而通过坐标变换将控制量转换为旋转坐标系下的 dq 分量。此外，为提高直流电压控制能力，将 RPC 左臂变流器参考功率转化为参考电流作为电流前馈控制。在稳定的直流母线电压下，RPC 右臂变流器只需采用电流控制，因此采用旋转坐标系下的 dq 解耦电流控制实现参考功率的跟踪。

双向 DC/DC 变换器的控制策略如图 3-6 所示。与 RPC 右臂变流器类似，双向 DC/DC 变换器也工作于"从模式"，故只需采用电流控制跟踪储能系统的充放电参考功率即可。此外，双向 DC/DC 变流器存在 Buck 和 Boost 两种工作模式[9]，因此需根据充放电参考功率确定工作模式。

根据再生储能系统的能量管理策略和变流器控制策略，可得到其整体控制框图，如图 3-7 所示。从图中可以看出，能量管理层根据实时采集的牵引供电系统电压和负荷电流计算两供电臂负荷功率。获取牵引供电系统负荷功率后，根据牵引供电系统负荷运行工况可确定再生储能系统运行模式，计算各变流器参考功率值并发送给变流器控制层。变流器控制层中各变流器遵循"主从控制"原则，在各自控制目标的基础上，跟踪来自能量管理层的参考功率值，实现系统的潮流控制。

牵引供电系统负荷功率计算方法为

$$\begin{cases} P_{L\alpha}(t) = \dfrac{1}{2}[u_{TRd}^{\alpha}(t)i_{Ld}^{\alpha}(t) + u_{TRq}^{\alpha}(t)i_{Lq}^{\alpha}(t)] \\ P_{L\beta}(t) = \dfrac{1}{2}[u_{TRd}^{\beta}(t)i_{Ld}^{\beta}(t) + u_{TRq}^{\beta}(t)i_{Lq}^{\beta}(t)] \end{cases} \quad (3\text{-}11)$$

式中，u_{TR}^{α}、u_{TR}^{β}、$i_{L\alpha}$ 和 $i_{L\beta}$ 分别表示 α 臂和 β 臂的接触线电压和总负荷电流；u_{TRd}^{α}、u_{TRq}^{α}、u_{TRd}^{β}、u_{TRq}^{β}、i_{Ld}^{α}、i_{Lq}^{α}、i_{Ld}^{β} 和 i_{Lq}^{β} 分别为 u_{TR}^{α}、u_{TR}^{β}、$i_{L\alpha}$ 和 $i_{L\beta}$ 的 d、q 分量。

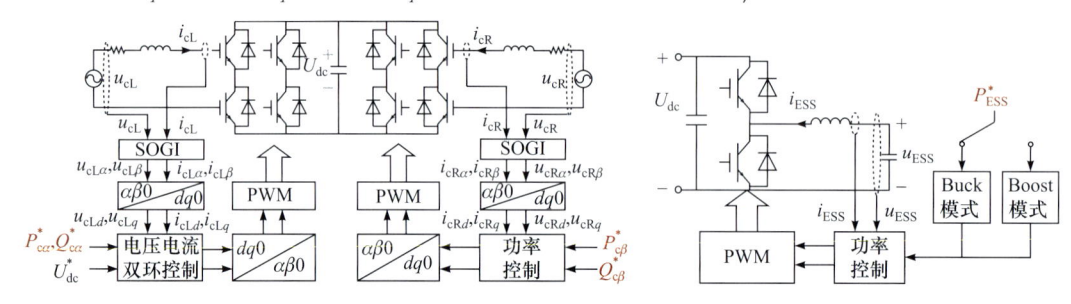

图 3-5 RPC 控制策略

图 3-6 双向 DC/DC 变换器控制策略

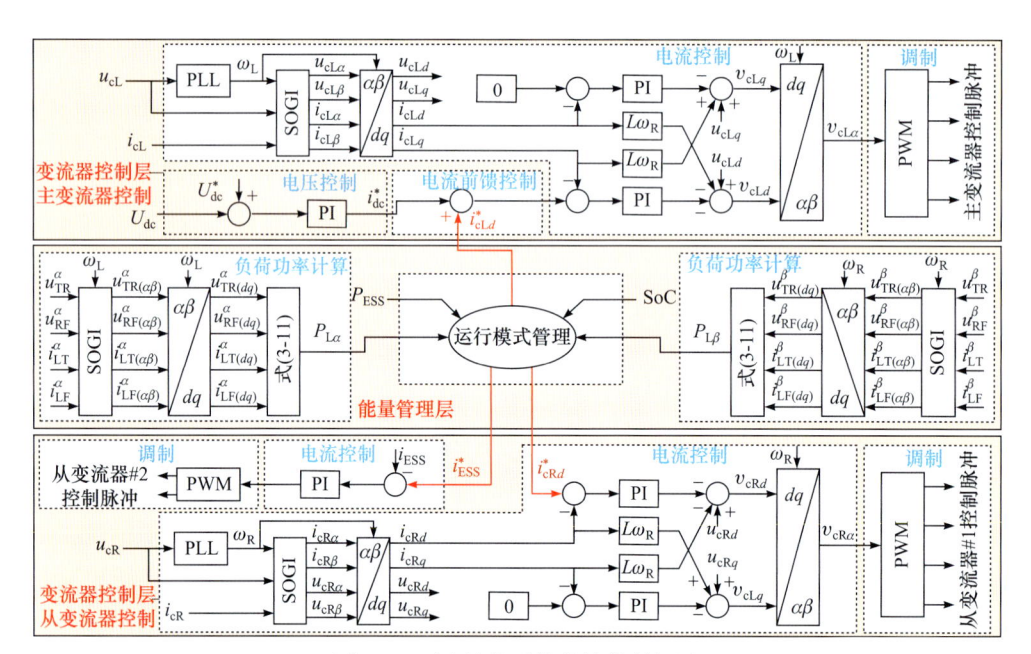

图 3-7 再生储能系统整体控制框图

PLL：锁相环；ω_L、ω_R：左/右侧牵引网电压相角；上标标注 '*' 表示相应电压、电流的参考值

3.1.4 基于储能的再生制动能量利用系统验证

1. 仿真验证

为验证所提再生储能系统能量管理与控制策略的正确性和有效性，搭建了对应的仿真模型。其中牵引供电系统、RPC 和再生储能系统的仿真参数如表 3-2 所示，三种运行模式下负荷仿真参数如表 3-3 所示。

表 3-2 再生储能系统仿真模式相关参数

位置	参数	数值
牵引供电系统	电网侧三相电压	220kV
	电网频率	50Hz
	牵引变压器变比	220kV/(2×27.5kV)
	牵引变压器容量	50MV·A
	自耦变压器变比	55kV/27.5kV
	自耦变压器容量	20MV·A
RPC	隔离降压变压器变比	27.5kV/1.5kV
	RPC 容量	6MV·A
	RPC 直流侧电压	3600V
	RPC 直流侧电容	5000μF
	交流电感	3mH
再生储能系统	超级电容额定容量	10F
	超级电容额定电压	1500V
	额定充电功率	2MW
	额定放电功率	−2MW
	SoC 范围	0.1~0.95

表 3-3 再生储能系统仿真工况表

运行模式	工况序号	α臂负荷功率/MW	β臂负荷功率/MW
充电模式	1	2	−5
	2	2	−3
放电模式	3	4	−1
	4	3	−2
空闲模式	5	1	−3
	6	3	−2
	7	2	−2
	8	0	0

1) 充电模式

充电模式下牵引供电系统和再生储能系统的仿真结果如图 3-8 所示，其中包括两种运行工况。工况 1 时牵引供电系统两供电臂负荷工况相反，且再生制动工况负荷功率大于牵引工况负荷功率需求。当 $t=1\text{s}$ 时，再生储能系统开始运行于充电模式，RPC 转移利用再生制动能量后，储能介质存储再生制动能量，如图 3-8(a)所示。由于额定功率限制，剩余部分再生制动能量返送电网，如图 3-8(b)所示。当 $t=3\text{s}$ 时，牵引供电系统再生制动工况负荷功率减小，但仍大于牵引工况负荷功率，因此储能系统仍工作在充电模式。工况 2 下 RPC 转移利用再生制动能量后，储能介质可完全存储剩余再生制动能量，故无再生制动能量返送回电网，实现再生制动能量的全部利用。

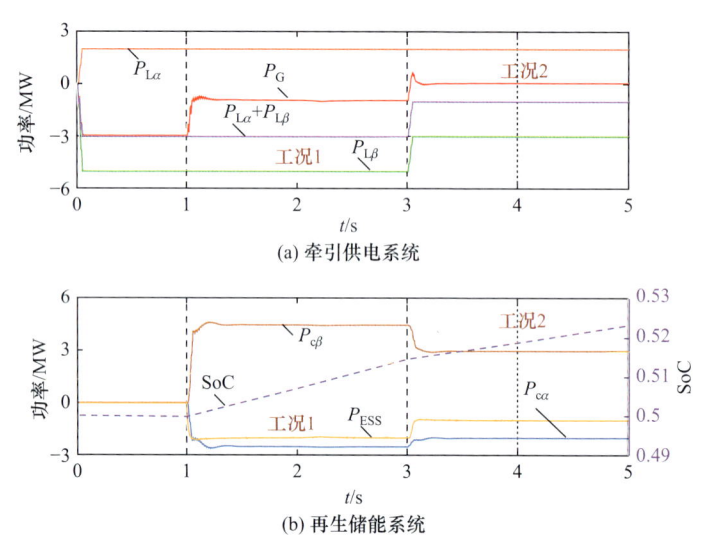

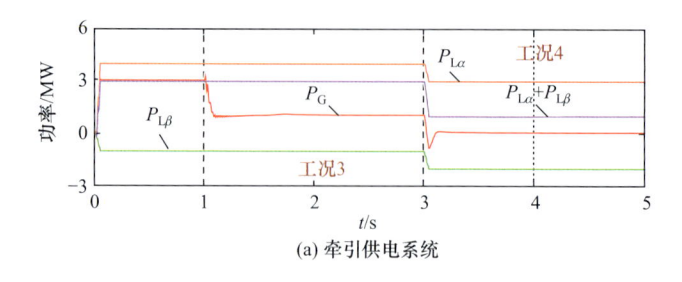

(a) 牵引供电系统

(b) 再生储能系统

图 3-8　充电模式下牵引供电系统和再生储能系统仿真结果

2) 放电模式

放电模式下牵引供电系统和再生储能系统两种运行工况的仿真结果如图 3-9 所示。工况 3 时牵引供电系统两供电臂负荷工况相反，且再生制动工况负荷功率小于牵引工况负荷功率需求。当 $t=1\text{s}$ 时，根据牵引供电系统负荷工况，再生储能系统运行于放电模式。此工况下 RPC 转移利用再生制动能量后，储能介质仅能提供部分牵引工况负荷所需功率，不足的功率由电网提供，如图 3-9(a)所示。$t=3\text{s}$ 时牵引供电系统再生制动工况负荷功率增大，但仍小于牵引工况负荷功率，因此储能系统仍工作在放电模式，如图 3-9(b)所示。工况 4 下 RPC 转移利用再生制动能量后，储能介质可完全提供牵引工况负荷所需剩余功率，因此电网无需提供功率。

(a) 牵引供电系统

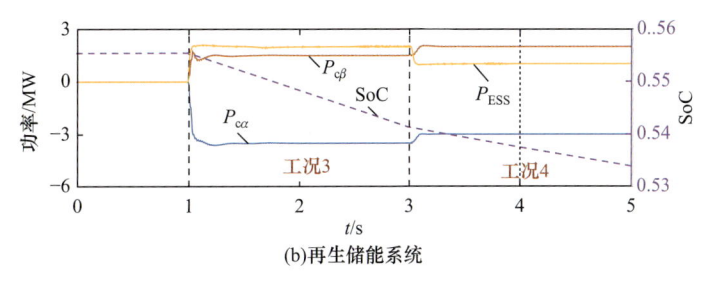

图 3-9 放电模式下牵引供电系统和再生储能系统仿真结果

3) 空闲模式

空闲模式下牵引供电系统和再生储能系统四种运行工况的仿真结果如图 3-10 所示，其中牵引供电系统仿真结果如图 3-10(a)所示，再生储能系统仿真结果如图 3-10(b)所示。

当 $t=1s$ 时，牵引供电系统再生制动工况负荷功率大于牵引工况负荷功率需求，但由于储能介质 SoC 达到上限，再生储能系统处于空闲模式，仅 RPC 转移再生制动能量供牵引工况负荷利用，剩余再生制动能量返送回电网。当 $t=2s$ 时牵引供电系统负荷工况发生变化，牵引工况负荷功率大于再生制动工况负荷。储能介质 SoC 处于下限，因此再生储能系统处于空闲模式，此工况下仅 RPC 转移利用再生制动能量，不足的牵引功率由电网提供。当 $t=3s$ 时，牵引供电系统中再生制动工况负荷功率等于牵引工况负荷功率，RPC 转移再生制动能量供牵引工况负荷利用，储能介质不工作，再生储能系统处于空闲模式。当 $t=4s$ 时牵引供电系统无负荷，处于空载状态，因此再生储能系统处于空闲模式，各变流器均不运行。

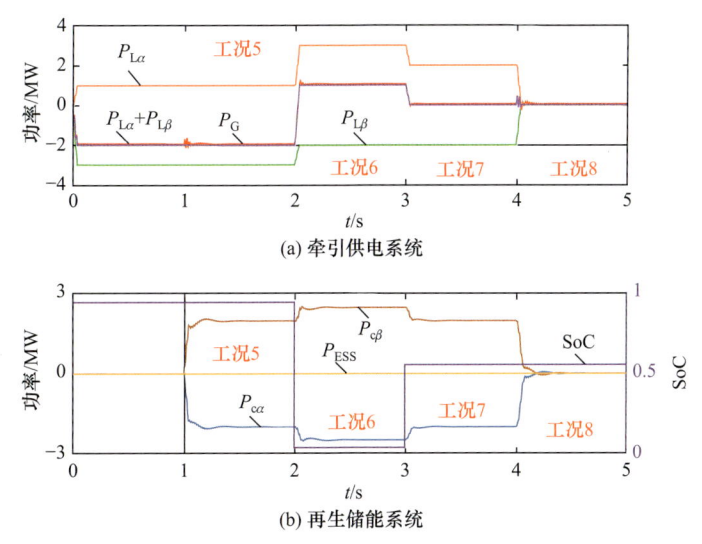

图 3-10 空闲模式下牵引供电系统和再生储能系统仿真结果

2. 实验验证

再生储能系统实验平台参数如表 3-4 所示。实验中设定列车牵引功率为正，再生制动功率为负，超级电容充电功率为负，放电功率为正。实验中列车采用单相四象限变流器进行模拟,通过改变变流器参考功率方向可模拟列车运行过程中牵引工况和再生制动工况的切换。实验工况设置如表 3-5 所示,旨在测试再生储能系统在不同运行模式下的运行效果及无缝切换性能,详细结果如图 3-11 所示。

表 3-4 再生储能系统实验平台参数

位置	参数	数值
牵引供电系统	电网侧三相电压	380V
	电网频率	50Hz
	牵引变压器变比	380V/(2×100V)
	牵引变压器容量	2kV·A
	自耦变压器变比	100V/50V
	自耦变压器容量	1kV·A
RPC	隔离降压变压器电压比	50V/50V
	隔离变压器容量	1kV·A
	RPC 直流侧电压	100V
	交流电感	5mH
	直流电容	3.3mF
再生储能系统	续流电感	2mH
	超级电容	96V/83F
	额定充电功率	200W
	额定放电功率	−200W
	SoC 范围	0.3~0.7
控制器	控制频率	15kHz
模拟列车	最大牵引功率	200W
	最大再生制动功率	200W

表 3-5 再生储能系统实验工况设置

再生储能系统运行模式	牵引供电系统运行工况	牵引供电系统负荷功率	
		α 供电臂/W	β 供电臂/W
空闲模式(Ⅰ)	$P_{L\alpha}=P_{L\beta}=0$	0	0
放电模式(Ⅲ)	$P_G > 0$ & $SoC > SoC_L$	−50	200
充电模式(Ⅱ)	$P_G < 0$ & $SoC < SoC_H$	−200	50
充电模式(Ⅱ)	$P_G < 0$ & $SoC < SoC_H$	−50	−100
放电模式(Ⅲ)	$P_G > 0$ & $SoC > SoC_L$	100	50
放电模式(Ⅲ)	$P_G > 0$ & $SoC > SoC_L$	200	−50
充电模式(Ⅱ)	$P_G < 0$ & $SoC < SoC_H$	50	−200
空闲模式(Ⅰ)	$P_{L\alpha}=-P_{L\beta}$	200	−200

图 3-11(a)为牵引供电系统两供电臂负荷运行工况的实验结果，从图中可以看出，负荷运行工况每 5s 切换一次，详细参数如表 3-5 所示。随着牵引供电系统负荷运行工况的变换，再生储能系统也切换至相应运行模式，如图 3-11(c)所示。图 3-11(b)为牵引供电系统母线电压电流，由于再生储能系统的运行，牵引供电系统从电网吸收的牵引功率以及向电网返送的再生制动功率均减少。同时，RPC 使得两供电臂母线电流基本相等，可有效抑制负序不平衡。未考虑实验平台线路及变流器损耗功率，导致两供电臂电流幅值略有差异。此外，在整个实验过程中，超级电容的荷电状态随着再生储能系统运行模式的变化而变化，其在充电模式下增长，放电模式下下降，空闲模式下保持不变，如图 3-11(d)所示。

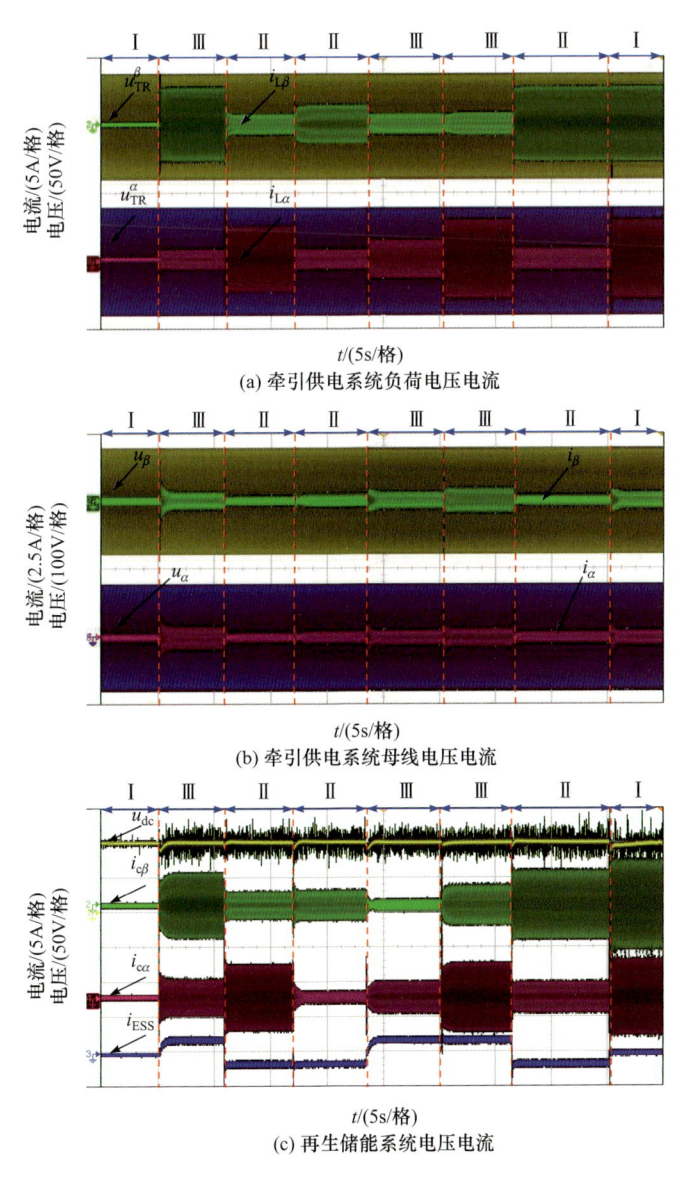

(a) 牵引供电系统负荷电压电流

(b) 牵引供电系统母线电压电流

(c) 再生储能系统电压电流

3.2 长大坡道线路牵引变电所

由第 2 章基于现场实测数据的电气化铁路负荷特性分析结果可知,长大坡道线路特殊的线路条件导致其负荷特性与其他类别电气化铁路的负荷特性存在较大的差异。对于长大坡道线路,列车下坡制动功率大,上坡牵引需求功率大,牵引/制动持续时间长,单次制动的再生制动能量多,再生频次低,意味着储能介质需具备较强的大功率长时间充放电能力。出于经济性考虑,单一储能介质可能难以适用于对功率及能量需求均较高的长大坡道线路,采用功率型介质和能量型介质组成混合储能系统不失为一种有效的方式。为此,本节将在普通线路牵引变电所再生储能系统的基础上,介绍一种基于混合储能的再生制动能量利用系统。

3.2.1 基于混合储能的再生制动能量利用系统基本原理

基于混合储能的再生制动能量利用系统(后文简称再生混合储能系统)拓扑结构如图 3-14 所示,其在单一功率型储能介质的再生储能系统基础上增加能量型储能介质,从而构成混合储能系统以满足长大坡道线路再生制动功率高、再生制动能量丰富的负荷特性[10, 11]。

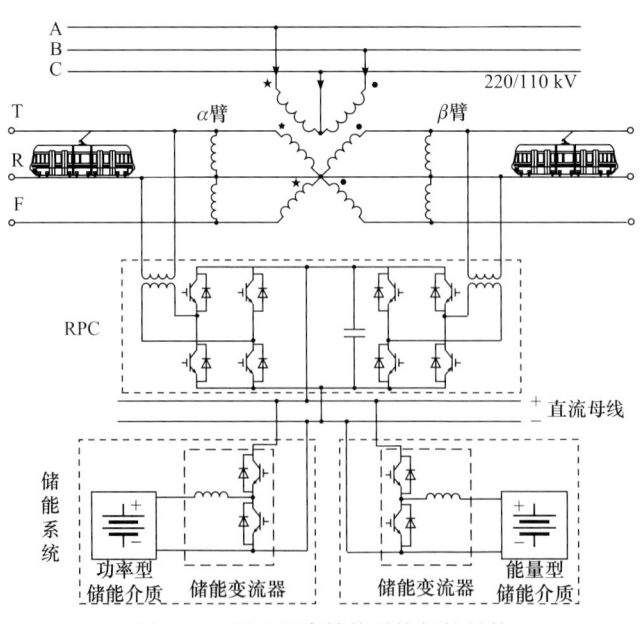

图 3-14 再生混合储能系统拓扑结构

再生混合储能系统运行原理与单一储能介质的再生储能系统类似,其通过 RPC 和混合储能系统实现牵引供电系统两供电臂再生制动能量的相互转移以及储能利用。根据有功功率守恒原理,电网、牵引供电系统以及再生混合储能系统三者的功率关系可表示为(为便于分析,此处未考虑牵引变压器及再生混合储能系统损耗,其中混合储能介质以超级电容和锂电池为例)

$$P_{\text{G}}(t) = P_{\text{L}\alpha}(t) + P_{\text{L}\beta}(t) + P_{\text{HESS}}(t) \tag{3-12}$$

式中

$$P_{\text{HESS}}(t) = P_{\text{SC}}(t) + P_{\text{BAT}}(t) \tag{3-13}$$

P_{HESS} 表示混合储能系统总有功功率；P_{SC} 和 P_{BAT} 分别表示超级电容和锂电池的实时有功功率，且有功功率为正表示放电，为负表示充电。

再生混合储能系统通过功率型和能量型两种储能介质存储或释放再生制动能量实现牵引供电系统电网侧有功功率的控制，其充放电目标功率可表示为

$$P_{\text{HESS}}^{*}(t) = P_{\text{G}}(t) \tag{3-14}$$

式中

$$P_{\text{HESS}}^{*}(t) = P_{\text{SC}}^{*}(t) + P_{\text{BAT}}^{*}(t) \tag{3-15}$$

$$-P_{\text{SC}}^{\text{N}} \leqslant P_{\text{SC}}^{*}(t) \leqslant P_{\text{SC}}^{\text{N}}, \ -P_{\text{BAT}}^{\text{N}} \leqslant P_{\text{BAT}}^{*}(t) \leqslant P_{\text{BAT}}^{\text{N}} \tag{3-16}$$

P_{HESS}^{*}、P_{SC}^{*} 和 P_{BAT}^{*} 分别表示混合储能系统、超级电容和锂电池的充放电目标功率；P_{SC}^{N} 和 $P_{\text{BAT}}^{\text{N}}$ 分别表示超级电容和锂电池的额定功率。

除额定功率约束外，混合储能系统的荷电状态也应满足如式(3-17)~式(3-19)所示约束：

$$\text{SoC}_{\text{SCL}} \leqslant \text{SoC}_{\text{SC}}(t) \leqslant \text{SoC}_{\text{SCH}}, \ \text{SoC}_{\text{BATL}} \leqslant \text{SoC}_{\text{BAT}}(t) \leqslant \text{SoC}_{\text{BATH}} \tag{3-17}$$

$$\text{SoC}_{\text{SC}}(t) = E_{\text{SC}}(t)/E_{\text{SC}}^{\text{N}}, \ \text{SoC}_{\text{BAT}}(t) = E_{\text{BAT}}(t)/E_{\text{BAT}}^{\text{N}} \tag{3-18}$$

$$E_{\text{SC}}(t) = P_{\text{SC}}(t)\Delta t + E_{\text{SC}}(t-1), \ E_{\text{BAT}}(t) = P_{\text{BAT}}(t)\Delta t + E_{\text{BAT}}(t-1) \tag{3-19}$$

式中，SoC_{SC} 和 SoC_{BAT} 分别表示超级电容和锂电池实时荷电状态；SOC_{SCL}、SOC_{BATL}、SOC_{SCH} 和 SOC_{BATH} 分别表示超级电容和锂电池荷电状态的下限和上限；E_{SC}、E_{BAT}、E_{SC}^{N} 和 $E_{\text{BAT}}^{\text{N}}$ 分别表示超级电容和锂电池的实时容量以及额定容量；P_{SC} 和 P_{BAT} 表示超级电容和锂电池的实时有功功率，且 $P_{\text{SC}}(t) = P_{\text{SC}}^{*}(t)$，$P_{\text{BAT}}(t) = P_{\text{BAT}}^{*}(t)$。

将式(3-12)和式(3-7)代入式(3-8)，可得到RPC的有功功率参考值为

$$\begin{cases} P_{\text{c}\alpha}^{*}(t) = [P_{\text{L}\alpha}(t) - P_{\text{L}\beta}(t) - P_{\text{HESS}}(t)]/2 \\ P_{\text{c}\beta}^{*}(t) = [P_{\text{L}\beta}(t) - P_{\text{L}\alpha}(t) - P_{\text{HESS}}(t)]/2 \end{cases} \tag{3-20}$$

除有功转移外，再生混合储能系统中RPC可为牵引供电系统提供无功补偿，其无功参考功率与具体补偿目标相关，可根据式(3-10)计算。

3.2.2 基于混合储能的再生制动能量利用系统运行模式

由再生混合储能系统的运行原理可知，其通过混合储能系统实现牵引供电系统再生制动能量的回收利用，故从牵引供电系统的角度可将混合储能系统中的两种储能介质看成一个整体。因此，再生混合储能系统的运行模式与单一储能介质的再生储能系统一致，可根据牵引供电系统负荷运行工况划分为充电模式、放电模式及空闲模式，详细运行模式已在3.1.2节中阐述。

假设两种储能介质的SoC处于相同工况(即两种介质的SoC同时处于正常、阈值下限和阈值上限工况)，则再生混合储能系统的RPC和混合储能系统的有功功率参考值与

细流程主要包括以下步骤。

步骤 1：输入牵引供电系统实时网侧功率 P_G。

步骤 2：根据 P_G 判断牵引供电系统运行工况，进而确定再生混合储能系统运行模式及运行工况。

步骤 3：根据牵引供电系统负荷功率和再生混合储能系统功率约束计算混合储能系统参考功率。

步骤 4：根据混合储能系统参考功率和储能介质约束计算各介质的参考功率。

步骤 5：根据混合储能系统参考功率计算 RPC 参考功率。

步骤 6：输出系统参考功率至变流器控制层。

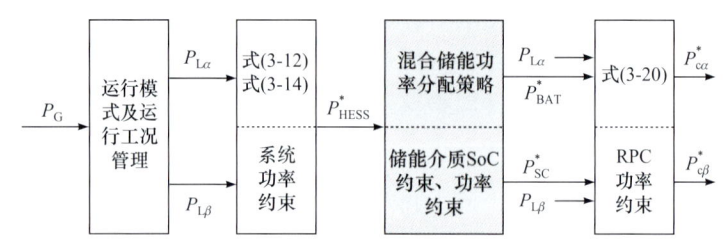

图 3-18 再生混合储能系统能量管理策略

再生混合储能系统的变流器控制层仍采用主从式控制思想，以 RPC 中左臂变流器工作在主模式稳定直流母线电压，其余变流器均工作于从模式跟踪参考功率[7]，实现整个系统的协调控制。因此，再生混合储能系统中 RPC 的控制策略与再生储能系统相同，如图 3-5 所示。

对于混合储能系统的控制，考虑到混合储能系统中存在两种储能介质，故需各采用一组双向 DC/DC 变换器进行控制，如图 3-19 所示。然而，当锂电池的给定功率按照阶梯变化时，会因为其动态性能差而出现功率跟踪误差，导致式(3-12)中的功率平衡方程不成立，从而引起直流母线电压波动，不利于系统的稳定运行。超级电容具有快速的动态响应能力，故采用超级电容补偿锂电池产生的功率跟踪误差可有效地减少混合储能系统的实际功率与给定功率不匹配的情况，从而减小直流母线处的功率波动。因此，为了抑制锂电池的目标功率阶梯变化所引起的直流母线电压波动，在混合储能系统控制策略中加入了超级电容器补偿环节，如图 3-19 所示。

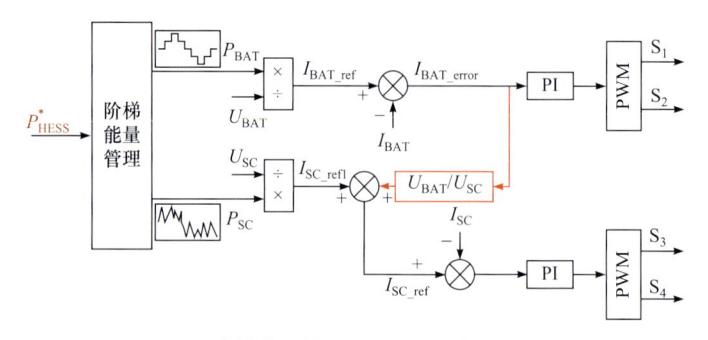

图 3-19 混合储能系统双向 DC/DC 变换器控制策略

其中，锂电池的功率跟踪误差 $P_{\text{BAT\_error}}$ 可表示为

$$P_{\text{BAT\_error}} = U_{\text{BAT}}(I_{\text{BAT\_ref}} - I_{\text{BAT}}) \tag{3-22}$$

式中，U_{BAT} 为锂电池的端电压；$I_{\text{BAT\_ref}}$ 为锂电池的参考电流；I_{BAT} 为锂电池的实际电流。

根据式(3-22)可以得出补偿后超级电容的参考电流 $I_{\text{SC\_ref}}$ 为

$$I_{\text{SC\_ref}} = [P_{\text{SC}} + U_{\text{BAT}}(I_{\text{BAT\_ref}} - I_{\text{BAT}})]/U_{\text{SC}} \tag{3-23}$$

补偿之后超级电容的参考电流 $I_{\text{SC\_ref}}$ 与实际电流 I_{SC} 的差值经比例积分(proportional integral，PI)控制器后得到 PWM 占空比，即可实现超级电容的充放电控制。

3.2.4 基于混合储能的再生制动能量利用系统验证

1. 仿真验证

为验证所提再生混合储能系统能量管理与控制策略的正确性和有效性，基于 RT-LAB 搭建了再生混合储能系统的实时仿真模型。其中牵引供电系统、RPC 和混合储能系统的仿真参数如表 3-8 所示。考虑到再生混合储能系统运行模式与再生储能系统相同，且再生储能系统在不同运行模式下的性能已在 3.1 节中进行验证，此处仅针对混合储能系统的功率分配算法进行验证。

表 3-8 再生混合储能系统仿真模型相关参数

位置	参数	数值
牵引供电系统	电网侧三相电压	220kV
	电网频率	50Hz
	牵引变压器变比	220kV/(2×27.5kV)
	牵引变压器容量	50MV·A
RPC	隔离降压变压器变比	27.5kV/3kV
	RPC 容量	6MV·A
	RPC 直流侧电压	6000V
	RPC 直流侧电容	3300μF
混合储能系统	锂电池额定功率	4MW
	锂电池额定容量	1400kW·h
	锂电池 SoC 范围	0.4~0.8
	超级电容额定功率	5MW
	超级电容额定容量	50kW·h
	超级电容 SoC 范围	0.1~0.95

混合储能系统参考功率经过阶梯分配后得到锂电池和超级电容的参考功率曲线，如图 3-20 所示。从图中可以看出，无论在放电模式或充电模式下，锂电池功率与超级电容功率都能时刻保持同向，从而抑制了不同储能介质间的能量交换。

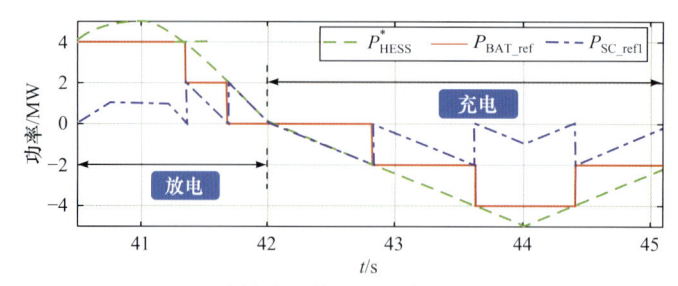

图 3-20　基于阶梯分配策略的混合储能系统功率波形

图 3-21 为混合储能系统锂电池与超级电容的功率跟踪情况。从图 3-21(a)中可以看出，当锂电池参考功率 P_{BAT_ref} 阶梯变化时，锂电池的实际输出功率 P_{BAT} 需要一定的响应时间才能跟踪上其给定值，导致锂电池产生功率跟踪误差。为了补偿锂电池产生的功率跟踪误差，对超级电容的目标功率进行调整得到补偿后的功率给定值 P_{SC_ref}。由于超级电容的响应速度较快，其实际输出功率 P_{SC} 能够较好地跟随补偿后的给定值，如图 3-21(b)所示。

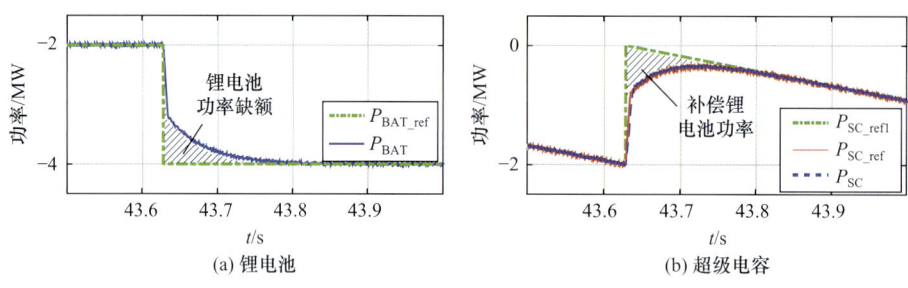

(a) 锂电池　　　　(b) 超级电容

图 3-21　锂电池与超级电容功率跟踪情况

补偿前后的直流母线电压波动情况如图 3-22 所示。从图中可知，加入补偿环节和不加补偿环节均能使直流母线电压稳定在设定值 6000V 附近，但是当锂电池的目标功率发生阶梯变化时，补偿前的直流母线电压波动较为明显，波动最大值大约为 150V，而补偿后的直流母线波动被很好地抑制，波动最大值约为 75V。因此，当锂电池功率发生阶梯变化时，超级电容器能较好地补偿锂电池因其动态性能差所产生的功率跟踪误差，从而提高混合储能系统的动态性能。

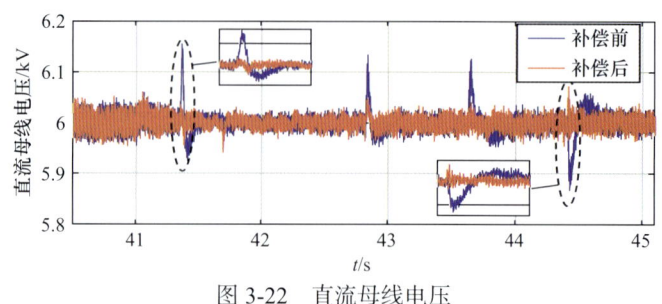

图 3-22　直流母线电压

2. 节能效果评估

选取某长大坡道电气化铁路线路的牵引变电所实测负荷数据作为再生混合储能系统节能效果分析案例。该牵引变电所每天消耗电量 162.3MW·h，向电网返送再生制动能量 23.85MW·h，最大需量为 18.16MW。根据牵引变电所左右臂的功率情况，设置锂电池参数为 4MW/(1400kW·h)，超级电容器参数为 5MW/(50kW·h)。

为证明阶梯算法的优势，分别对滤波算法和阶梯算法的节能效果进行验证。在滤波算法中，采用滑动平均滤波算法设计低通滤波器，滤波器滑动窗口的改变会影响锂电池的出力，从而改变锂电池的日循环次数。在阶梯算法下，P_l 和 P_D 的改变也会使锂电池的日循环次数增大或者减小。由于超级电容的循环寿命高达百万次，在计算中可以忽略超级电容寿命对计算结果的影响。因此，为在同一尺度比较不同算法的区别，应在锂电池循环寿命相同的前提下对两种算法进行分析。首先根据牵引变电所的负荷特性选取阶梯算法中的 P_l 和 P_D，然后计算电池等效循环寿命，得到在阶梯算法下锂电池工作 24h 的日等效循环寿命。最后，用得到的日等效循环寿命，确定低通滤波器滑动窗口宽度。具体参数如表 3-9 所示。

表 3-9 算例分析参数

算法	参数	数值	
滤波算法	储能介质类型	锂电池	超级电容
	容量	1400kW·h	50kW·h
	功率	4MW	5MW
	允许放电深度	40%～80%	15%～95%
	滑动窗口宽度	100s	
	日等效循环寿命	8.3	
阶梯算法	容量	1400kW·h	50kW·h
	功率	4MW	5MW
	允许放电深度	40%～80%	15%～95%
	功率阶梯高度 P_l	2MW	
	功率滞环宽度 P_D	1.58MW	
	日等效循环寿命	8.3	

在阶梯功率分配策略下，混合储能系统、锂电池和超级电容的功率及 SoC 变化情况如图 3-23 所示。从图中可见，锂电池功率能够以阶梯变化的形式逼近混合储能系统的功率，超级电容也能够承担锂电池和混合储能系统功率之间的差额，并且在全天运行过程中，锂电池和超级电容的 SoC 始终在约束范围内。

滤波算法分析结果如图 3-24 所示。比较滤波算法与阶梯算法中锂电池与超级电容的功率波动情况可以看出，在滤波算法下，锂电池与超级电容功率明显出现大量反向的情况，即在滤波算法下不同储能介质间的能量交换现象严重。

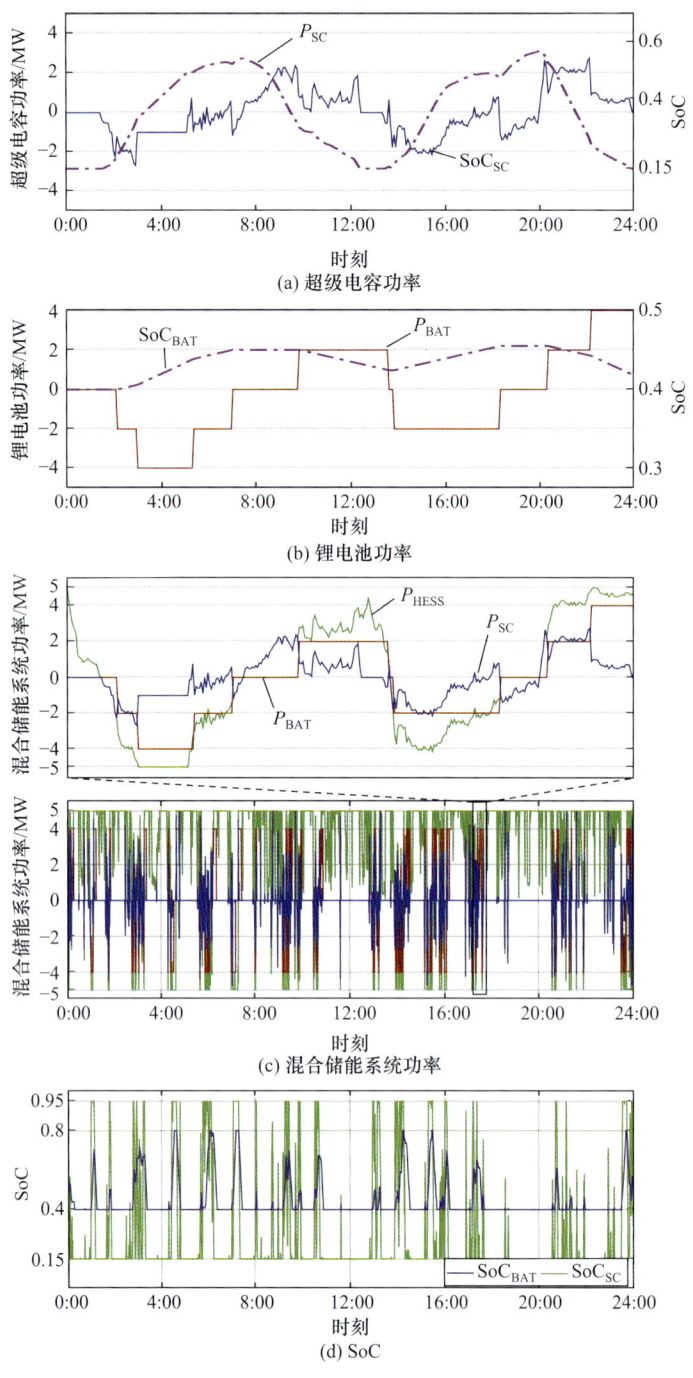

图 3-23 阶梯算法分析结果

为了更好地体现滤波算法与阶梯算法在能量交换问题上的区别，定义了交换时间和交换能量两个指标。其中，交换时间表示锂电池与超级电容功率在一天内出现功率反向的总时间，交换能量表示锂电池与超级电容在一天内交换的总能量。滤波算法和阶梯算法的能量交换情况如图 3-25 所示，统计结果如表 3-10 所示。从图表中可以看出，阶梯算法的交换时间和交换能量均明显小于滤波算法。表 3-10 列出了两种算法在能量交换情况上的数量关系，在一天的运行中，阶梯算法相对于滤波算法在交换时间上减少了 83.58min；交换能量上减少了 2.93MW·h。不同储能介质间的能量交换情况减少，使得系统的再生制动能量利用率得到提高，从表 3-10 中可以看出，采用阶梯算法的混合储能系统每天可以多节省 1.48MW·h 的电能。

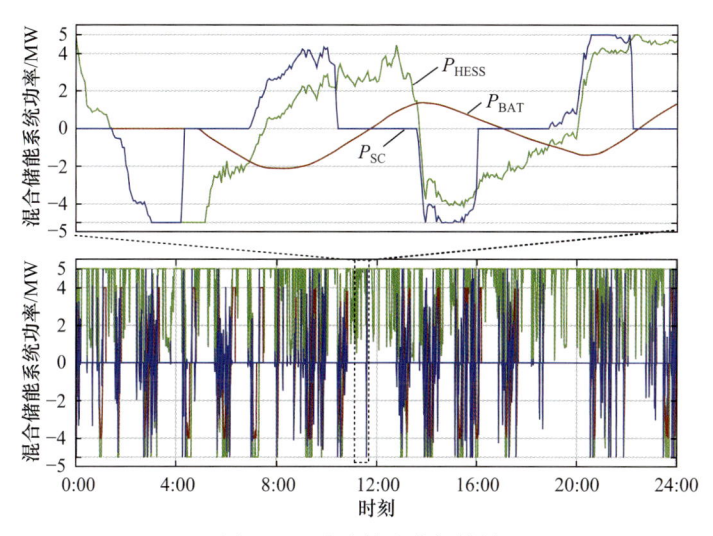

图 3-24 滤波算法分析结果

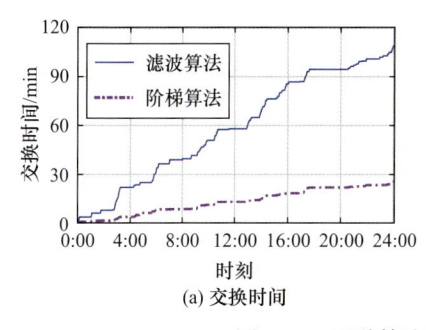

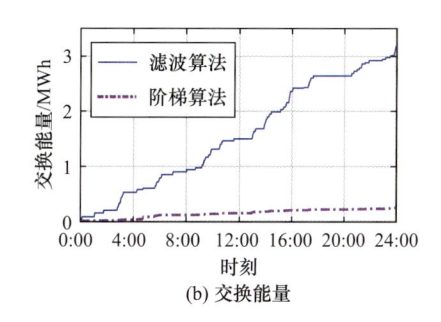

图 3-25 两种算法下两种介质能量交换情况

表 3-10 滤波算法与阶梯算法效果对比

算法	交换时间/min	交换能量/(MW·h)	日节电量/(MW·h)
滤波算法	109.23	3.18	15.26
阶梯算法	25.65	0.25	16.74

在阶梯能量管理下，该牵引变电所 α 供电臂和 β 供电臂加入再生混合储能系统前后的负荷有功功率情况如图 3-26 所示，可见在加入储能系统后，α 供电臂和 β 供电臂返送的再生制动能量被有效利用，从电网吸取的牵引功率也明显降低。

上述结果有效验证了再生混合储能系统控制策略的有效性和可行性，并得出如下结论。

(1) 提出的控制策略能够有效保证各个储能介质始终在各自的 SoC 健康区域内工作，并让锂电池承担负荷中能量大的部分，让超级电容承担负荷功率中波动频率更高的部分，从而有效地发挥混合储能的优势。

(2) 通过超级电容的快速响应特性来补偿锂电池在运行过程中出现的功率跟踪误差，能够有效地抑制直流母线电压波动，提高混合储能系统的动态性能，从而保证系统的可靠运行。

(3) 在不改变锂电池日循环寿命的前提下，阶梯能量管理策略相对于滤波策略可有效地抑制不同储能介质间的能量交换，并提高混合储能系统的再生制动能量利用率，提高了牵引供电系统的运行能效。

(4) 加入储能系统后，牵引变电所左、右供电臂的再生制动能量被有效吸收，牵引功率也有明显减少。因此，再生混合储能系统可以对再生制动能量进行有效的回收利用，实现了电气化铁路的节能降耗。

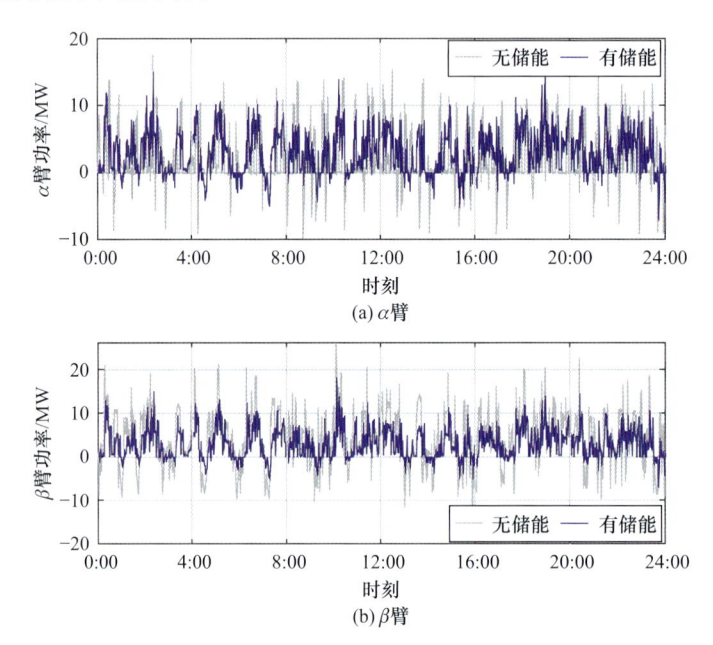

图 3-26 配置再生混合储能系统前后牵引供电系统负荷有功功率对比

3.3 铁路枢纽线路牵引变电所

铁路枢纽线路由枢纽所供电，包括牵引供电和电力变配电两部分。牵引供电部分通过牵引供电系统向多条铁路线路供电，而电力变配电部分通过铁路 10kV 电力变配电系统向牵引变电所内负荷和铁路沿线负荷供电。与普通牵引变电所相比，枢纽所供电线路复杂，行车密度更大，负荷再生频次更多，返送再生制动能量更丰富。因此，普通线路牵引变电所的再生制动能量利用技术对于枢纽所难以实现较好的效果。本节将在普通线路牵引变电所再生制动能量利用系统的基础上，结合铁路枢纽的特点，研究适用于枢纽所的再生制动能量利用系统。

3.3.1 基于储能和能馈的枢纽所再生制动能量利用系统基本原理

考虑到枢纽所供电系统通常包括牵引供电系统和 10kV 电力变配电系统[15]，在牵引变电所再生储能系统的基础上提出了基于储能和能馈的枢纽所再生制动能量利用系统(后文简称枢纽所再生制动能量利用系统)，其拓扑结构如图 3-27 所示。由图可知，该系统包括 RPC、能馈系统和储能系统三部分。其中，RPC 左、右两臂变流器分别经隔离变压器与牵引供电系统两供电臂接触线母线相连，中间直流环节馈出直流母线。储能系统和能馈系统直流侧分别并接于直流母线，能馈系统交流侧经并网升压变压器接入铁路 10kV 电力变配电系统[16]。因此，枢纽所再生制动能量利用系统通过两供电臂功率转移、储能以及能馈回馈使得再生制动能量能够在牵引供电系统和铁路 10kV 电力变配电系统得到有效利用。

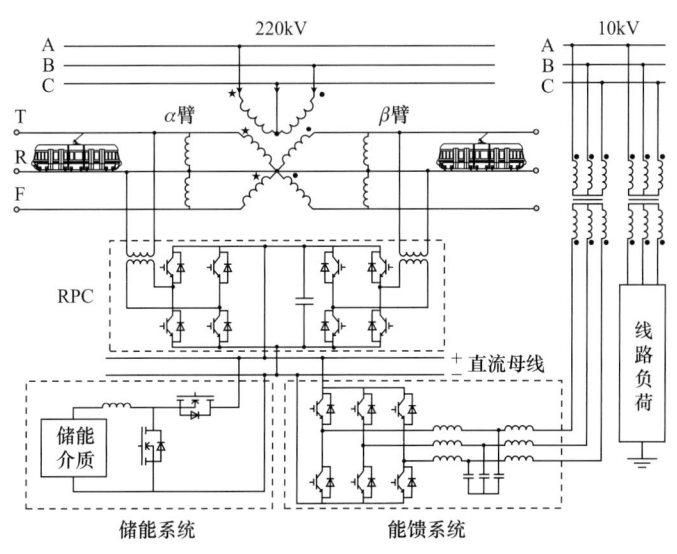

图 3-27 枢纽所再生制动能量利用系统拓扑结构

考虑到铁路 10kV 电力变配电系统的负荷功率大且相对平稳，可将牵引供电系统两供电臂转移利用后的剩余再生制动能量优先回馈至 10kV 电力变配电系统，再由储能介质存储。这种方式可有效降低储能介质容量，提高系统经济性。根据上述分析，设计枢纽所再生制动能量利用系统的原则如下。

(1) 再生制动能量首先在牵引供电系统两供电臂间相互转移利用。

(2) 转移利用后，剩余再生制动能量通过能馈系统为铁路 10kV 电力变配电系统负荷供电。

(3) 能馈利用后，剩余再生制动能量由储能系统存储。

(4) 若进行上述三步后仍有再生制动能量剩余，剩余再生制动能量则通过牵引变压器返送回电网。

由上文分析的枢纽所再生制动能量利用方式，可根据有功功率守恒原理建立电网、牵引供电系统、铁路 10kV 电力变配电系统以及再生制动能量利用系统的有功功率方程(为便于分析，此处未考虑牵引变压器及再生制动能量利用系统损耗)：

(a) 工况3　　　　　　　　　　　　　　(b) 工况4

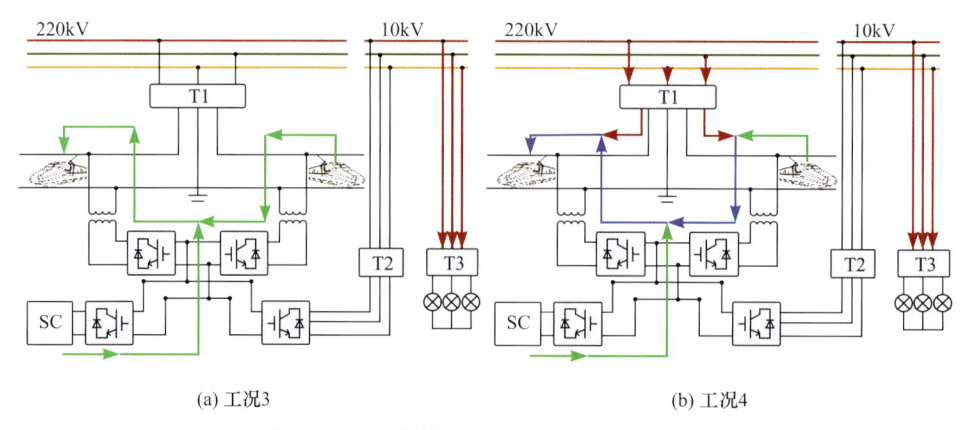

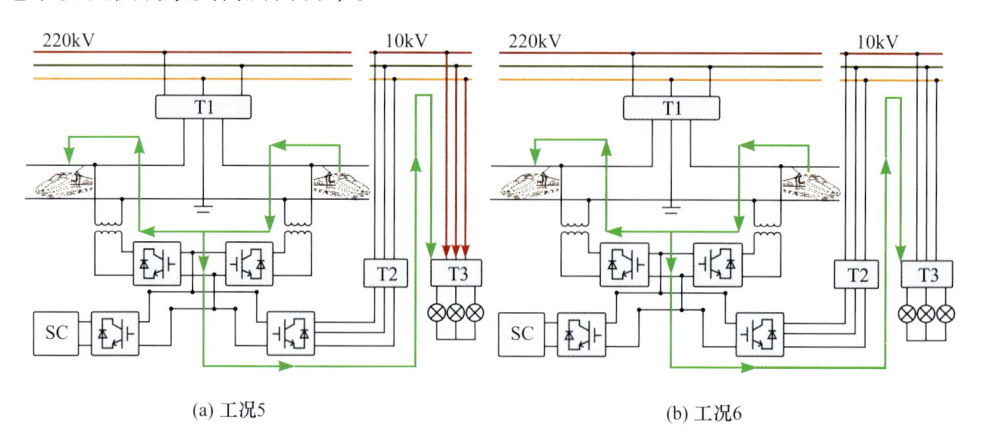

图 3-29　储能模式不同运行工况典型潮流

(5) 工况 5 下牵引供电系统中牵引工况负荷功率小于再生制动工况负荷功率，再生制动能量利用系统处于能馈模式，系统功率潮流如图 3-30(a)所示。再生制动能量经转移利用后仍有功率剩余，剩余功率经能馈系统回馈至 10kV 电力负荷；同时，由于能馈系统回馈能量无法满足 10kV 电力负荷功率需求，铁路 10kV 电力变配电系统为其提供剩余所需功率。

(6) 工况 6 下牵引供电系统中牵引工况负荷功率小于再生制动工况负荷功率，再生制动能量利用系统处于能馈模式，系统功率潮流如图 3-30(b)所示。再生制动能量经转移利用后仍有功率剩余，剩余功率经能馈系统回馈至铁路 10kV 电力变配电系统，独立为 10kV 电力负荷供电。

(7) 工况 7 下牵引供电系统中牵引工况负荷功率小于再生制动工况负荷功率，再生制动能量利用系统处于能馈模式，系统功率潮流如图 3-30(c)所示。再生制动能量经转移利用和能馈利用后仍有功率剩余，剩余功率经牵引变压器返送至电网；同时，受限于回馈功率限值，能馈系统回馈功率无法满足 10kV 电力负荷的功率需求，铁路 10kV 电力变配电系统提供剩余负荷所需功率。

(a) 工况5　　　　　　　　　　　　　　(b) 工况6

(c) 工况7　　　　　　　　　　　　　　　(d) 工况8

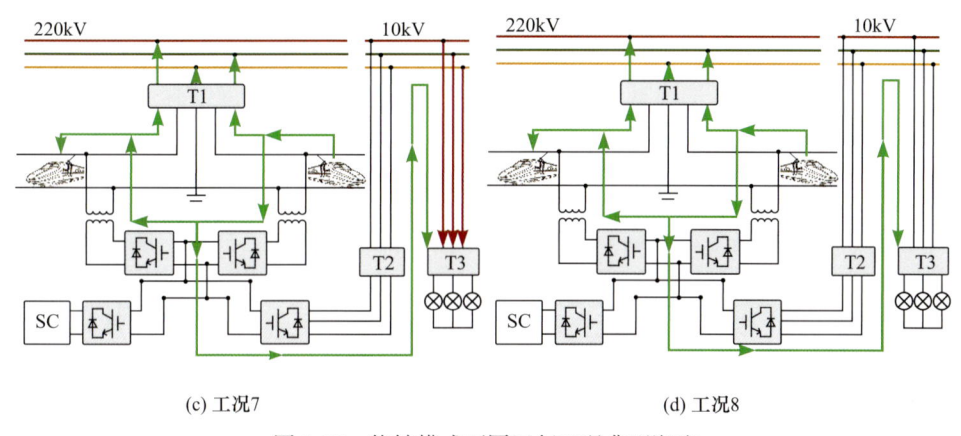

图 3-30　能馈模式不同运行工况典型潮流

(8) 工况 8 下牵引供电系统中牵引工况负荷功率小于再生制动工况负荷功率，再生制动能量利用系统处于能馈模式，系统功率潮流如图 3-30(d)所示。再生制动能量经转移利用和能馈利用后仍有功率剩余，剩余功率经牵引变压器返送至电网；由于能馈系统回馈功率满足 10kV 电力负荷功率需求，铁路 10kV 电力变配电系统不提供功率。

(9) 工况 9 下牵引供电系统中牵引工况负荷功率小于再生制动工况负荷功率，再生制动能量利用系统处于综合模式，系统功率潮流如图 3-31(a)所示。再生制动能量经转移

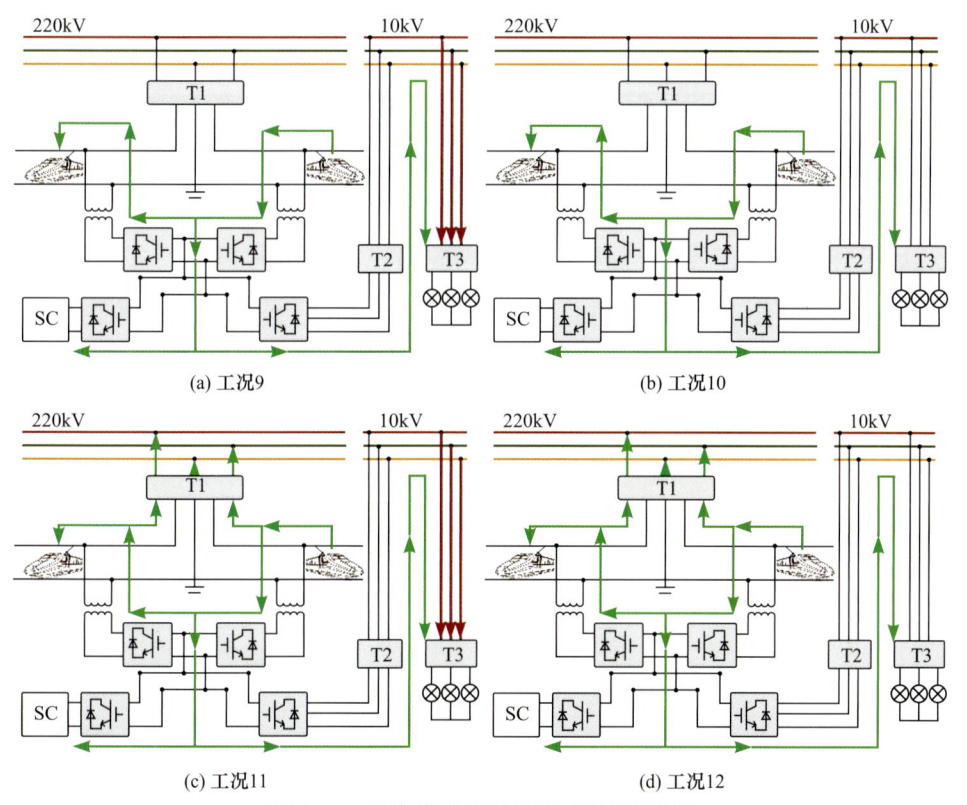

(a) 工况9　　　　　　　　　　　　　　　(b) 工况10

(c) 工况11　　　　　　　　　　　　　　　(d) 工况12

图 3-31　综合模式不同运行工况典型潮流

工况 11 与工况 12 可知，除铁路 10kV 电力负荷由能馈系统独立供电($P_{DG}=0$)外，其余功率潮流与工况 9、工况 10 相同。此外，在全部工况运行过程中，储能介质 SoC 随着再生制动能量的存储而上升。

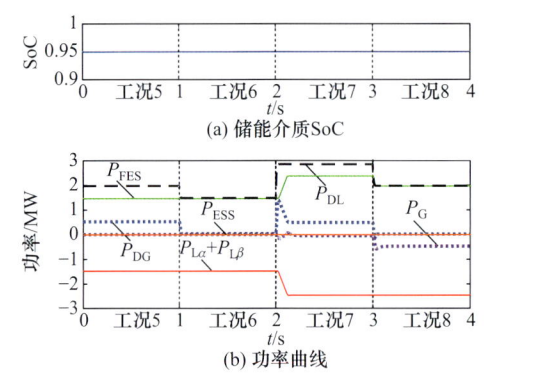

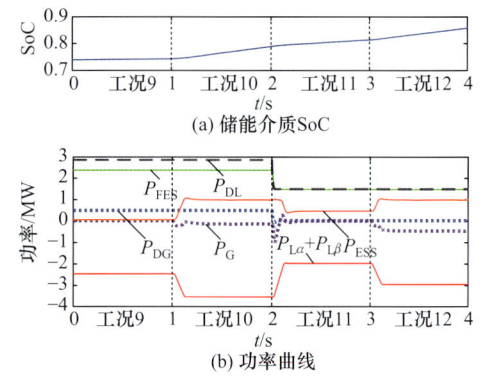

图 3-37 能馈模式下枢纽所再生制动能量利用系统仿真结果

图 3-38 综合模式下枢纽所再生制动能量利用系统仿真结果

5) 动态功率回馈

表 3-14 为枢纽所再生制动能量利用系统采用定功率和动态功率回馈的对比工况负荷参数，相关仿真结果如图 3-39 所示。

表 3-14 定功率和动态功率回馈对比工况负荷参数

运行模式	工况序号	左母线负荷功率/MW	右母线负荷功率/MW	10kV 电力负荷功率/MW
综合	13	0.4	−2.78	2.38
	14	1	−2	0.5
	15	0.75	−1	0.5

图 3-39(a)为回馈功率固定为 1MW 时系统功率情况，由图可知工况 13 时可回馈再生制动功率充足，但回馈功率无法满足枢纽所铁路 10kV 电力负荷的功率需求($P_{DL}=2.38MW$，$P_{FES}=1MW$)，回馈后剩余再生制动功率分别由储能系统存储和返送电网，故该工况下再生制动能量利用率较低。工况 14 下能馈系统回馈功率超过了铁路 10kV 电力负荷需求，即 $P_{DL}=0.5MW$，多余回馈功率将影响铁路 10kV 综合负荷贯通线的供电安全；工况 15 下再生制动功率不能满足回馈需求，$P_G=-0.25MW$，导致电网与铁路 10kV 电力变配电系统出现环流。图 3-39(b)为动态功率回馈时系统功率情况，通过对比可以发现采用动态功率回馈避免了回馈不足、回馈过度等问题，使再生制动能量利用系统的功率分配更加合理。

综合枢纽所再生制动能量利用系统四种运行模式下全部运行工况的仿真结果可知，设计的能量管理策略可以实现再生制动能量的有效分配，达到再生制动能量的最大利用，有效降低了牵引供电系统从电网吸收或向电网返送功率，同时降低了铁路 10kV 电力变配电系统功率。因此，枢纽所再生制动能量利用系统可有效实现再生制动能量利用，达

第 3 章 电气化铁路单所再生制动能量利用

到节能增效的目标。

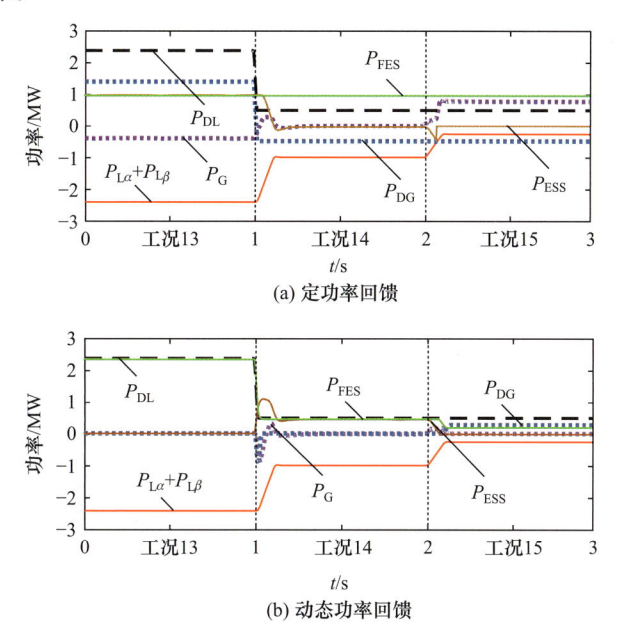

图 3-39 枢纽所再生制动能量利用系统定功率与动态功率回馈对比仿真结果

2. 实验验证

为进一步验证枢纽所再生制动能量利用系统的效果，搭建了枢纽所再生制动能量利用系统实验平台对其进行实验验证。实验平台参数和实验工况设置分别如表 3-15 和表 3-16 所示。实验中设定列车牵引功率为正，再生制动功率为负，超级电容充电功率为负，放电功率为正，能量回馈功率为正。实验中列车采用单相四象限变流器进行模拟。考虑到 10 kV 负荷较为稳定，实验中能量回馈系统采用恒功率负载代替以验证能量管理策略。

工况 I 的实验结果如图 3-40 所示。图 3-40(a)为牵引供电系统两供电臂列车均处于牵引工况的实验结果，从图中可以看出，此工况下列车电压电流同相位，从牵引网上取电。图 3-40(b)为工况 I 的变流器电流，从图中可以看出，能量回馈系统电流为 0，储能系统电流为正，超级电容放电，能量经 RPC 传输给两供电臂处于牵引工况的列车。工况 I 的超级电容电压如图 3-40(c)所示，超级电容的电压随着能量的释放逐渐降低。计算功率参考值时未考虑线路及变流器损耗功率，因此左、右两侧变流器的输出电流幅值不同。

工况 II 的实验结果如图 3-41 所示。图 3-41(a)为牵引供电系统两供电臂列车均处于再生制动工况的实验结果，从图中可以看出，此工况下列车电压电流相位相反，向牵引网返送电能。由于此工况下总再生制动功率(150W)大于能量回馈系统的回馈功率阈值(50W)，回馈后剩余再生制动能量将由储能系统进行储存。图 3-41(b)为工况 II 的变流器电流，从图中可以看出，能量回馈系统电流为正，回馈系统进行功率回馈，储能系统电流为负，超级电容充电，能量由两供电臂经 RPC 传输给能量回馈系统负载及储能系统。工况 II 的超级电容电压如图 3-41(c)所示，超级电容的电压随着能量的储存逐渐升高。

表 3-15 枢纽所再生制动能量利用系统实验平台参数

位置	参数	数值
牵引供电系统	电网侧三相电压	380V
	电网频率	50Hz
	牵引变压器电压比	380V/(2×100V)
	牵引变压器容量	2kV·A
RPC	隔离降压变压器电压比	50V/50V
	RPC 直流侧电压	100V
	交流电感	5mH
	直流电容	3300μF
	电压环 k_p, k_i	1, 0.35
	电流环 k_p, k_i	2, 6
	功率环 k_p, k_i	1, 3
储能系统	续流电感	2mH
	超级电容额定容量	83F
	充电功率阈值	200W
	放电功率阈值	200W
	功率环 k_p, k_i	1, 0.5
能馈系统	回馈功率阈值	50W
	负载功率	50W

表 3-16 枢纽所再生制动能量利用系统实验工况设置

工况	牵引供电系统负荷功率 左供电臂/W	牵引供电系统负荷功率 右供电臂/W	10kV 负荷功率/W
Ⅰ	100	100	50
Ⅱ	−100	−50	50
Ⅲ	−50	0	50

第 3 章 电气化铁路单所再生制动能量利用

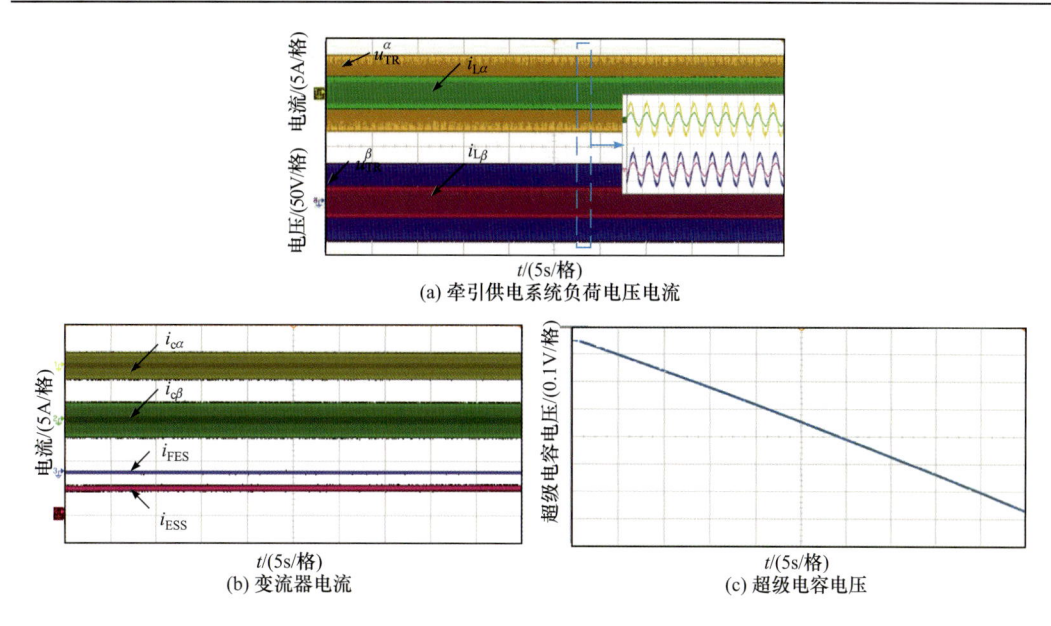

(a) 牵引供电系统负荷电压电流

(b) 变流器电流

(c) 超级电容电压

图 3-40 工况 I 下枢纽所再生制动能量利用系统实验结果

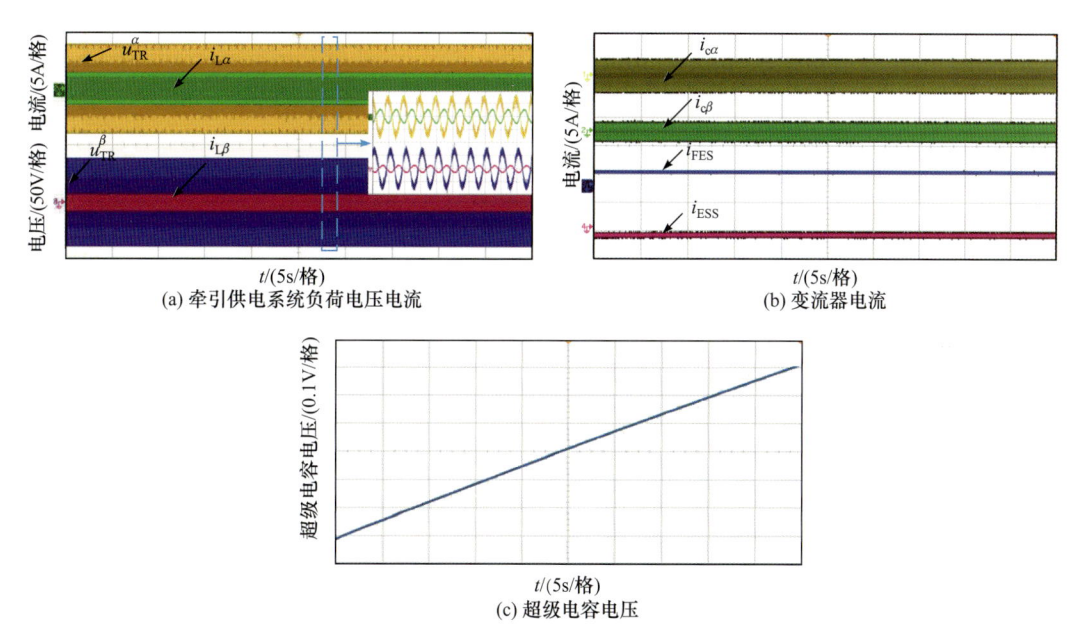

(a) 牵引供电系统负荷电压电流

(b) 变流器电流

(c) 超级电容电压

图 3-41 工况 II 下枢纽所再生制动能量利用系统实验结果

工况Ⅲ的实验结果如图 3-42 所示。图 3-42(a)为 α 臂列车处于再生制动工况，β 臂列车退出运行的实验结果。从图中可以看出，此工况下左臂列车电压电流相位相反，向牵引网返送电能，右臂列车电流为零。由于此工况总再生制动功率(50W)等于能量回馈系统的回馈功率阈值，回馈后无剩余再生制动能量，因此储能系统无再生制动能量储存。图 3-42(b)为工况Ⅲ的变流器电流，从图中可以看出，能量回馈系统电流为正，回馈系统回馈功率，储能系统电流为 0，能量由左侧供电臂经左臂变流器传输给能量回馈系统负载。工况Ⅲ的超级电容电压如图 3-42(c)所示，由于此工况无再生制动能量储存，超级电容电压保持不变。

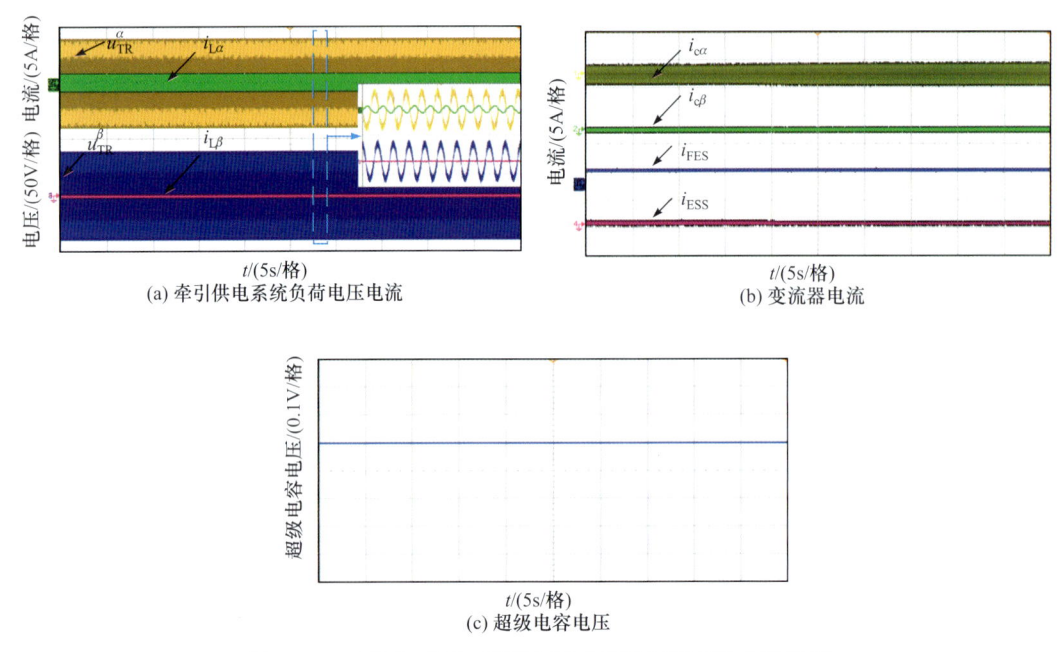

图 3-42　工况Ⅲ下枢纽所再生制动能量利用系统实验结果

上述三种典型工况的实验结果表明，枢纽所再生制动能量利用系统的能量管理策略能有效控制各变流器的功率潮流，变流器控制方法能维持系统稳定运行，并有效跟踪参考功率值。

3. 节能效果评估

选取某枢纽牵引变电所实测负荷数据作为枢纽所再生制动能量利用系统节能效果分析案例。设置储能系统充放电功率阈值为 10MW，容量阈值为 400kW·h，能馈系统以铁路 10kV 电力变配电系统最大负荷功率作为回馈功率阈值。配置再生制动能量利用系统前后铁路枢纽供电系统功率对比如图 3-43 所示，再生制动能量利用系统运行情况如图 3-44 所示。

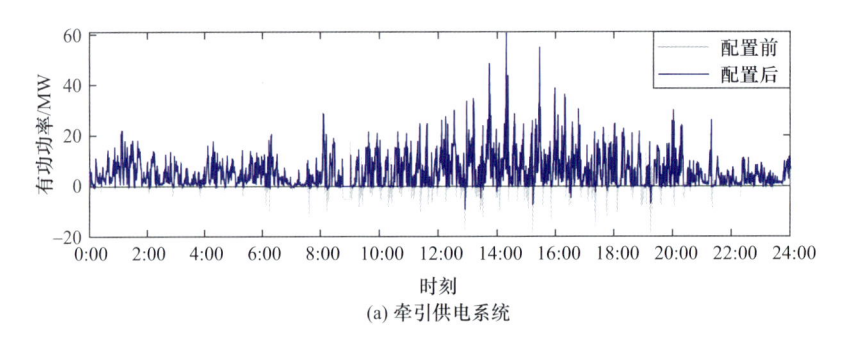

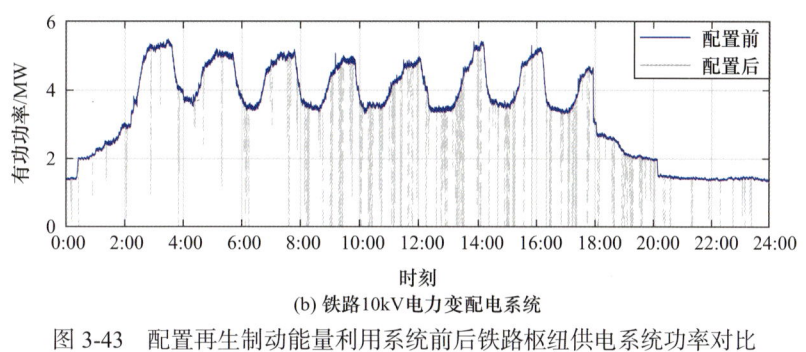

(b) 铁路10kV电力变配电系统

图 3-43　配置再生制动能量利用系统前后铁路枢纽供电系统功率对比

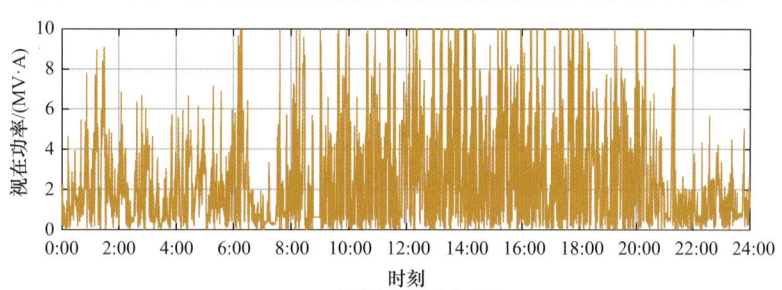

(a) 左臂变流器动态功率

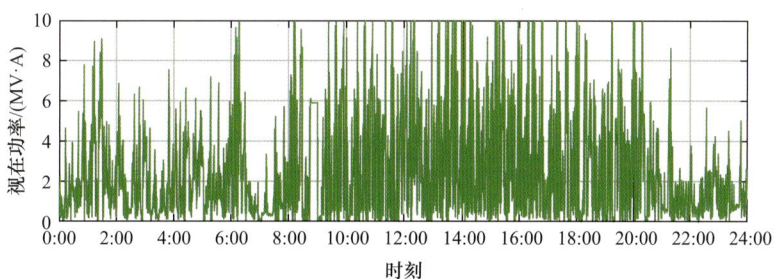

(b) 右臂变流器动态功率

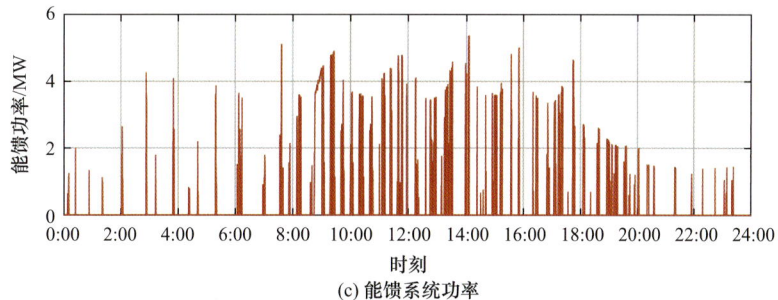

(c) 能馈系统功率

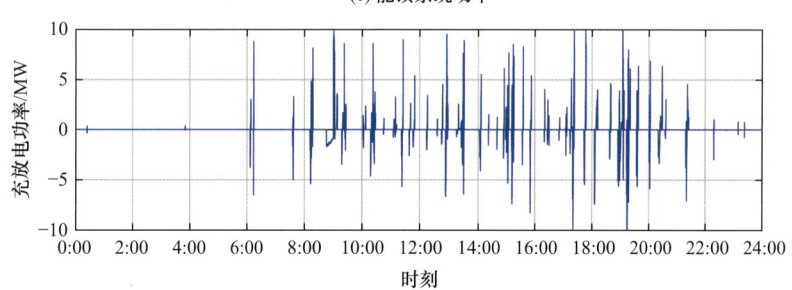

(d) 储能介质充放电功率

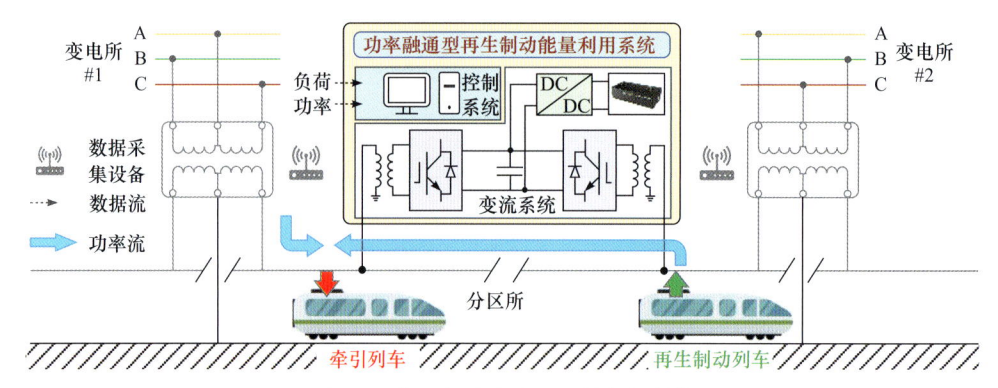

图 4-1 分区所功率融通系统拓扑结构

配置分区所功率融通系统后，t 时刻牵引变电所以及储能系统的有功功率关系可表示为

$$P'_{G1}(t) = P_{L1}(t) + P_{cL}(t) \tag{4-2}$$

$$P'_{G2}(t) = P_{L2}(t) + P_{cR}(t) \tag{4-3}$$

$$P_{ESS}(t) = P_{cL}(t) + P_{cR}(t) \tag{4-4}$$

式中

$$-S^{N}_{RPC} \leqslant P_{cL}(t) \leqslant S^{N}_{RPC} \tag{4-5}$$

$$-S^{N}_{RPC} \leqslant P_{cR}(t) \leqslant S^{N}_{RPC} \tag{4-6}$$

式中，P'_{Gi} 为配置分区所功率融通系统后牵引变电所#i 的有功功率；P_{cL} 和 P_{cR} 分别为 RPC 左、右臂变流器有功功率，且 P_{cL} 和 P_{cR} 为正表示功率从接触网流入 RPC，为负表示流出 RPC；P_{ESS} 表示储能系统的充放电功率，且 P_{ESS} 为正表示充电，为负表示放电；S^{N}_{RPC} 为 RPC 的额定容量。RPC 的运行需满足式(4-5)和式(4-6)，储能系统运行需满足额定功率和荷电状态的约束，如式(3-3)~式(3-6)所示。

由式(4-1)~式(4-4)可以看出，配置分区所功率融通系统后，牵引变电所的有功功率等于该所的负荷有功功率与再生制动能量利用系统转移至该所的有功功率之和。由于分区所功率融通系统根据相邻两牵引变电所的负荷功率互补性实现再生制动能量的转移利用和储能利用，相邻两牵引变电所的有功功率(来自电网的牵引功率以及返送回电网的再生制动功率)将得到有效削减。

除再生制动能量利用系统外，分区所功率融通系统的 RPC 也可提供无功补偿，具有实现功率因数提升以及牵引网电压补偿[3]等功能。因此，RPC 的无功补偿参考功率需根据实际功能进行设定，可表示为

$$\begin{cases} Q^{*}_{cL}(t) = Q_{L1\beta}(t) - Q^{*}_{L1\beta}(t) \\ Q^{*}_{cR}(t) = Q_{L2\alpha}(t) - Q^{*}_{L2\alpha}(t) \end{cases} \tag{4-7}$$

式中，Q^{*}_{cL} 和 Q^{*}_{cR} 分别表示 RPC 的左、右臂变流器参考无功补偿功率；$Q_{L1\beta}$ 和 $Q_{L2\alpha}$ 分别表示牵引变电所#1β 臂和牵引变电所#2α 臂的负荷无功功率；$Q^{*}_{L1\beta}$ 和 $Q^{*}_{L2\alpha}$ 分别表示牵引

变电所#1β臂和牵引变电所#2α臂的目标无功补偿功率。

4.1.2 功率融通型再生制动能量利用系统运行模式

分区所功率融通系统通过融通相邻两牵引变电所的功率实现再生制动能量利用,其运行模式与相邻两牵引变电所工况密切相关。同时,电气化铁路牵引负荷波动剧烈、工况复杂且切换频繁。为实现分区所功率融通系统在复杂工况下的无缝平滑切换,保障其高效稳定运行,首先需要对分区所功率融通系统不同工况下的运行模式进行划分管理。

基于相邻两变电所总负荷功率 $P_\mathrm{L} = P_\mathrm{L1} + P_\mathrm{L2}$,分区所功率融通系统的运行模式可划分为放电模式($P_\mathrm{L} > P_\mathrm{gate}$)、充电模式($P_\mathrm{L} < -P_\mathrm{gate}$),以及转移模式($-P_\mathrm{gate} \leqslant P_\mathrm{L} \leqslant P_\mathrm{gate}$),其中,$P_\mathrm{gate}$ 为分区所功率融通系统模式切换阈值。相邻两牵引变电所运行工况与分区所功率融通系统运行模式的对应关系如表 4-1 所示。运行模式划分规则及其详细运行原理如下。

表 4-1 相邻两牵引变电所运行工况与系统运行模式对应表

运行模式	工况编号	相邻两牵引变电所运行工况	系统出力情况
放电模式	1	$P_\mathrm{L1} < 0, P_\mathrm{L2} > 0, P_\mathrm{L} > P_\mathrm{gate}$	$P_\mathrm{cL} \geqslant 0, P_\mathrm{cR} \leqslant 0, P_\mathrm{ESS} \leqslant 0$
	2	$P_\mathrm{L1} > 0, P_\mathrm{L2} < 0, P_\mathrm{L} > P_\mathrm{gate}$	$P_\mathrm{cL} \leqslant 0, P_\mathrm{cR} \geqslant 0, P_\mathrm{ESS} \leqslant 0$
	3	$P_\mathrm{L1} \geqslant P_\mathrm{L2} \geqslant 0, P_\mathrm{L} > P_\mathrm{gate}$	$P_\mathrm{cL} \leqslant 0, P_\mathrm{cR} \leqslant 0, P_\mathrm{ESS} \leqslant 0$
	4	$P_\mathrm{L2} > P_\mathrm{L1} \geqslant 0, P_\mathrm{L} > P_\mathrm{gate}$	$P_\mathrm{cL} \leqslant 0, P_\mathrm{cR} \leqslant 0, P_\mathrm{ESS} \leqslant 0$
充电模式	5	$P_\mathrm{L1} < 0, P_\mathrm{L2} > 0, P_\mathrm{L} < -P_\mathrm{gate}$	$P_\mathrm{cL} \geqslant 0, P_\mathrm{cR} \leqslant 0, P_\mathrm{ESS} \geqslant 0$
	6	$P_\mathrm{L1} > 0, P_\mathrm{L2} < 0, P_\mathrm{L} < -P_\mathrm{gate}$	$P_\mathrm{cL} \leqslant 0, P_\mathrm{cR} \geqslant 0, P_\mathrm{ESS} \geqslant 0$
	7	$P_\mathrm{L1} \leqslant P_\mathrm{L2} \leqslant 0, P_\mathrm{L} < -P_\mathrm{gate}$	$P_\mathrm{cL} \geqslant 0, P_\mathrm{cR} \geqslant 0, P_\mathrm{ESS} \geqslant 0$
	8	$P_\mathrm{L2} < P_\mathrm{L1} \leqslant 0, P_\mathrm{L} < -P_\mathrm{gate}$	$P_\mathrm{cL} \geqslant 0, P_\mathrm{cR} \geqslant 0, P_\mathrm{ESS} \geqslant 0$
转移模式	9	$P_\mathrm{L1} < 0, P_\mathrm{L2} > 0, -P_\mathrm{gate} \leqslant P_\mathrm{L} \leqslant P_\mathrm{gate}$	$P_\mathrm{cL} \geqslant 0, P_\mathrm{cR} \leqslant 0, P_\mathrm{ESS}=0$
	10	$P_\mathrm{L1} > 0, P_\mathrm{L2} < 0, -P_\mathrm{gate} \leqslant P_\mathrm{L} \leqslant P_\mathrm{gate}$	$P_\mathrm{cL} \leqslant 0, P_\mathrm{cR} \geqslant 0, P_\mathrm{ESS}=0$
	11	$P_\mathrm{L1}P_\mathrm{L2} \geqslant 0, -P_\mathrm{gate} \leqslant P_\mathrm{L} \leqslant P_\mathrm{gate}$	$P_\mathrm{cL}=P_\mathrm{cR}=P_\mathrm{ESS}=0$

(1) 放电模式下,当牵引负荷功率大于再生负荷功率且 $P_\mathrm{L} > P_\mathrm{gate}$ 时,分区所功率融通系统工作在放电模式,储能系统释放电以平抑牵引负荷。以工况 1 作为典型工况进行分析,其潮流如图 4-2(a)所示。变电所#1 和变电所#2 分别为再生和牵引工况,再生制动能量从变电所#1 转移至变电所#2 利用。由于牵引功率大于再生制动功率,储能系统释放存储的能量用于牵引消耗。若仍无法满足牵引负荷需求,剩余功率由电网经变电所#2 提供。

(2) 充电模式下,当再生负荷功率大于牵引负荷功率且 $P_\mathrm{L} < -P_\mathrm{gate}$ 时,分区所功率融通系统工作在充电模式,储能系统吸收再生制动能量给储能介质充电。以工况 5 作为典型工况进行分析,其潮流如图 4-2(b)所示。变电所#1 和变电所#2 分别处于再生和牵引工况,再生制动能量从变电所#1 转移至变电所#2 利用。由于再生制动功率大于牵引功率,储能系统吸收一部分再生制动功率用于存储利用。若还有再生制动功率剩余,剩余再生制动功率通过变电所#1 返回电网。

(3) 转移模式下，当相邻两变电所总负荷功率 P_L 满足关系式 $-P_{gate} \leqslant P_L \leqslant P_{gate}$ 时，系统工作在转移模式，当相邻两变电所工况互补时，RPC 从一侧牵引变电所转移再生制动能量至另一侧变电所，储能系统不工作；当相邻两变电所工况相同时，分区所功率融通系统停止出力，防止其频繁启停。以工况 9 作为典型工况进行分析，其潮流如图 4-2(c) 所示。变电所#1 和变电所#2 分别为再生和牵引工况，再生制动能量从变电所#1 转移至变电所#2 利用，储能系统不工作。

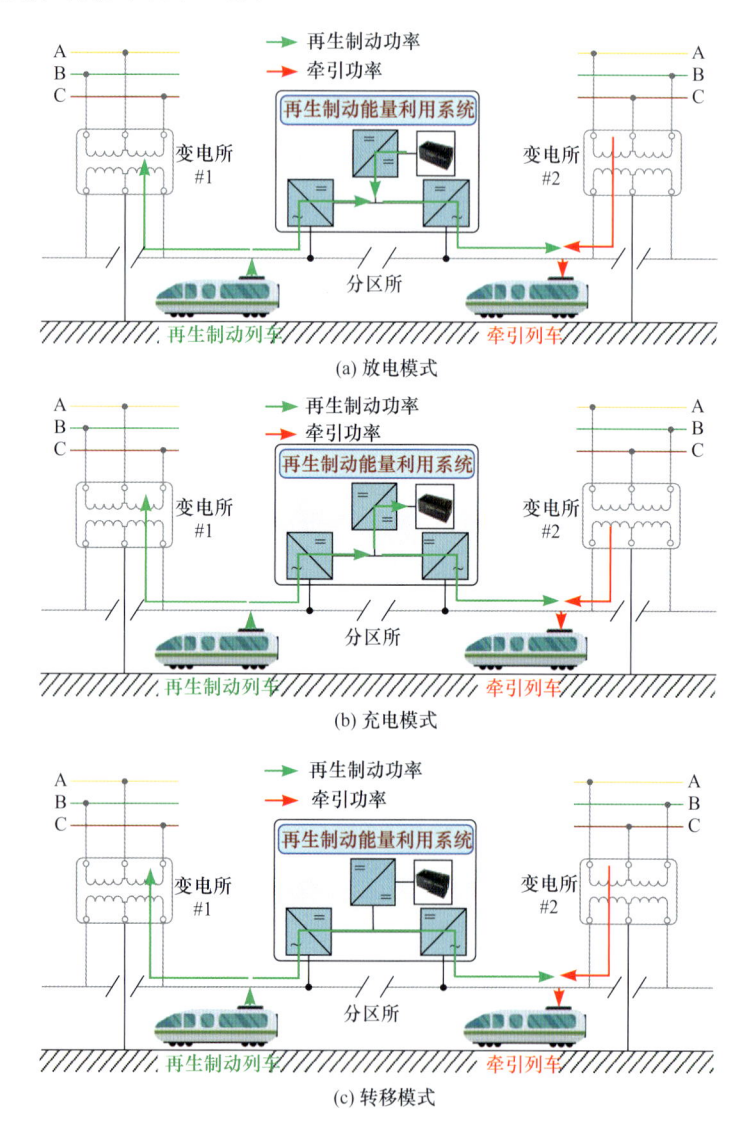

图 4-2 分区所功率融通系统拓扑结构

4.1.3 功率融通型再生制动能量利用系统控制策略

根据不同运行模式下的运行原理，分区所功率融通系统需在相邻两牵引变电所的不同运行工况下实现再生制动能量的转移利用和储能利用。然而，牵引供电系统负荷运行工况复杂且频繁切换。为保证分区所功率融通系统在电气化铁路复杂运行工况下的高效稳定运行，提出了适用于分区所功率融通系统的分层控制策略。分区所功率融通系统的分层控制策略包括能量管理层和变流器控制层，如图 4-3 所示。

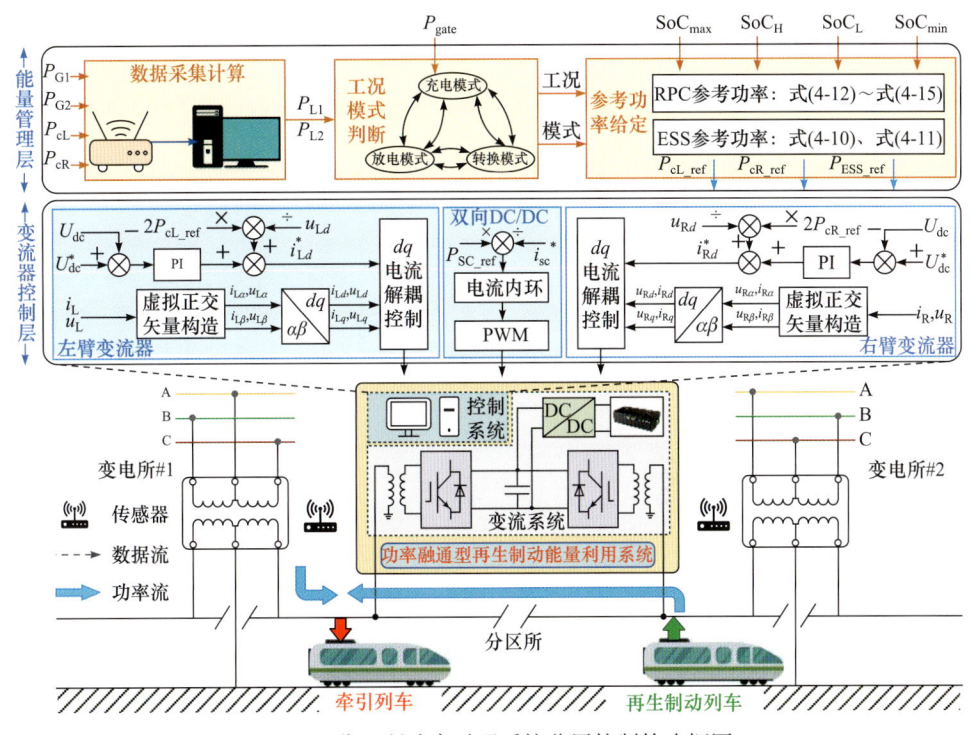

图 4-3 分区所功率融通系统分层控制策略框图

1. 能量管理层

能量管理层根据实时接收的来自分区所两侧牵引变电所的负荷功率信息执行能量管理策略，实现分区所功率融通系统的运行模式管理与变流器参考功率计算。为实现再生制动能量的高效利用与变电所最大需量削减，同时减小对储能系统的容量需求，分区所功率融通系统的能量管理策略需满足如下原则。

(1) 当相邻两牵引变电所运行工况相反时(即一所牵引一所再生)，再生制动能量优先转移至牵引工况的牵引变电所利用。

(2) 对转移利用后剩余的再生制动能量，在系统容量允许的情况下由储能系统进行存储。

(3) 当相邻两牵引变电所处于相同工况时(两所均牵引或再生)，储能系统优先向重载侧牵引变电所释放电能或从重载侧牵引变电所吸收再生制动能量。

(4) 无法转移和储存利用的再生制动能量将由再生制动工况负荷所处的牵引变电所返送回电网；当分区所功率融通系统和储能系统提供的再生制动能量无法满足牵引功率需求时，将由牵引工况负荷所处的牵引变电所从电网吸收功率提供。

(5) 分区所功率融通系统禁止从电网吸收电能。

上述能量管理原则在遵循牵引供电系统运行方式的基础上，考虑优先通过分区所功率融通系统转移利用再生制动能量,该方式可减小能量损耗以及储能系统的功率和容量,在保障再生制动能量高效利用的同时有利于节约投资成本。

基于分区所功率融通系统能量管理原则,给出分区所功率融通系统的能量管理策略流程,如图4-4所示,其主要步骤如下。

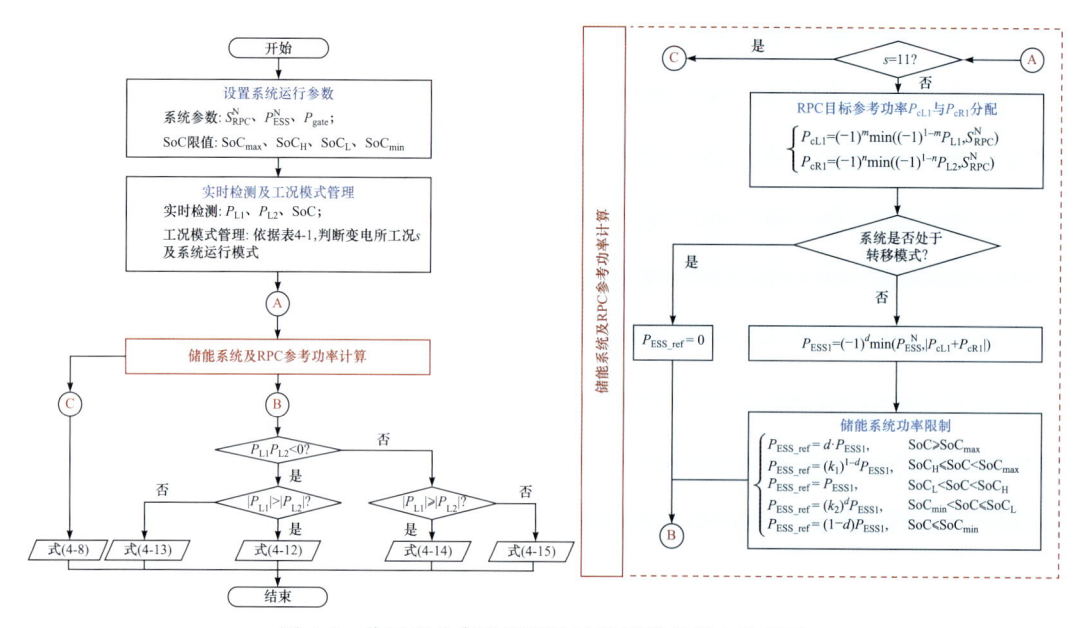

图4-4 分区所功率融通系统的能量管理策略流程图

步骤1:设置系统运行参数。设置RPC额定容量S_{RPC}^N,储能系统额定功率P_{ESS}^N,荷电状态限值SoC_{max}、SoC_H、SoC_L、SoC_{min},分区所功率融通系统模式切换阈值P_{gate},跳转至步骤2。

步骤2:实时检测及工况模式管理。测量负荷实时功率P_{L1}、P_{L2}与储能介质实时荷电状态SoC,根据表4-1确定变电所工况s,$\{s|1\leqslant s\leqslant 11,s\in \mathbf{Z}\}$及分区所功率融通系统运行模式,跳转至步骤3。

步骤3:判断s是否等于11,若是,则系统参考功率给定如式(4-8)所示,并结束运行。反之,跳转至步骤4。

$$\begin{cases} P_{cL\_ref} = 0 \\ P_{cR\_ref} = 0 \\ P_{ESS\_ref} = 0 \end{cases} \tag{4-8}$$

步骤4:设置1~10工况下的RPC目标参考功率P_{cL1}与P_{cR1}如式(4-9)所示,并跳转至步骤5。

$$\begin{cases} P_{cL1} = (-1)^m \min((-1)^{1-m} P_{L1}, S_{RPC}^N) \\ P_{cR1} = (-1)^n \min((-1)^{1-n} P_{L2}, S_{RPC}^N) \end{cases} \tag{4-9}$$

式中,m与n分别为变电所1和2的负荷状态变量,当$P_{L1}>0$时,$m=1$,当$P_{L1}\leqslant 0$时,

$m=0$；当 $P_{L2}>0$ 时，$n=1$，当 $P_{L2}\leqslant 0$ 时，$n=0$。

步骤 5：判断系统是否处于转移模式，若是，则储能系统参考功率 $P_{ESS\_ref}=0$，跳转至步骤 7；反之，设置储能系统目标参考功率 P_{ESS1} 如式(4-10)所示，并跳转至步骤 6。

$$P_{ESS1}=(-1)^d \min(P_{ESS}^N,|P_{cL1}+P_{cR1}|) \tag{4-10}$$

式中，d 为系统工作模式变量，当系统为放电模式时，$d=1$；当系统为充电模式时，$d=0$。

步骤 6：储能系统功率限制。储能系统的过充或者过放会造成储能介质不可逆地损坏，因此需要根据储能介质实时荷电状态对储能系统参考功率进行限制，如式(4-11)所示，并跳转至步骤 7。

$$\begin{cases} P_{ESS\_ref}=d\cdot P_{ESS1}, & SoC\geqslant SoC_{max} \\ P_{ESS\_ref}=(k_1)^{1-d} P_{ESS1}, & SoC_H\leqslant SoC<SoC_{max} \\ P_{ESS\_ref}=P_{ESS1}, & SoC_L<SoC<SoC_H \\ P_{ESS\_ref}=(k_2)^d P_{ESS1}, & SoC_{min}<SoC\leqslant SoC_L \\ P_{ESS\_ref}=(1-d)P_{ESS1}, & SoC\leqslant SoC_{min} \end{cases} \tag{4-11}$$

式中，k_1 为充电限制系数，$k_1=(SoC_{max}-SoC)/(SoC_{max}-SoC_H)$；$k_2$ 为放电限制系数，$k_2=(SoC-SoC_{min})/(SoC_L-SoC_{min})$。

步骤 7：功率平衡修正。为满足式(4-4)所示功率平衡限制，需修正 RPC 目标参考功率。

首先判断是否满足 $P_{L1}P_{L2}<0$？若是，则相邻变电所为互补工况。此时若 $|P_{L1}|>|P_{L2}|$，则 RPC 参考功率给定如式(4-12)所示：

$$\begin{cases} P_{cR\_ref}=P_{cR1} \\ P_{cL\_ref}=P_{ESS\_ref}-P_{cR\_ref} \end{cases} \tag{4-12}$$

反之，RPC 参考功率给定如式(4-13)所示：

$$\begin{cases} P_{cL\_ref}=P_{cL1} \\ P_{cR\_ref}=P_{ESS\_ref}-P_{cL\_ref} \end{cases} \tag{4-13}$$

若 $P_{L1}P_{L2}\geqslant 0$，则相邻变电所为相同工况。此时若 $|P_{L1}|\geqslant |P_{L2}|$，则 RPC 参考功率给定如式(4-14)所示：

$$\begin{cases} P_{cL\_ref}=(-1)^d \min(|P_{cL1}|,|P_{ESS\_ref}|) \\ P_{cR\_ref}=(-1)^d (|P_{ESS\_ref}|-|P_{cL\_ref}|) \end{cases} \tag{4-14}$$

反之，RPC 参考功率给定如式(4-15)所示：

$$\begin{cases} P_{cR\_ref}=(-1)^d \min(|P_{cR1}|,|P_{ESS\_ref}|) \\ P_{cL\_ref}=(-1)^d (|P_{ESS\_ref}|-|P_{cR\_ref}|) \end{cases} \tag{4-15}$$

基于上述能量管理策略，能量管理层实时接收来自相邻两变电所的负荷功率信息，根据牵引变电所负荷运行工况和再生制动能量利用系统的运行状态确定再生制动能量利用系统运行模式，进而生成 RPC 和储能系统的参考功率发送给变流器控制层实现潮流控制。

2. 变流器控制层

变流器控制层根据能量管理层生成的变流器参考功率，执行分区所功率融通系统的变流器控制算法，实现再生制动能量潮流控制。由于分区所功率融通系统拓扑结构与第 3 章中牵引变电所再生制动能量利用系统相同，分区所功率融通系统的变流器也采用"主从式"控制[4]，即 RPC 的左臂变流器工作在"主模式"，用于稳定直流母线电压，维持系统功率平衡，并跟踪能量管理层参考功率指令。RPC 的右臂变流器和双向 DC/DC 变换器均工作于"从模式"，根据能量管理层参考功率指令实现功率控制。分区所功率融通系统的变流器控制框图如图 3-5 和图 3-6 所示。

4.1.4 功率融通型再生制动能量利用系统验证

1. 仿真验证

为验证分区所功率融通系统的正确性与有效性，基于图 4-1 所示拓扑结构，利用 MATLAB/Simulink 仿真平台搭建模型，详细仿真参数如表 4-2 所示，相应仿真工况负荷参数如表 4-3 和表 4-4 所示。

表 4-2 分区所功率融通系统仿真模型相关参数

位置	参数	数值
牵引供电系统	电网三相电压	110kV
	电网频率	50Hz
	牵引变压器变比	220kV/55kV
	牵引变压器容量	40MV·A
	AT 变比	27.5kV/27.5kV
	AT 容量	20MV·A
再生制动能量利用系统	隔离降压变压器电压比	27.5kV/2kV
	RPC 直流侧电压	4000V
	RPC 交流侧漏感	1.5mH
	RPC 额定功率	6MV·A
	锂电池额定电压	2500V
	锂电池额定容量	1120kW·h
	电池侧支撑电容	1600μF
	电池侧滤波电感	1mH
	双向 DC/DC 额定功率	2MW
	SoC_{min}、SoC_L、SoC_H、SoC_{max}	0.2、0.4、0.6、0.8
	切换阈值 P_{gate}	1MW

表 4-3 分区所功率融通系统典型工况负荷参数

运行模式	工况编号	变电所#1 负荷有功功率/MW	变电所#2 负荷有功功率/MW
放电模式	1	5	6
	2	12	−4
	3	−4	12
充电模式	4	−5	−6
	5	4	−12
	6	−12	4
转移模式	7	6	−6
	8	−6	6

表 4-4 不同模式切换案例负荷参数设置

运行模式	变电所#1 负荷有功功率/MW	变电所#2 负荷有功功率/MW
放电模式	12	−4
转移模式	6	−6
充电模式	4	−12

放电模式仿真结果如图 4-5 所示，其中图 4-5(a)为分区所功率融通系统仿真结果，图 4-5(b)为相邻变电所进线功率以及列车负荷功率仿真结果。

(a) 分区所功率融通系统功率及SoC变化

(b) 相邻变电所进线功率及列车负荷功率

图 4-5 放电模式仿真结果

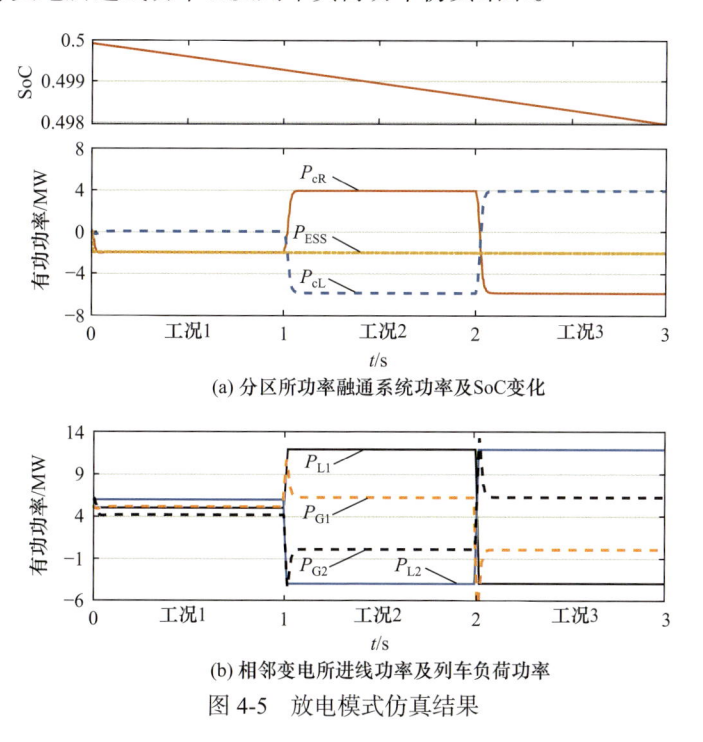

由图 4-5 可知，在工况 1 时，两个变电所的负荷功率分别为 5MW 和 6MW，变电所

#2 为重载侧，因此储能系统释放 2MW 功率用于变电所#2 负荷牵引消耗。在工况 2 时，两个变电所的负荷功率分别为 12MW 和–4MW，分区所功率融通系统从变电所#2 转移 4MW 再生制动功率供变电所#1 负荷牵引消耗，储能系统同时释放 2MW 功率供变电所#1 负荷牵引消耗。在工况 3 时，两个牵引变电所的负荷分别为–4MW 和 12MW，分区所功率融通系统从变电所#1 转移 4MW 再生制动功率供变电所#2 负荷牵引消耗，储能系统同时释放 2MW 功率供变电所#2 负荷牵引消耗。

充电模式仿真结果如图 4-6 所示，其中图 4-6(a)为分区所功率融通系统仿真结果，图 4-6(b)为相邻变电所进线功率以及列车负荷功率仿真结果。由图 4-6 可知，在工况 4 时，两个变电所的负荷分别为–5MW 和–6MW，由于变电所#2 返送的再生制动能量多于变电所#1，分区所功率融通系统从变电所#2 转移 2MW 再生制动功率由储能系统储存。在工况 5 时，两个变电所的负荷分别为 4MW 和–12MW，分区所功率融通系统从变电所#2 转移 6MW 再生制动功率，其中 4MW 再生制动功率转移至变电所#1 供牵引负荷消耗，2MW 再生制动功率由储能系统储存。在工况 6 时，两个变电所的负荷分别为–12MW 和 4MW，分区所功率融通系统从变电所#1 转移 6MW 再生制动功率，其中 4MW 再生制动功率转移至变电所#2 供牵引负荷消耗，2MW 再生制动功率由储能系统储存。

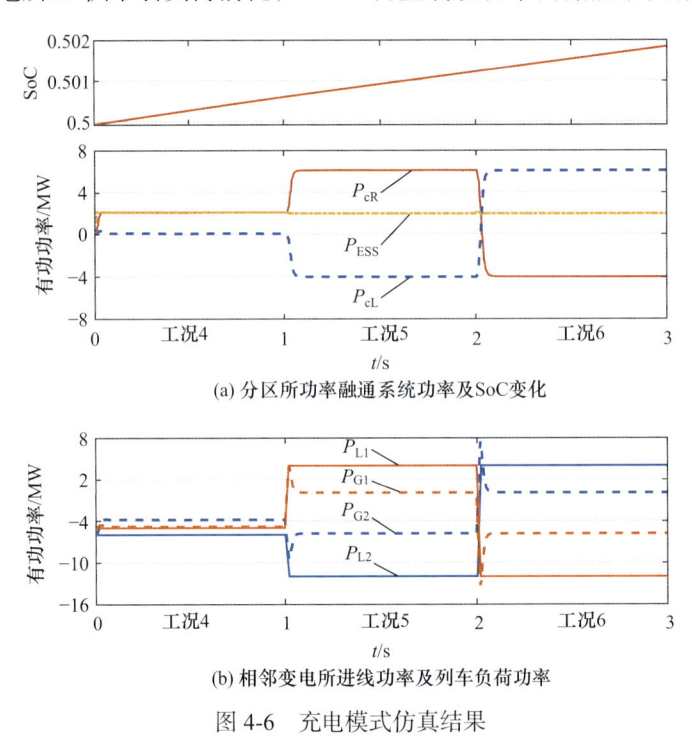

(a) 分区所功率融通系统功率及SoC变化

(b) 相邻变电所进线功率及列车负荷功率

图 4-6 充电模式仿真结果

转移模式仿真结果如图 4-7 所示，其中图 4-7(a)为分区所功率融通系统仿真结果，图 4-7(b)为相邻变电所进线功率以及列车负荷功率仿真结果。由图 4-7 可知，在工况 7 时，两个变电所的负荷功率分别为 6MW 和–6MW，分区所功率融通系统从变电所#2 转移 6MW 再生制动功率至变电所#1 供列车牵引使用。在工况 8 时，两个变电所的负荷功率分别为–6MW 和 6MW，分区所功率融通系统从变电所#1 转移 6MW 再生制动功率至变电所#2 供列车牵引使用。由于转移的再生制动能量刚好满足牵引负荷功率需求，储能系统不工作。

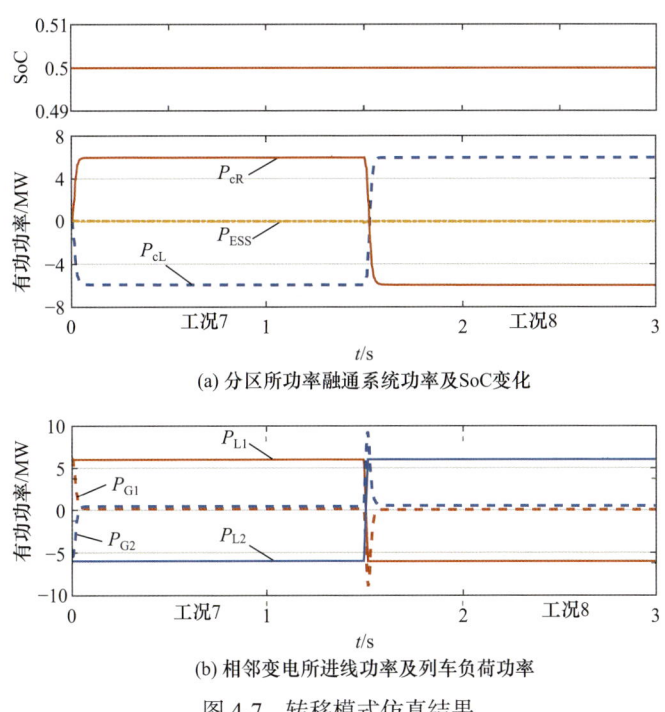

图 4-7 转移模式仿真结果

(a) 分区所功率融通系统功率及SoC变化

(b) 相邻变电所进线功率及列车负荷功率

分区所功率融通系统在不同运行模式间切换的仿真结果如图 4-8 所示。

(a) 分区所功率融通系统功率及SoC变化

(b) 相邻变电所进线功率及负荷仿真结果

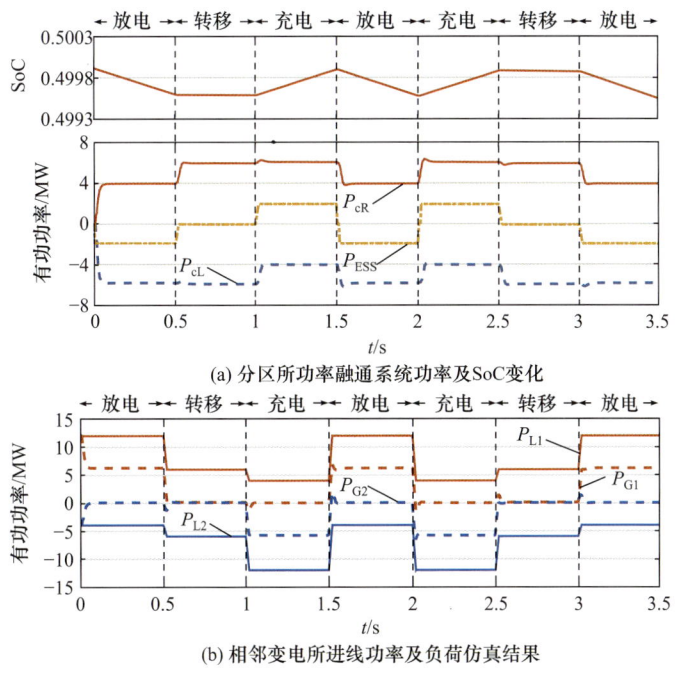

图 4-8 不同运行模式切换仿真结果

由图 4-8 可知，分区所功率融通系统依次工作在放电、转移、充电、放电、充电、转移以及放电模式，整个仿真过程中再生制动能量利用系统实现了不同运行模式间的无缝切换，同时实现了再生制动能量利用的目标，从而验证了分区所功率融通系统控制策略的有效性。

2. 基于实测数据的仿真评估

在典型工况的仿真结果基础上，本案例基于我国某重载铁路长大坡道区段相邻两牵引变电所实测负荷数据对再生制动能量利用系统的节能效果进行评估。系统仿真参数如表 4-2 所示。仿真评估结果如表 4-5 和图 4-9 所示。

表 4-5 基于实测数据的仿真评估结果

参数	变电所#1		变电所#2	
	接入前	接入后	接入前	接入后
牵引电量/(MW·h)	310.99	300.91	345.82	331.95
再生电量/(MW·h)	21.36	7.72	14.96	4.97
最大需量/MW	30.23	29.98	29.51	29.51

图 4-9(a)和(b)分别为分区所功率融通系统配置前后相邻两变电所的有功功率曲线以及能耗对比结果。从图中可以看出，分区所功率融通系统配置后，变电所#1 和变电所#2 返送电网的再生制动功率均明显减少，二者消耗的电网功率也降低。根据评估结果，分区所再生制动能量利用系统接入后，变电所#1 和变电所#2 的 24 小时牵引电量分别下降了 10.08MW·h 和 13.87MW·h，两个变电所返送电网的再生电量分别下降了 13.64MW·h 和 9.99MW·h，再生制动能量利用率达到了 65%；变电所最大需量削减情况与列车运行图紧密相关，在本例中变电所#2 最大需量保持不变，变电所#1 的最大需量削减了 0.25MW。评估结果表明，本节提出的分区所再生制动能量利用系统可有效提高电气化铁路相邻两牵引变电所的再生制动能量利用率，实现节能降耗。

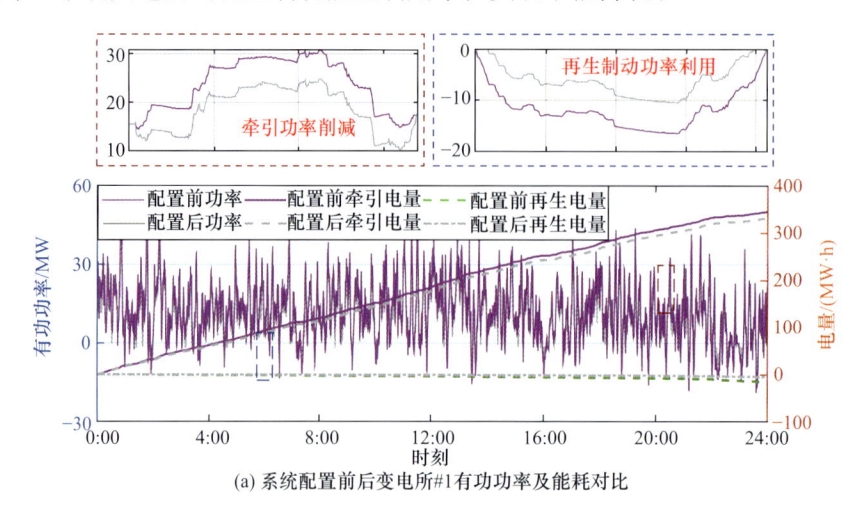

(a) 系统配置前后变电所#1有功功率及能耗对比

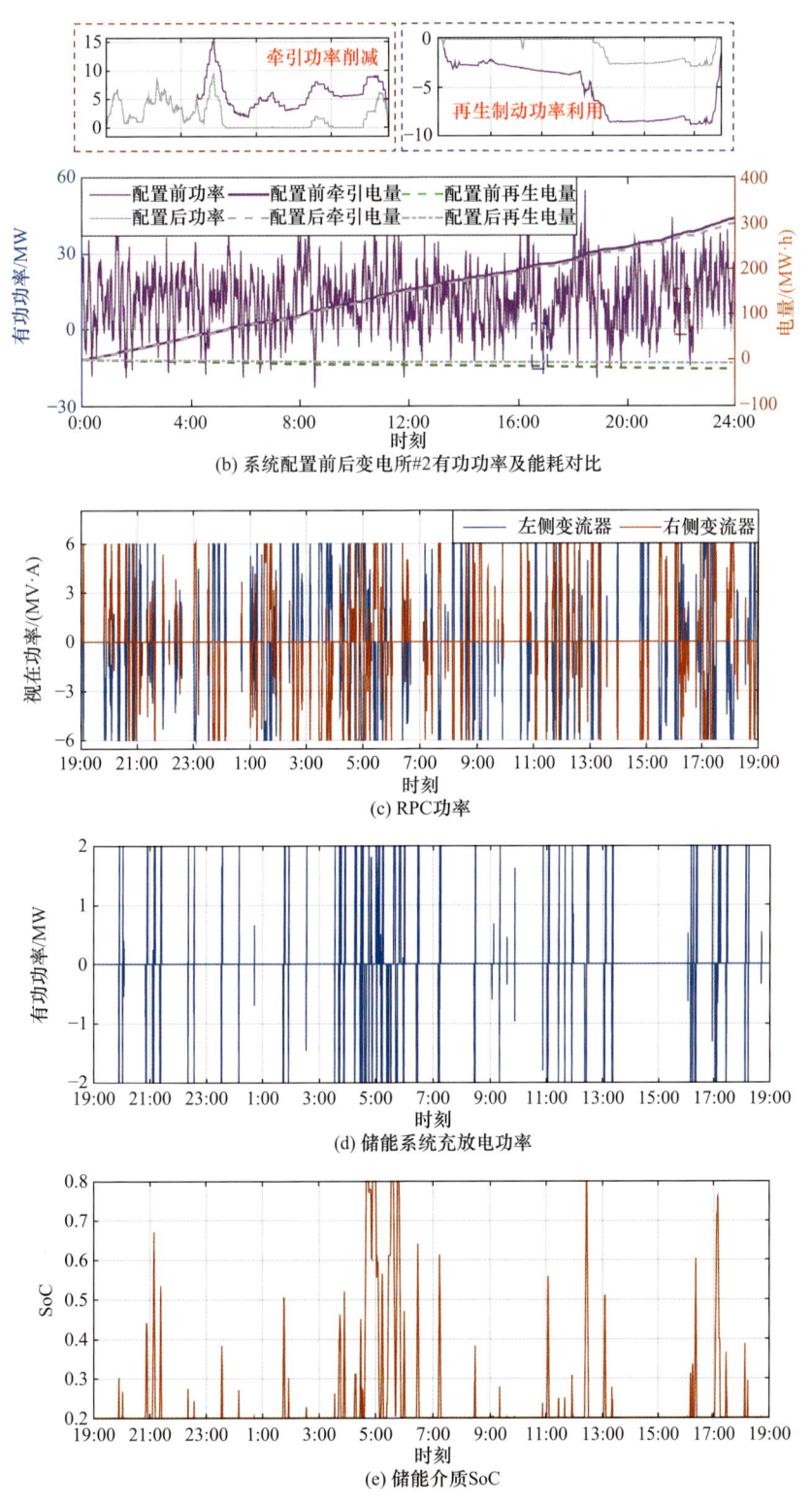

第 4 章 电气化铁路多所再生制动能量利用 ·107·

(b) 系统配置前后变电所#2有功功率及能耗对比

(c) RPC功率

(d) 储能系统充放电功率

(e) 储能介质SoC

图 4-9 基于实测数据的再生制动能量利用系统仿真结果

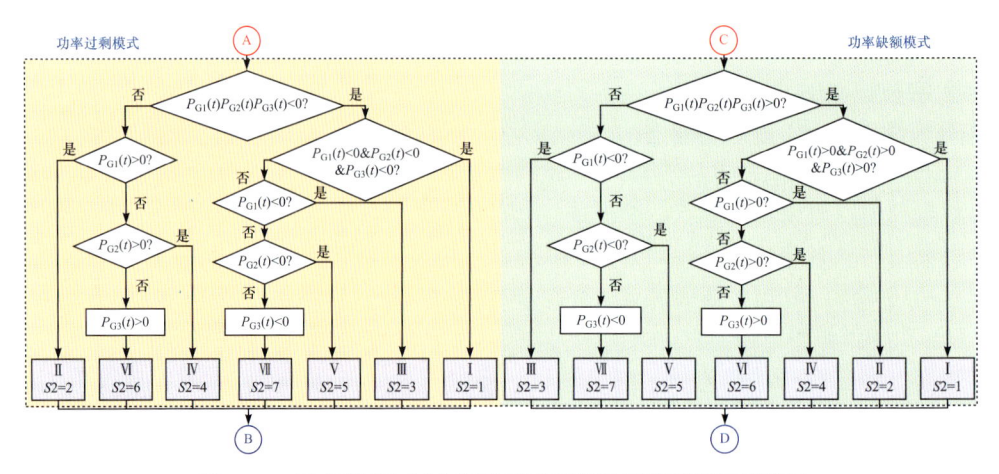

图 4-11 集成型再生制动能量利用系统运行模型判断流程图

(3) 功率平衡模式($P_{\text{SPM}} \leqslant P_{\text{GT}}(t) \leqslant P_{\text{DPM}}$)：此模式下三个牵引变电所总有功功率介于功率过剩模式和功率缺额模式的启动阈值之间，即总再生制动功率与总牵引功率需求几乎相等，仅剩余少量再生制动能量或存在少量牵引功率缺额。配置集成型再生制动能量系统后，牵引变电所的再生制动能量通过分区所功率融通系统转移至相邻牵引变电所以供牵引列车消耗。由于转移利用再生制动能量后剩余再生制动能量或牵引功率缺额较少，为减少储能介质充放电次数，储能系统不动作。因此，剩余少量再生制动能量将返送回电网，少量牵引功率缺额由电网提供。与前两种运行模式相同，功率平衡模式也存在 7 种运行场景，如图 4-11 所示。

4.2.3 集成型再生制动能量利用系统控制策略

由电气化铁路负荷特性可知，列车运行过程中频繁在牵引、惰行和再生制动工况之间切换，导致牵引变电所的运行工况随之频繁改变。加上集成型再生制动能量利用系统包括多套变流系统，确保各变流系统在不同运行模式下的稳定协同运行尤为关键。

为实现集成型再生制动能量利用系统的有效控制，其控制策略需涉及如下两个方面：①系统级功率管理策略实现配置集成型再生制动能量利用系统后三个牵引变电所的实时有功功率潮流管理；②变流器级控制策略控制再生储能系统和功率融通系统执行功率管理策略生成的潮流控制指令。因此，基于上述目标为集成型再生制动能量利用系统设计了基于分层控制的协调控制策略，如图 4-12 所示。该策略包括系统层和变流器层，其中系统层通过中央控制器执行功率管理策略实现系统实时有功潮流管理，根据牵引变电所本地测量的负荷有功功率确定再生制动能量利用系统的运行模式，进而为变流器层计算对应工况下的功率参考值。变流器层通过再生储能系统和功率融通系统的本地控制器协调控制各变流器跟踪来自系统层的有功功率指令以及本地生成的无功功率指令实现再生制动能量协同利用与电能质量治理。

1. 系统层

集成型再生制动能量利用系统的系统层根据实时采集的牵引变电所负荷有功功率

执行系统级功率管理策略，实现运行模式管理与有功功率参考值生成。提出的功率管理策略如图 4-13 所示。

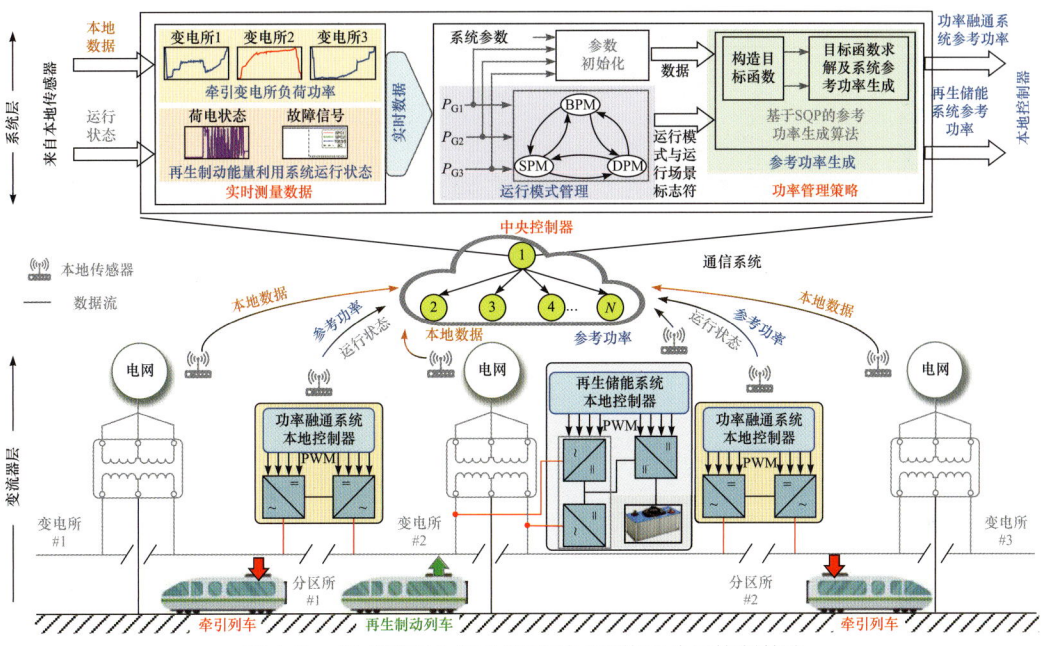

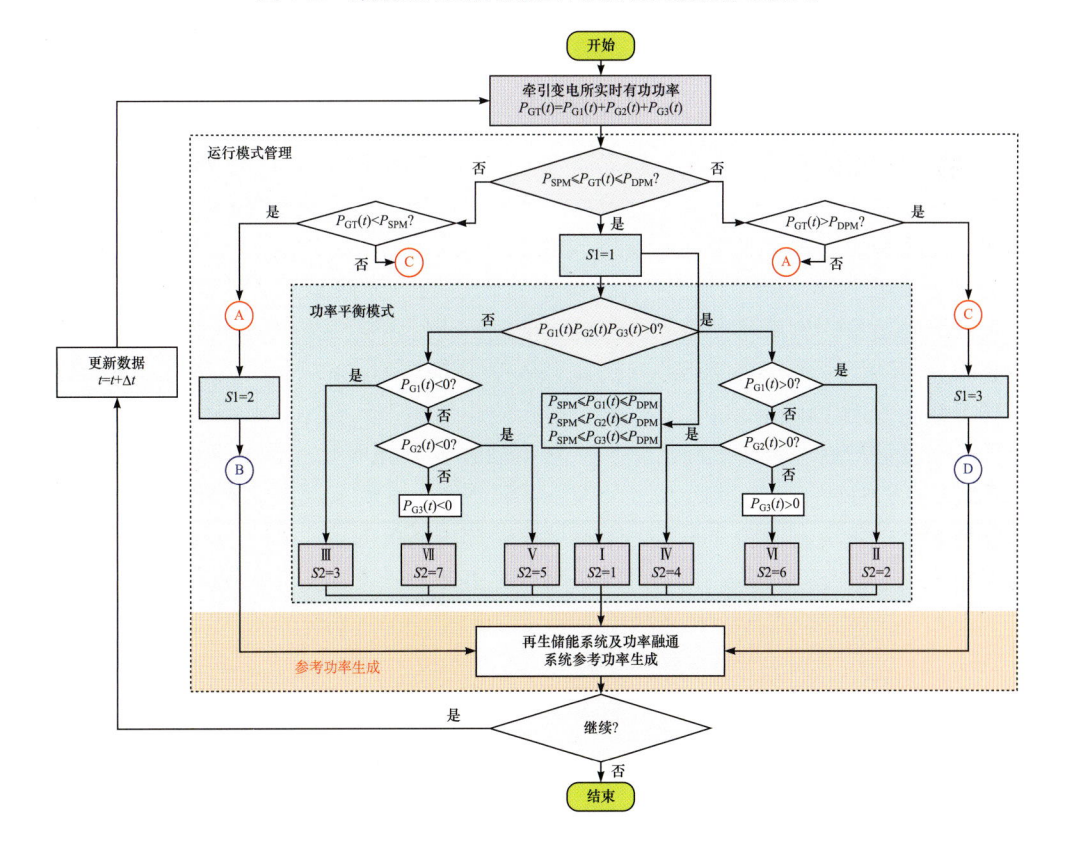

图 4-12 集成型再生制动能量利用系统的分层控制策略

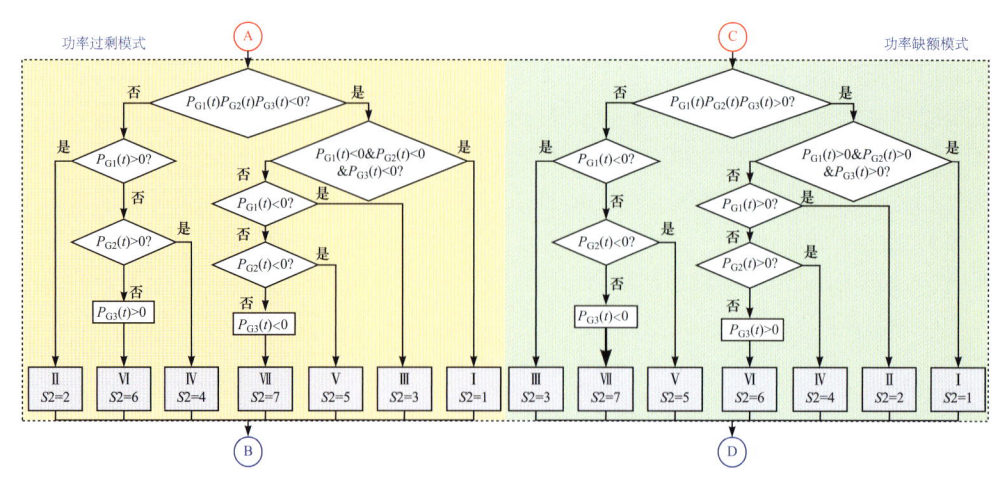

图 4-13 集成型再生制动能量利用系统功率管理策略

图 4-13 中包括如下目标：①基于三个牵引变电所的实时运行工况确定集成型再生制动能量利用系统的运行模式；②实现集成型再生制动能量利用系统在不同运行模式下的无缝切换；③为集成型再生制动能量利用系统的再生储能系统和功率融通系统生成有功参考功率，实现三个牵引变电所再生制动能量的协同利用。

功率管理策略的前两个目标可借助状态机逻辑实现，该方法简单高效，可有效实现集成型再生制动能量利用系统在牵引变电所运行工况快速频繁变换下的运行模式管理。对于最后一个目标，可通过求解式(4-20)所示再生制动能量协同利用运行函数解决。为实现三个牵引变电所有功功率的最大削减，需求解使得式(4-20)最小成立的再生储能系统和功率融通系统有功功率参考值(即 P_ESS、P_tr1 和 P_tr2)。因此，最优参考功率求解的目标函数可表示为

$$\min f(\boldsymbol{x}) = \sum_{i=1}^{3} |P'_{Gi}(t)| + P_\text{loss}^\text{tr}(t) + P_\text{loss}^\text{conv}(t) \tag{4-28}$$

其中，式(4-28)需满足如下约束：

$$\begin{cases} h(\boldsymbol{x}) = 0 \\ g(\boldsymbol{x}) \leqslant 0 \end{cases} \tag{4-29}$$

$$h(\boldsymbol{x}) = E_\text{ESS}(t) - (1-\eta_\text{sds})E_\text{ESS}(t-1) - \Delta t x_1 \tag{4-30}$$

$$g(\boldsymbol{x}) = [g_1(\boldsymbol{x}), g_2(\boldsymbol{x}), g_3(\boldsymbol{x}), g_4(\boldsymbol{x})]^\text{T} \tag{4-31}$$

$$\begin{cases} g_1(\boldsymbol{x}) = [-S_\text{spc1}^\text{N}, -S_\text{spc2}^\text{N}, -P_\text{ESS}^\text{N}]^\text{T} - [x_1, x_2, x_3]^\text{T} \\ g_2(\boldsymbol{x}) = [-S_\text{spc1}^\text{N}, -S_\text{spc2}^\text{N}, -P_\text{ESS}^\text{N}]^\text{T} + [x_1, x_2, x_3]^\text{T} \\ g_3(\boldsymbol{x}) = E_\text{ESS}^\text{N}\text{SoC}_\text{L} - (1-\eta_\text{sds})E_\text{ESS}(t-1) - \Delta t x_3 \\ g_4(\boldsymbol{x}) = (1-\eta_\text{sds})E_\text{ESS}(t-1) - E_\text{ESS}^\text{N}\text{SoC}_\text{H} + \Delta t x_3 \end{cases} \tag{4-32}$$

$\boldsymbol{x}$ 表示变量向量，且 $\boldsymbol{x} = [x_1, x_2, x_3]^\text{T} = [P_\text{ESS}(t), P_\text{tr1}(t), P_\text{tr2}(t)]^\text{T}$；$h(\boldsymbol{x})$ 和 $g(\boldsymbol{x})$ 分别为目标函数的等式和不等式约束，由式(3-3)～式(3-6)、式(4-23)和式(4-24)得到。

式(4-28)所示目标函数为高度非线性函数，其中包括多项绝对值项以及平方项，故求解该目标函数需要复杂的方法，导致中央控制器的计算负担大大增加。为此，提出一种基于序列二次规划(sequential quadratic programming, SQP)的参考功率求解方法，如算法 4-1 所示。该方法首先根据三个牵引变电所和集成型再生制动能量利用系统的实时运行工况和运行模式将目标函数简化为标准二次函数，然后利用序列二次规划算法进行求解。序列二次规划算法是一种基于梯度的求解方法，其将一个二次问题分解为多个二次子问题进行迭代求解，具有优异的求解准确性、收敛性以及效率，目前已广泛应用于实时优化问题的求解[7]。

算法 4-1：基于序列二次规划的参考功率求解方法

1　**参数输入**

　本地传感器实时数据：$P_{G1}(t)$、$P_{G2}(t)$、$P_{G3}(t)$、$V_{\beta1}(t)$、$V_{\alpha2}(t)$、$V_{\beta2}(t)$、$V_{\alpha3}(t)$、SoC；
　集成型再生制动能量利用系统运行模式与运行场景：$S1$、$S2$；

2　**初始化**

　参数：P_{ESS}^{N}、E_{ESS}^{N}、SoC_{H}、SoC_{L}、S_{spc1}^{N}、S_{spc2}^{N}、$l_{\beta1}$、$l_{\alpha2}$、$l_{\beta2}$、$l_{\alpha3}$、r_0、η_{sds}、η_c、η_{cd}；
　变量：$k=0$，$\varepsilon = 0.0001$，$\boldsymbol{x}_0 = [0,0,0]^T$，$P_{tr1}(t) \in [-S_{spc1}^{N}, S_{spc1}^{N}]$，$P_{tr2}(t) \in [-S_{spc2}^{N}, S_{spc2}^{N}]$，$P_{ESS}(t) \in [-P_{ESS}^{N}, P_{ESS}^{N}]$；

3　**构造目标函数及简化**

4　根据实时输入和初始化参数构造目标函数：$\min f(x) = f(P_{tr1}, P_{tr2}, P_{ESS})$；

5　根据运行模式确定储能系统充放电功率范围：若 $S1==1$，则 $P_{ESS}(t) \in [-P_{ESS}^{N}, 0]$；若 $S1==2$，则 $P_{ESS}(t) \in [0, P_{ESS}^{N}]$；若 $S1==0$，则 $P_{ESS}(t)=0$；

6　根据运行场景确定三个牵引变电所的有功功率符号和功率融通系统功率转移方向(即 P_{tr1} 和 P_{tr2} 的符号)，从而简化目标函数第一项中的绝对值；

7　根据 P_{ESS}、P_{tr1}、P_{tr2} 的符号简化目标函数中变流器功率损耗项的绝对值；

8　整理简化后的目标函数，使之成为标准二次函数；

9　**通过序列二次规划算法求解目标函数**

10　利用序列二次规划算法迭代求解简化后的目标函数；

11　若 $\|d^k\| < e$，则 $x^* = x^k$，$f(x^*) = f(x^k)$，转至步骤 12；否则，$k=k+1$，更新 $x^{k+1} = x^k + d^k$，H^{k+1}，返回步骤 10；

12　输出最优参考功率：$\boldsymbol{x}^* = [P_{tr1}^*(t), P_{tr2}^*(t), P_{ESS}(t)]^T$.

如算法 4-1 所示，提出的基于序列二次规划的参考功率求解方法的主要步骤如下。

步骤 1：输入三个牵引变电所实时有功功率、牵引网电压、储能介质荷电状态、集成型再生制动能量利用系统运行模式及运行场景。

步骤 2：初始化参数，包括牵引网长度、单位阻抗、再生储能系统和功率融通系统的额定功率及容量、储能介质荷电状态限值以及临时变量。

步骤 3：根据实时输入与初始化参数构造如式(4-28)所示目标函数。由于再生储能系统功率 $P_{\text{ESS}}(t)$ 的正负由运行模式确定，同时牵引变电所有功功率 $P_{\text{G}i}(t)$ 的正负可由运行场景确定，进而可确定功率融通系统参考功率 $P_{\text{tr1}}(t)$ 和 $P_{\text{tr2}}(t)$ 的正负值。因此，目标函数可通过集成型再生制动能量利用系统的实时运行模式与运行场景将其简化为标准二次函数。

步骤 4：通过序列二次规划算法对简化后的目标函数进行求解，以获得最优的有功参考功率。序列二次规划算法将简化后的目标函数分解为二次子问题在相关约束条件下进行迭代求解，其可表示为[8]

$$\min_{\boldsymbol{d}\in\mathbf{R}^n}\nabla f(\boldsymbol{x}^k)^{\mathrm{T}}\boldsymbol{d}+\frac{1}{2}\boldsymbol{d}^{\mathrm{T}}\boldsymbol{H}^k\boldsymbol{d} \tag{4-33}$$

式中

$$\begin{cases} \nabla h(\boldsymbol{x}^k)^{\mathrm{T}}\boldsymbol{d}+h(\boldsymbol{x}^k)=0 \\ \nabla g(\boldsymbol{x}^k)^{\mathrm{T}}\boldsymbol{d}+g(\boldsymbol{x}^k)\leqslant 0 \end{cases} \tag{4-34}$$

$$h(\boldsymbol{x}^k)=E_{\text{ESS}}(t)-(1-\eta_{\text{sds}})E_{\text{ESS}}(t-1)-\Delta t x_3^k \tag{4-35}$$

$$g(\boldsymbol{x}^k)=[g_1(\boldsymbol{x}^k),g_2(\boldsymbol{x}^k),g_3(\boldsymbol{x}^k),g_4(\boldsymbol{x}^k)]^{\mathrm{T}} \tag{4-36}$$

$$\nabla h(\boldsymbol{x}^k)=\nabla(E_{\text{ESS}}(t)-(1-\eta_{\text{sds}})E_{\text{ESS}}(t-1)-\Delta t x_3^k) \tag{4-37}$$

$$\boldsymbol{H}^k=\nabla^2 f(\boldsymbol{x}^k)=\begin{bmatrix} \dfrac{\partial^2 f}{\partial(x_1^k)^2} & \dfrac{\partial^2 f}{\partial x_1^k\partial x_2^k} & \dfrac{\partial^2 f}{\partial x_1^k\partial x_3^k} \\ \dfrac{\partial^2 f}{\partial x_2^k\partial x_1^k} & \dfrac{\partial^2 f}{\partial(x_2^k)^2} & \dfrac{\partial^2 f}{\partial x_2^k\partial x_3^k} \\ \dfrac{\partial^2 f}{\partial x_3^k\partial x_1^k} & \dfrac{\partial^2 f}{\partial x_3^k\partial x_2^k} & \dfrac{\partial^2 f}{\partial(x_3^k)^2} \end{bmatrix} \tag{4-38}$$

∇ 为梯度；k 为迭代索引；$\boldsymbol{d}$ 为搜索方向，且 $\boldsymbol{d}=\boldsymbol{x}-\boldsymbol{x}^k$；$\boldsymbol{H}$ 为 Hessian 矩阵，且 $\boldsymbol{H}^k=\nabla^2 f(\boldsymbol{x}^k)$；$h(\boldsymbol{x}^k)$ 和 $g(\boldsymbol{x}^k)$ 分别为目标函数的等式和不等式约束，由式(4-30)和式(4-31)得到。

2. 变流器层

为达到系统层控制生成的控制目标，实现再生制动能量的协同利用，需通过变流器层实现再生储能系统和功率融通系统中多个变流器的协调控制。考虑到再生储能系统和功率融通系统均基于 RPC 拓扑结构，故采用"主从式"控制思想实现多个变流器的协调控制。其中，RPC 的左侧变流器工作在"主模式"，用于稳定直流母线电压，维持系统功率平衡，并跟踪系统参考功率指令。RPC 的右侧变流器和双向 DC/DC 变换器均工作于"从模式"，根据系统层生成的有功参考功率和本地控制器生成无功参考功率实现潮流控制。

根据上述控制目标，RPC 的左侧变流器采用电压和电流双闭环控制。直流电压外环控制直流母线电压，为再生储能系统提供稳定的直流电压，电流内环采用静止坐标系下的准比例谐振(quasi proportional resonant，QPR)控制实现有功功率和无功功率控制[9]。此外，为提高直流电压控制能力，将左侧变流器参考功率转化为参考电流进行电流前馈控制。在稳定的直流母线电压下，右侧变流器和储能变流器只需采用电流控制，因此采用准比例谐振控制和 PI 控制分别实现参考电流的跟踪。

分区所功率融通系统控制策略如图 4-14 所示，通过有功转移和无功补偿实现相邻两牵引变电所的再生制动功率转移利用，同时抑制分区所两供电臂的电压波动。分区所功率融通系统变流器的有功和无功参考功率可由式(4-39)和式(4-40)计算得到：

$$P_{\text{spc}jL}^*(t) = -P_{\text{spc}jR}^*(t) = P_{\text{tr}j}^*(t), \quad j=1,2 \tag{4-39}$$

$$\begin{cases} Q_{\text{spc}jL}^*(t) = (V_{c\alpha(j+1)}^*(t)V_{\alpha(j+1)}(t) - P_{\text{tr}j}(t)R_{\alpha(j+1)})/X_{\alpha(j+1)} \\ Q_{\text{spc}jR}^*(t) = (V_{c\beta j}^*(t)V_{\beta j}(t) - P_{\text{tr}j}(t)R_{\beta j})/X_{\beta j} \end{cases}, \quad j=1,2 \tag{4-40}$$

式中，$P_{\text{spc}jL}^*$、$Q_{\text{spc}jL}^*$、$P_{\text{spc}jR}^*$ 和 $Q_{\text{spc}jR}^*$ 分别表示分区所功率融通系统左臂变流器和右臂变流器的参考功率；$V_{c\alpha(j+1)}^*$ 和 $V_{c\beta j}^*$ 分别表示对应供电臂的牵引网电压补偿目标值，且 $V_{c\alpha(j+1)}^* = V_{\alpha(j+1)}^* - V_{\alpha(j+1)}$，$V_{c\beta j}^* = V_{\beta j}^* - V_{\beta j}$。

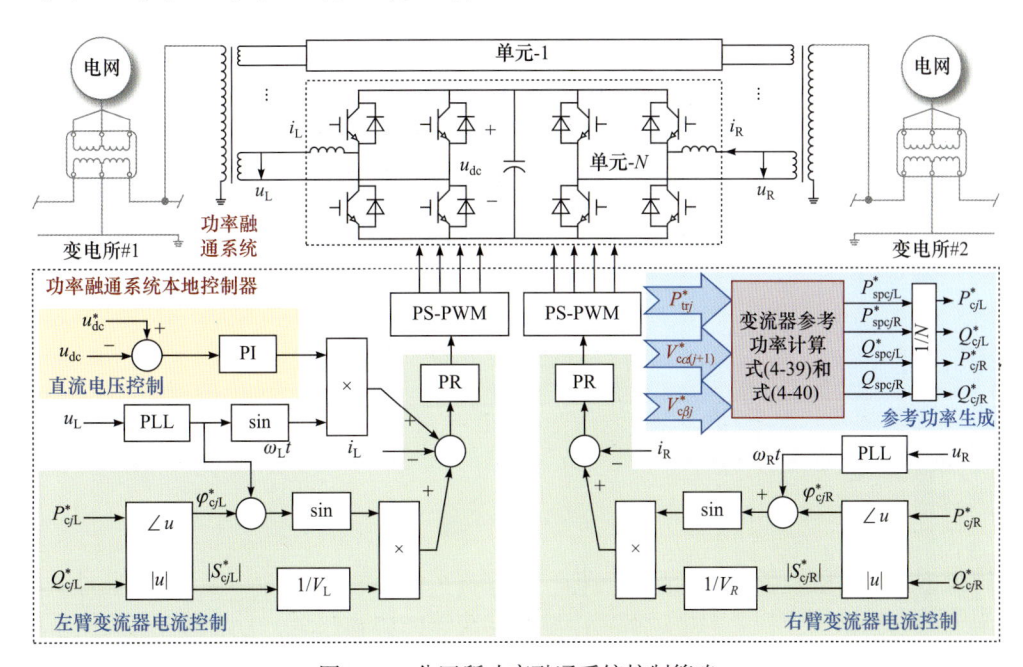

图 4-14 分区所功率融通系统控制策略

牵引变电所再生储能系统的控制策略如图 4-15 所示，其通过 RPC 和双向 DC/DC 变流器实现储能介质的充放电，同时通过 RPC 平衡两供电臂有功功率并提供无功补偿，实现三个牵引变电所再生制动能量的储能利用以及三相电网侧负序不平衡的抑制。牵引变电所再生储能系统变流器的有功和无功参考功率可由式(4-41)和式(4-42)计算得到：

$$\begin{cases} P_{\text{TSESSL}}^*(t) = (P_{\alpha 2}(t) - P_{\text{tr}1}(t) - P_{\beta 2}(t) - P_{\text{tr}2}(t) - P_{\text{ESS}}(t))/2 \\ P_{\text{TSESSR}}^*(t) = (P_{\beta 2}(t) + P_{\text{tr}2}(t) - P_{\alpha 2}(t) + P_{\text{tr}1}(t) - P_{\text{ESS}}(t))/2 \\ P_{\text{TSESS}}^*(t) = P_{\text{ESS}}^*(t) \end{cases} \quad (4\text{-}41)$$

$$\begin{cases} Q_{\text{TSESSL}}^*(t) = Q_{\alpha 2}(t) + Q_{c\alpha 2}(t) - P_{\text{G}2}'(t)\tan 30°/2 \\ Q_{\text{TSESSR}}^*(t) = Q_{\beta 2}(t) + Q_{c\beta 1}(t) - P_{\text{G}2}'(t)\tan 30°/2 \end{cases} \quad (4\text{-}42)$$

式中，P_{TSESSL}^*、Q_{TSESSL}^*、P_{TSESSR}^*、Q_{TSESSR}^* 和 P_{TSESS}^* 分别表示中间牵引变电所再生储能系统左臂变流器、右臂变流器以及储能变流器的参考功率。

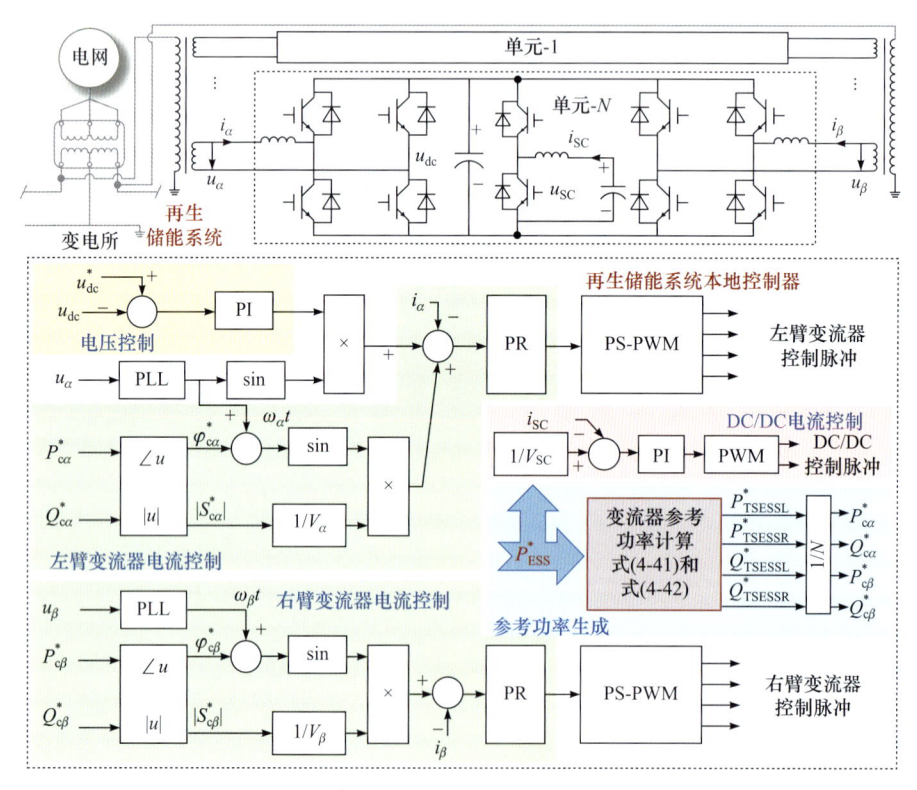

图 4-15 牵引变电所再生储能系统控制策略

3. 通信系统影响

集成式再生制动能量利用系统的分层控制策略属于基于通信的控制方法，其需要通过通信实现三个牵引变电所再生制动能量的协同利用。因此，也需要在控制策略中考虑通信对系统的影响，主要包括通信延迟与通信故障两种情况。

通信延迟在通信系统中是难以避免的，其导致中央控制器在接收本地传感器信息和本地控制器接收参考功率指令存在一定的时间延迟。由于集成式再生制动能量利用系统的控制依赖于本地控制器，通信延迟仅造成功率指令延迟，不影响系统的控制稳定性。现代铁路沿线通信系统的时间延迟已经能够满足所间实时控制需求[2]，加之集成式再生制动能量利用系统的控制策略执行时间仅需几毫秒，故考虑时间延迟后整个控制策略的执行时间也远小于负荷功率的变化。在极端情况下，长时间延迟将导致集成式再生制动能量利用系统的输出功率与实际负荷功率不匹配，因此在此情况下集成式再生制动能量利用系统的本地控制器需清除参考功率指令。

通信故障对牵引变电所再生储能系统和分区所功率融通系统的影响不同。由于再生储能系统配置于牵引变电所，当通信系统故障时，可通过本地控制器采集牵引变电所负荷功率，进而实现对中间牵引变电所的再生制动能量利用与电能质量治理。相反，由于分区所处无法测量牵引变电所的负荷功率，功率融通设备在通信故障工况下只能待机，无法输出功率。

4.2.4 集成型再生制动能量利用系统验证

本节基于 RT-LAB 的半实物仿真对集成式再生制动能量利用系统及其控制策略的正确性和有效性进行验证。同时，基于实测负荷数据对集成式再生制动能量利用系统与已有文献提出的再生制动能量利用方案效果进行对比，以证明集成式再生制动能量利用系统的优越性。

1. 仿真验证

为验证集成型再生制动能量利用系统及其控制策略的正确性和有效性，搭建基于 RT-LAB 的半实物仿真模型。图 4-16 为基于 RT-LAB 的半实物仿真平台，其由一台含 Xilinx Virtex-7 现场可编程门逻辑(field programmable gate array，FPGA)和 32 核 Intel Xeon 处理器的 OPAL-RT 5700 实时仿真机、一台含 Xilinx XC6SLX16 和 TI TMS320C28346 的数字控制器以及一台计算机组成。详细的仿真模型结构如图 4-17 所示，详细参数如表 4-6 所示。其中，三个牵引变电所、牵引负荷、集成型再生制动能量利用系统的电路模型以及本地控制器均通过 RT-LAB 软件在 MATLAB 环境下搭建在实时仿真机的不同内核中。外部数字控制器执行由 MATLAB Coder 在 Code Composer Studio 环境下生成的中央控制器算法。

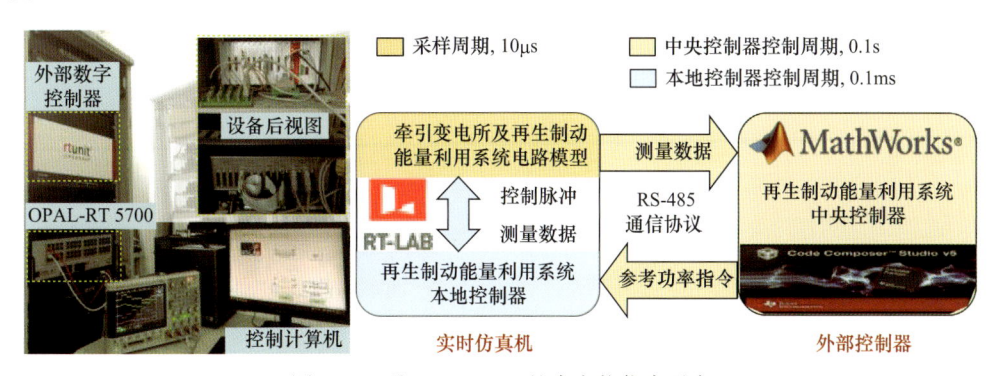

图 4-16 基于 RT-LAB 的半实物仿真平台

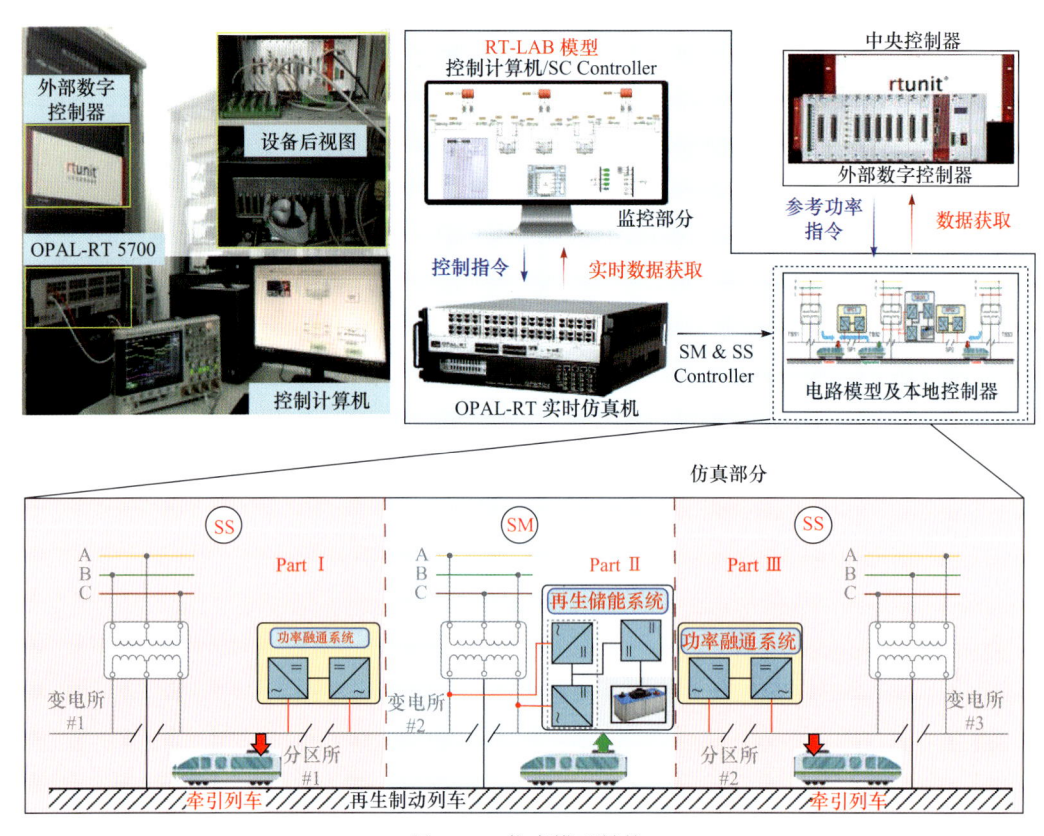

图 4-17 仿真模型结构

表 4-6 仿真模型参数

系统名称	参数	数值
牵引变电所	牵引变压器变比	110kV/27.5kV
	牵引变压器容量	50MV·A
	牵引网单位阻抗	0.078+0.62jΩ/km
	供电臂长度 $l_{\beta1}, l_{\alpha2}, l_{\beta2}, l_{\alpha3}$	9km, 10km, 11km, 10km
集成型再生制动能量利用系统	隔离变压器变比	27.5kV/1500V
	隔离变压器容量	6MV·A
	S_{spc1}^N, S_{spc2}^N	6MV·A
	P_{ESS}^N, E_{ESS}^N	4MW, 200kW·h
	P_{SPM}, P_{DPM}	−0.3MW, 0.3MW
	交流电感	1mH
	直流母线电容	10mF
	直流母线电压	3600V
	双向 DC/DC 电感	3mH
	储能介质荷电状态限值	0.05, 0.95
	变流器效率 η_c 及充放电效率 η_{cd}	97.8%, 98%
	储能介质自放电系数 η_{sds}	20% /天

续表

系统名称	参数	数值
集成型再生制动能量利用系统	通信系统延时	30ms
	通信周期	0.1s
	中央控制器控制周期	0.1s
	本地控制器控制周期	0.0001s

在仿真过程中,外部数字控制器根据来自实时仿真机中牵引变电所的本地传感器信息执行中央控制器算法,为本地控制器生成有功参考功率指令并将其发送回实时仿真机,实现再生储能系统和功率融通系统的潮流控制。基于图4-16的仿真平台,对集成型再生制动能量利用系统在不同运行模式以及通信故障工况下的运行情况进行验证,详细仿真工况及结果如表4-7所示。由于功率平衡模式可看成特殊的功率过剩模式或功率缺额模式,故不需要单独验证。

表4-7 仿真工况及结果

运行模式及场景		牵引变电所有功功率/MW						$\sum_{i=1}^{3}\|P_{Gi}(t)\|$	$\sum_{i=1}^{3}\|P'_{Gi}(t)\|$	P_{loss}/MW
		$P_{G1}(t)$	$P'_{G1}(t)$	$P_{G2}(t)$	$P'_{G2}(t)$	$P_{G3}(t)$	$P'_{G3}(t)$			
功率过剩模式	Ⅰ	−4	−1.95	−2	0.17	−1	−1	7	3.12	0.21
	Ⅱ	1	0.02	−4	0.17	−3	−1.98	8	2.17	0.21
	Ⅲ	−7	−0.79	2	0.08	2	0.05	11	0.93	0.34
	Ⅳ	−1	0.02	1	0.17	−4	0.12	6	0.31	0.31
	Ⅴ	3	0.08	−6	0.08	1	0.02	10	0.19	0.19
	Ⅵ	−3	−0.95	−3	0.17	1	0.02	7	1.14	0.24
	Ⅶ	2	0.05	2	0.08	−7	−0.79	11	0.93	0.34
功率缺额模式	Ⅰ	2	0.05	1	0.17	2	1.02	5	1.24	0.24
	Ⅱ	7	1.21	−1	0.17	−1	0.02	9	1.40	0.40
	Ⅲ	−2	0.05	5	0.17	2	1.02	9	1.24	0.24
	Ⅳ	−1	0.02	4	0.08	−1	0.02	6	0.13	0.13
	Ⅴ	1	0.02	−2	0.17	6	1.16	9	1.35	0.35
	Ⅵ	−1	0.02	−1	0.08	4	0.12	6	0.23	0.23
	Ⅶ	3	1.05	4	0.17	−2	0.05	9	1.27	0.27
不同模式间无缝切换	SPM	−7	−0.79	2	0.12	1	0.02	10	0.94	0.36
	BPM	−2	0.05	3	0.00	−1	0.02	6	0.08	0.08
	DPM	2	1.03	6	0.17	−3	0.08	11	1.28	0.27
	SPM	2	0.05	1	0.12	−6	0.21	9	0.38	0.38
	DPM	7	1.21	−1	0.17	−1	0.02	9	1.40	0.40
	BPM	5	0.16	−3	0.00	−2	0.05	10	0.21	0.21
	SPM	2	0.05	−8	−0.83	1	0.02	11	0.91	0.24

图 4-18 为功率过剩模式的仿真结果，涉及该模式下 7 种运行场景(其中 TSS 表示牵引变电所)。在仿真过程中，外部数字控制器根据来自实时仿真机中牵引变电所的本地传感器信息执行中央控制器算法，为本地控制器生成有功参考功率指令并将其发送回实时仿真机，实现再生储能系统和功率融通系统的潮流控制。

(a) 配置集成型再生制动能量利用系统前牵引变电所有功功率

(b) 配置集成型再生制动能量利用系统后牵引变电所有功功率

(c) 集成型再生制动能量利用系统运行情况

(d) 牵引变电所三相电网侧公共耦合点处电流

(e) 分区所两供电臂牵引网电压

图 4-18 功率过剩模式仿真结果

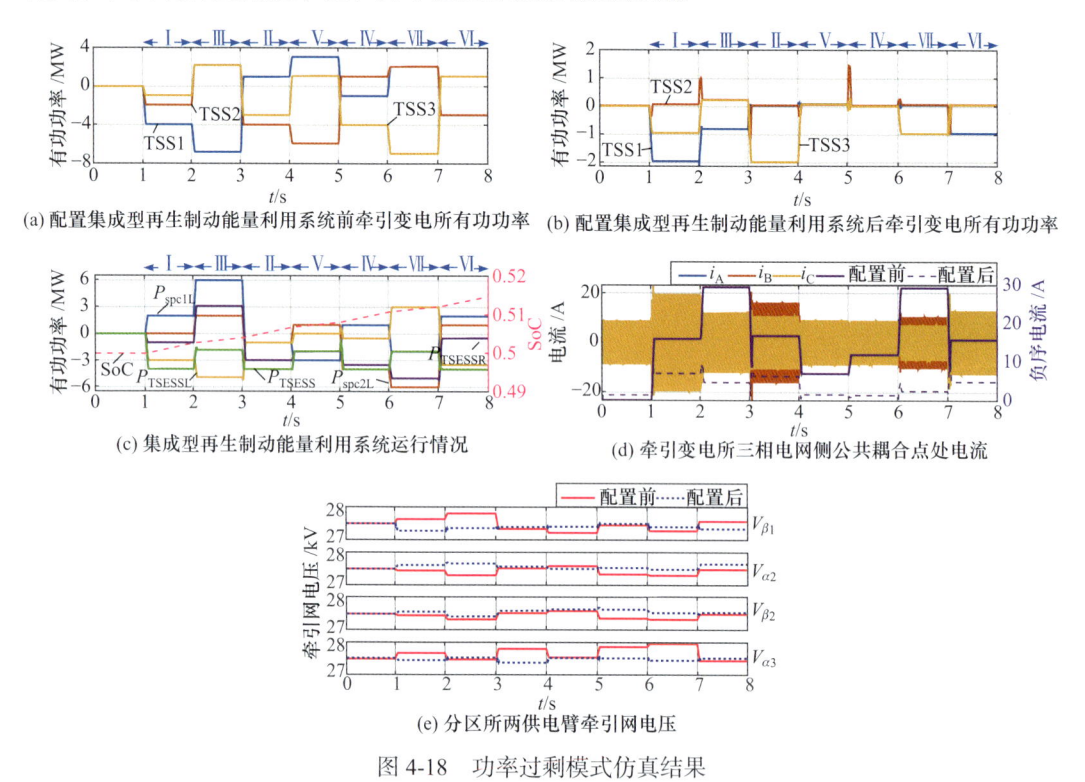

图 4-18(a)和(b)为三个相邻牵引变电所配置集成型再生制动能量利用系统前后的有功功率曲线。图 4-18(c)为集成型再生制动能量利用系统的运行情况。从图 4-18(a)~(c)中可以看出，配置集成型再生制动能量利用系统后，牵引变电所的再生制动功率经功率融通系统转移给相邻牵引变电所利用后，剩余再生制动功率由中间牵引变电所的再生储能系统进行存储，储能介质荷电状态随着再生制动能量的存储而上升，牵引变电所返送电网的再生制动功率以及从电网获得的牵引功率均明显降低，实现了相邻三个牵引变电所再生制动能量的协同利用。

另外，集成型再生制动能量利用系统依靠再生储能系统和功率融通系统实现了牵引变电所电能质量的提升，如图 4-18(d)和(e)所示。图 4-18(d)为三个牵引变电所电网侧公共耦合点处的电流以及配置集成型再生制动能量利用系统前后负序电流的对比，从图中可以看出公共耦合点处的负序电流明显降低。此外，功率融通系统对分区所两供电臂的牵引网电压波动实现了抑制，如图 4-18(e)所示。虽然通信延迟导致集成型再生制动能量利用系统在牵引变电所负荷工况变化时的运行场景切换存在一定暂态过程，但仍然实现了不同运行场景间的无缝过渡。从表 4-7 中可以看出，即使集成型再生制动能量利用系统在运行过程中存在一些能量损耗，但其带来的节能效果明显优于损耗。因此，牵引变

第 4 章　电气化铁路多所再生制动能量利用

电所的再生制动能量利用率与电能质量均得到有效提升。

功率缺额模式下 7 种运行场景的仿真结果如图 4-19 所示。该模式下牵引变电所负荷有功功率设置为每秒变化，详细仿真工况及仿真结果如表 4-7 所示。三个相邻牵引变电所配置集成型再生制动能量利用系统前后的有功功率曲线以及集成型再生制动能量利用系统的运行情况如图 4-19(a)～(c)所示。从图 4-19(a)～(c)可以看出，配置集成型再生制动能量利用系统后，牵引变电所的再生制动功率经功率融通系统转移给相邻牵引变电所利用后，不足的牵引功率需求由中间牵引变电所的再生储能系统提供，储能介质荷电状态随着存储再生制动能量的释放而降低。若再生储能系统供能后牵引功率需求仍不满足，则由电网提供剩余功率。通过功率融通系统的转移和再生储能系统的放电释能，牵引变电所返送电网的再生制动功率以及从电网获得的牵引功率均明显降低，实现了相邻三个牵引变电所再生制动能量的协同利用。同时，集成型再生制动能量利用系统依靠再生储能系统和功率融通系统实现了三个牵引变电所电网侧公共耦合点处负序电流以及分区所两供电臂的牵引网电压波动的抑制，如图 4-19(d)和(e)所示。由于通信系统存在一定的时间延迟，集成型再生制动能量利用系统在牵引变电所负荷工况变化时的运行场景切换出现了暂态过程，但仍然有效实现了不同运行场景间的无缝过渡，提升了牵引变电所再生制动能量利用率与电能质量。

(a) 配置再生制动能量利用系统前牵引变电所有功功率

(b) 配置再生制动能量利用系统后牵引变电所有功功率

(c) 再生制动能量利用系统运行情况

(d) 牵引变电所三相电网侧公共耦合点处电流

(e) 分区所两供电臂牵引网电压

图 4-19　功率缺额模式仿真结果

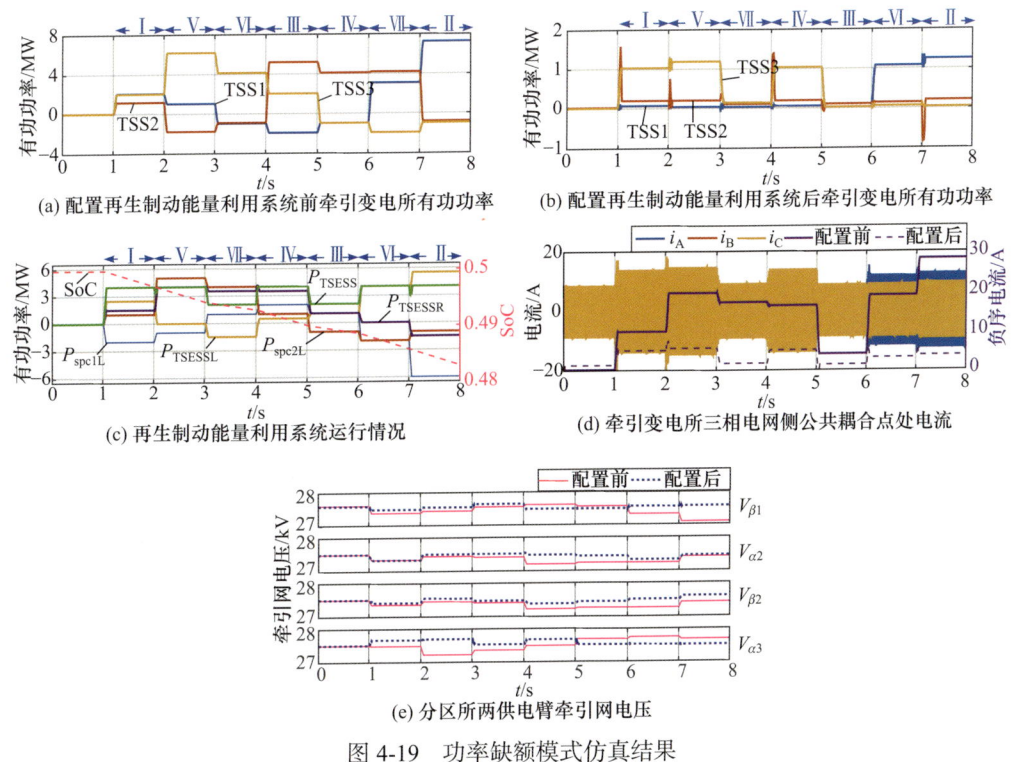

图 4-20 为集成型再生制动能量利用系统在三种运行模式间无缝切换的仿真结果。牵引变电所负荷有功功率仍设置为每秒变化。从图 4-20(a)～(c)可以看出，集成型再生制动能量利用系统的运行模式随着牵引变电所的运行工况无缝切换，牵引变电所的再

生制动功率经功率融通系统转移给相邻牵引变电所利用后，剩余再生制动功率或不足的牵引功率缺额由中间牵引变电所的再生储能系统处理，储能介质的荷电状态随着再生储能系统的运行工况变换，牵引变电所返送电网的再生制动功率以及从电网获得的牵引功率均明显降低，实现了相邻三个牵引变电所再生制动能量的协同利用。在电能质量治理方面，集成型再生制动能量利用系统在不同运行模式下均实现了牵引变电所电能质量的提升，有效抑制了三个牵引变电所电网侧公共耦合点处负序电流以及分区所两供电臂的牵引网电压波动，如图 4-20(d)和(e)所示。虽然通信系统存在时间延迟，集成型再生制动能量利用系统在运行模式切换时存在暂态过程，但仍然有效实现了不同运行模式间的无缝过渡，同时提升了牵引变电所的再生制动能量利用率与电能质量。

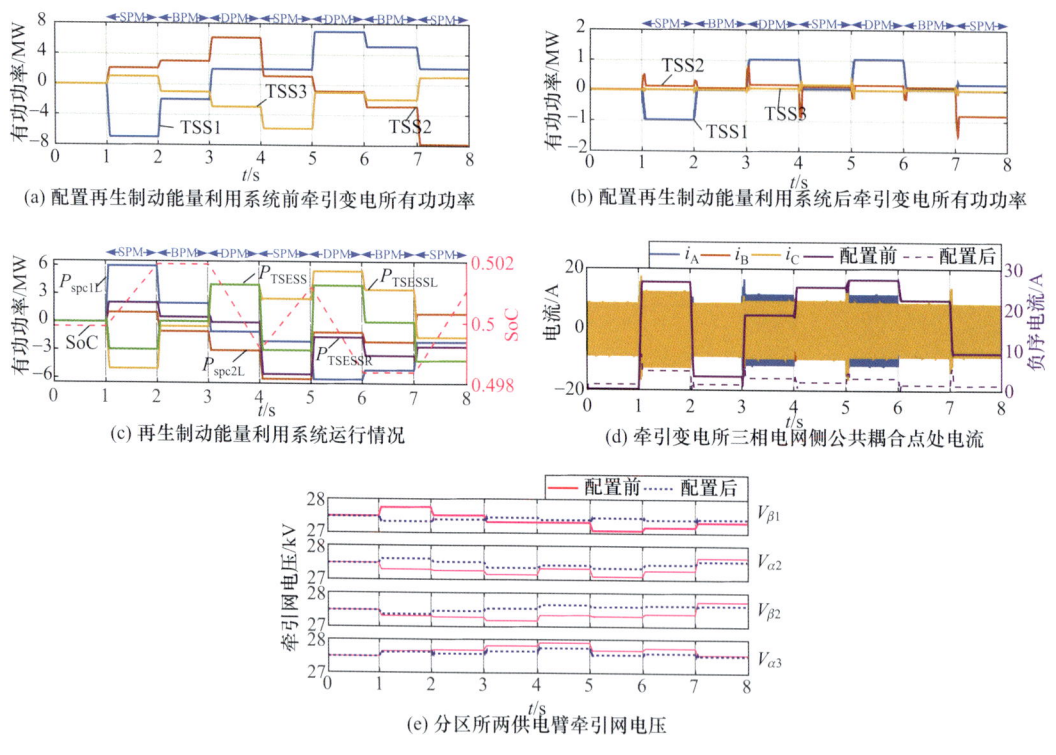

图 4-20 不同模式间无缝切换仿真结果

上述三个仿真案例均考虑正常通信延迟情况下的系统运行情况。在本案例中，将验证极端通信延迟及通信故障情况对系统运行的影响。由于极端通信延迟可看成特殊的通信故障工况，此处仅选取通信故障工况进行验证。通信故障工况的仿真工况选取不同运行模式切换仿真工况的前两个工况，详细仿真工况及仿真结果如表 4-7 和图 4-21 所示。在仿真开始阶段，集成型再生制动能量利用系统正常运行。$t=1.5s$ 时通信故障发生，分区所功率融通系统由于无法获取参考功率指令而进入待机状态，不输出功率；再生储能系统依靠本地控制器获取中间牵引变电所的实时负荷功率，实现再生制动能量利用。当 $t=2.5s$ 时，通信故障恢复，功率融通系统的本地控制器重新获得来自中央控制器的参考功率指令，开启有功功率转移功能；再生制动能量利用系统也重新根据来自中央控制的

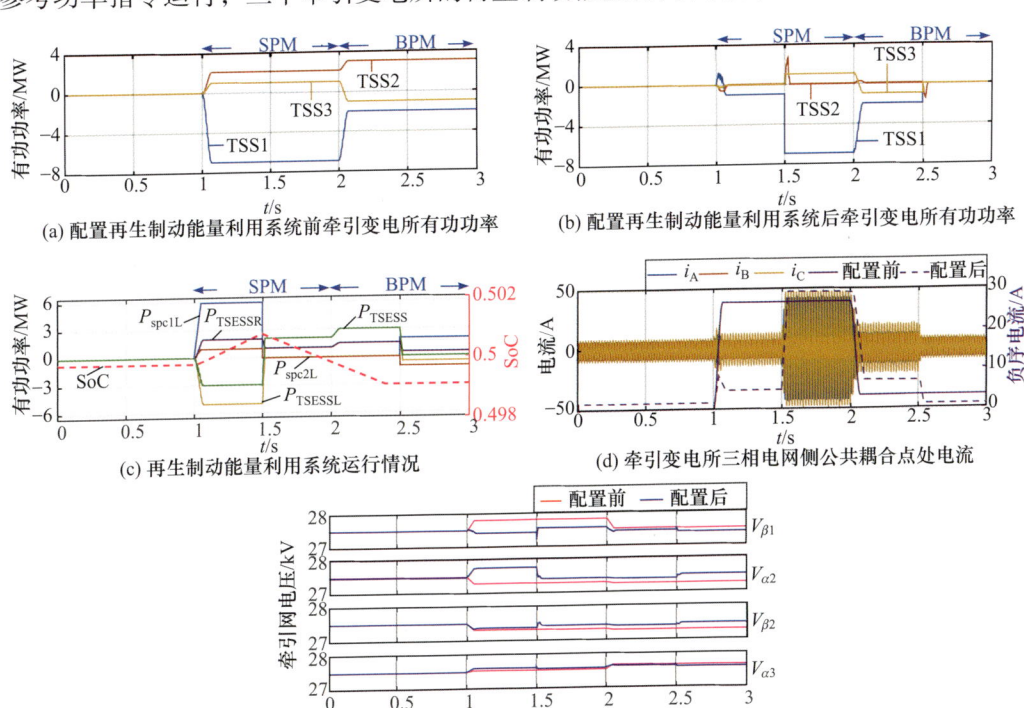

参考功率指令运行，三个牵引变电所的再生制动能量协同利用得以恢复。

(a) 配置再生制动能量利用系统前牵引变电所有功功率

(b) 配置再生制动能量利用系统后牵引变电所有功功率

(c) 再生制动能量利用系统运行情况

(d) 牵引变电所三相电网侧公共耦合点处电流

(e) 分区所两供电臂牵引网电压

图 4-21　通信故障工况下仿真结果

从上述仿真案例的结果中可以发现：

(1) 虽然集成型再生制动能量利用系统在运行过程中存在轻微的功率损耗，但是三个牵引变电所返送电网的再生制动功率以及从电网获得的牵引功率通过功率融通系统的转移以及再生储能系统的存储利用均明显降低，实现了相邻三个牵引变电所再生制动能量的协同利用，提高了再生制动能量利用率。

(2) 虽然通信系统的时间延迟导致集成型再生制动能量利用系统在运行模式和运行场景切换时出现暂态现象，但是不同运行模式和运行场景间仍有效实现了无缝切换。同时，包括三个牵引变电所电网侧公共耦合点处负序电流以及分区所两供电臂的牵引网电压波动在内的电能质量问题也得到有效抑制。

(3) 针对集成型再生制动能量利用系统的分层控制策略在牵引变电所运行工况快速频繁变化的情况下表现出优异的性能，实现了不同运行模式和运行场景间的高效无缝切换。同时，本节提出的控制策略实现了集成型再生制动能量利用系统在正常运行以及通信故障工况下的有效控制。

2. 方案对比

在验证牵引变电所的特定运行工况下集成型再生制动能量利用系统运行情况的基础上，本案例对集成型再生制动能量利用系统与文献[4]与[10]的再生制动能量利用方案进行对比分析。不同再生制动能量利用方案的拓扑结构如图4-22所示。

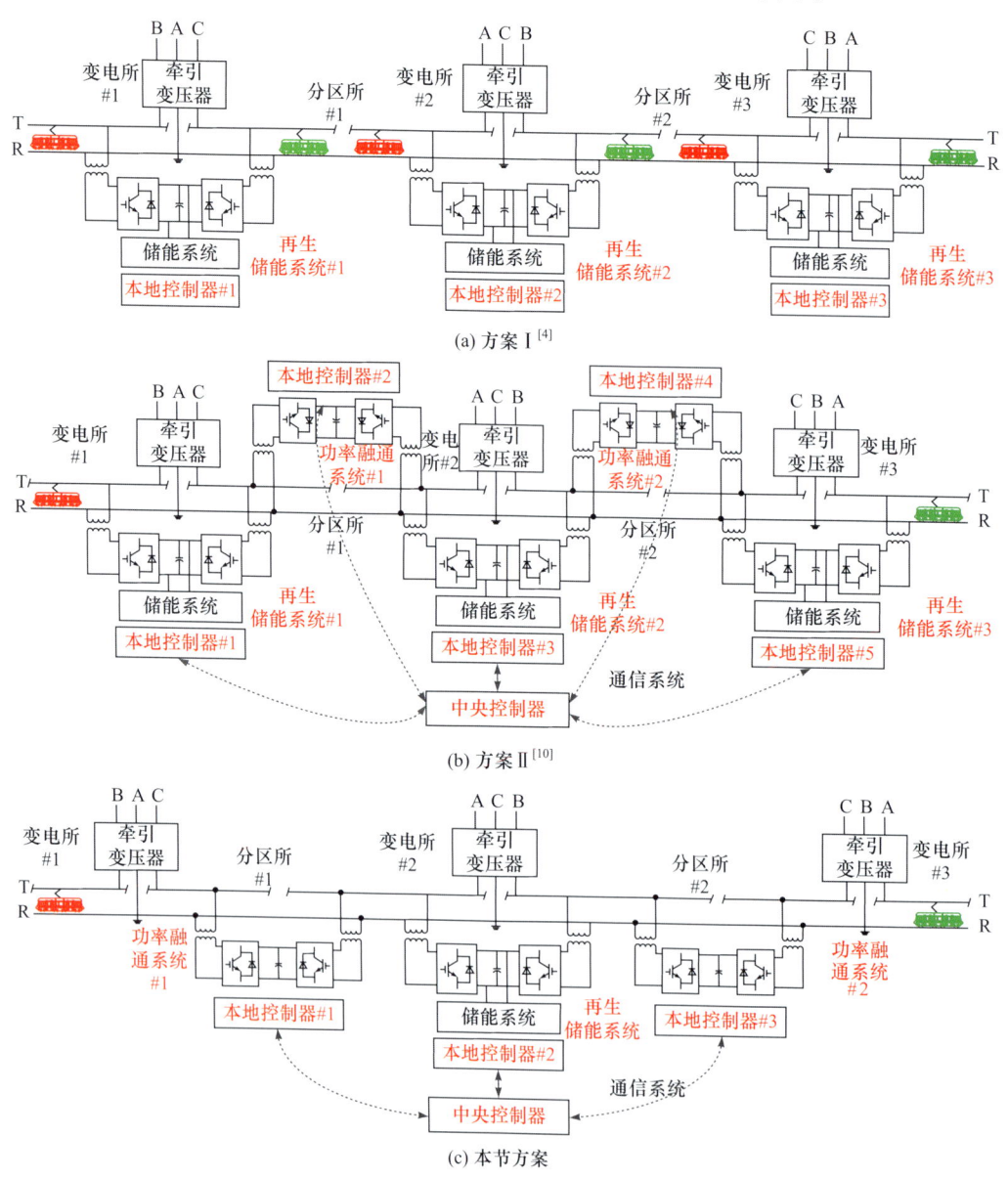

(a) 方案Ⅰ[4]

(b) 方案Ⅱ[10]

(c) 本节方案

图4-22 不同再生制动能量利用方案拓扑结构

本案例选取国内某铁路相邻三个牵引变电所的实测数据对不同再生制动能量利用方案的效果进行对比，所选三个牵引变电所位于长大坡道区段，日返送电网的再生制动能量约为30MW·h。不同方案的详细对比结果如图4-23和表4-8所示。

如图4-22(a)所示，方案Ⅰ针对单个牵引变电所，其独立配置再生储能系统实现单个牵引变电所的再生制动能量利用。从图4-23和表4-8所示仿真结果中可以看出，采用方案Ⅰ后，三个牵引变电所的总牵引能量和总返送再生制动能量分别降低6.1MW·h以及

9.7MW·h，占比分别为 0.6%和 31.1%。同时，总最大需量降低了 0.7MW。由于牵引变电所再生储能系统的 RPC 在无再生制动能量时用于平衡两供电臂有功功率，增加了额外的功率损耗，总能量损耗约为 3.6MW·h。

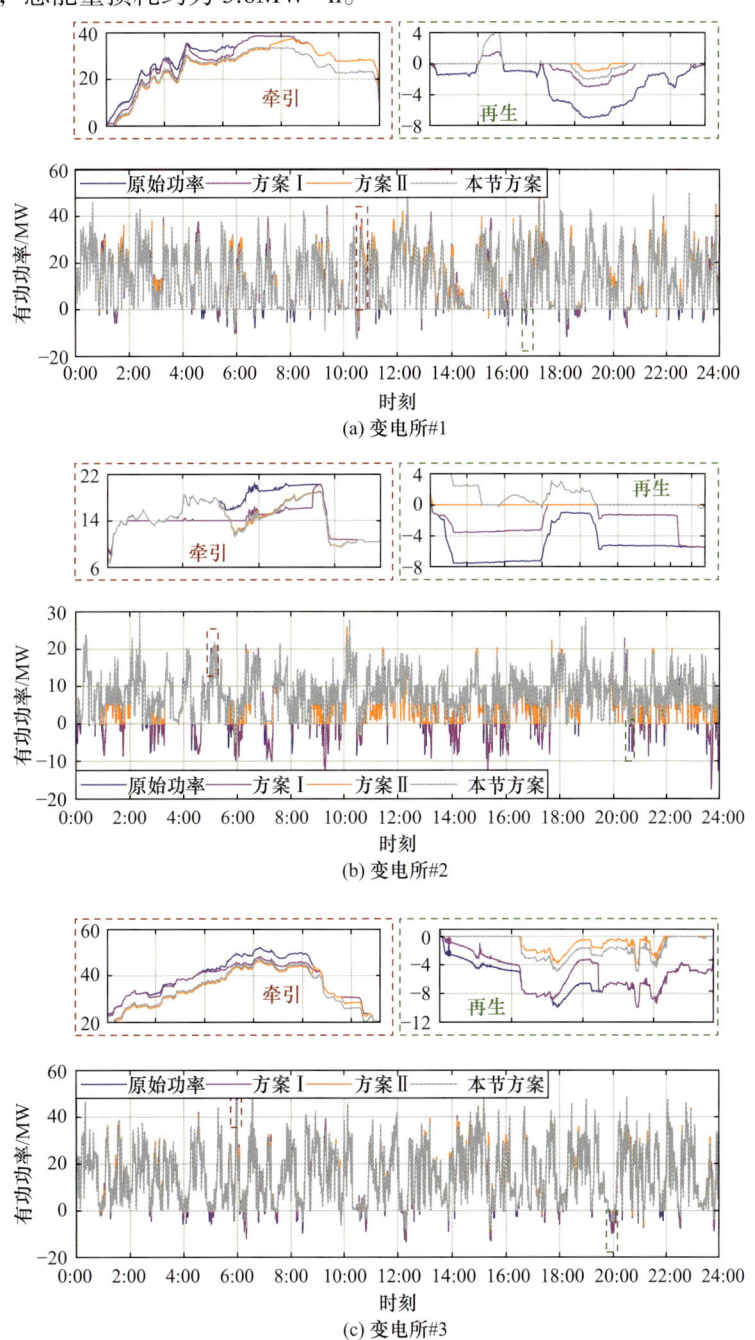

图 4-23　不同再生制动能量利用方案对比结果

方案Ⅱ在牵引变电所处配置再生储能系统，在分区所配置功率融通系统，旨在实现全线再生制动能量利用,其拓扑结构如图 4-22(b)所示。方案Ⅱ通过功率融通系统连通了全部牵引变电所,并在每个牵引变电所处配置再生储能系统回收剩余再生制动能量,实现了最好的再生制动能量利用效果(再生制动能量利用率约为 95.2%)。然而,方案Ⅱ中的功率管理策略允许再生制动能量在三个牵引变电所间互相转移,导致了最多的功率损耗。因此,方案Ⅱ最终降低总牵引能量约为 23.8MW·h(占比约为 2.5%)。此外,该方案通过相邻牵引变电所间的功率转移实现了较好的最大需量削减效果,降低总最大需量约 1.3MW。

本节提出的集成型再生制动能量利用系统拓扑结构如图 4-22(c)所示,其通过中间牵引变电所的再生储能系统和两侧分区所的功率融通系统实现三个牵引变电所的再生制动能量协同利用,减少返送电网的再生制动能量约 28.1MW·h(占比约为 90.1%)。由于集成型再生制动能量利用系统的功率管理策略仅允许相邻两个牵引变电所间功率转移,实现了最低功率损耗与最大牵引功能削减(约为 26.2MW·h)。同时,考虑到中间牵引变电所的最大需量远低于两侧的牵引变电所,通过设置再生储能系统的放电阈值实现了两侧牵引变电所的负荷削峰,最终削减总最大需量约为 4.6MW。

表 4-8 不同再生制动能量利用方案详细指标对比结果

指标		原始功率	方案Ⅰ[4]	方案Ⅱ[10]	本节方案
牵引能量/(MW·h)	TSS1	392.5	390.6	379.7	373.9
	TSS2	160.3	158.4	153.6	161.9
	TSS3	386.5	384.2	382.2	377.3
	总计	939.3	933.2	915.5	913.1
返送再生制动能量/(MW·h)	TSS1	6.4	3.1	0.8	1.3
	TSS2	17.5	14.6	0.2	0.4
	TSS3	7.3	3.8	0.5	1.4
	总计	31.2	21.5	1.5	3.1
最大需量/MW	TSS1	31.9	31.9	31.3	29.1
	TSS2	17.4	16.7	17.1	16.7
	TSS3	31.6	31.6	31.2	30.5
	总计	80.9	80.2	79.6	76.3
能量损耗/(MW·h)	总计	—	3.6	5.9	1.9
设备数量	功率融通系统	0	0	2	2
	再生储能系统	0	3	3	1
	总计	0	3	5	3

表 4-9 给了三种方案的详细参数对比,可以发现集成型再生制动能量利用方案以三个牵引变电所为一个单元实现控制,避免了全线整体控制的复杂性,同时减少了设备数量。从上述仿真结果中可以看出,本节所提集成型再生制动能量利用系统在再生制动能

量利用、牵引能量削减以及最大需量削减方面实现了全面且优异的性能。因此，集成型再生制动能量利用系统为多所再生制动能量利用提供了一个比现有文献更经济易行的解决方案。

表 4-9 不同再生制动能量利用方案对比

方案	系统功能	拓扑结构	设备数量($3N$ 个变电所) 功率融通系统	设备数量($3N$ 个变电所) 再生制动储能系统	控制方法
方案 I	单个牵引变电所再生制动能量利用与电能质量治理	牵引变电所储能	0	$3N$	本地控制
方案 II	全线牵引变电所再生制动能量利用与电能质量治理	牵引变电所储能与分区所功率融通	$3N-1$	$3N$	基于规则策略的集中控制
本节方案	三个牵引变电所再生制动能量利用与电能质量治理	牵引变电所储能与分区所功率融通	$2N$	N	基于优化策略的集中控制

4.3 本章小结

本章针对电气化铁路多个牵引变电所的再生制动能量利用技术，对适用于相邻两个牵引变电所和三个牵引变电所的再生制动能量利用系统拓扑结构及控制策略进行分析，并进行仿真实验验证，主要得到以下结论。

(1) 电气化铁路多所再生制动能量利用技术的核心在于通过相邻牵引变电所的功率融通和储能实现再生制动能量的协同利用，故该技术适用于相邻牵引变电所负荷具备强互补性的电气化铁路线路，如长大坡道线路。

(2) 由于牵引变电所的分布式供电特性，分区所功率融通系统和集成式再生制动能量利用系统均采用基于通信的分层控制策略实现再生制动能量利用系统的能量管理与变流器控制。其中，能量管理层根据牵引变电所负荷运行工况确定再生制动能量利用系统运行模式和运行工况，计算相应运行模式和运行工况下的变流器参考功率。变流器控制层则根据能量管理层计算的变流器参考功率控制变流器实现系统潮流控制，达到再生制动能量协同利用的目的。

(3) 通过不同运行模式和运行工况下分区所功率融通系统和集成式再生制动能量利用系统的仿真实验结果，验证了系统拓扑结构和控制策略的正确性及有效性。同时，基于实测数据的节能效果评估结果证明了再生制动能量利用系统在再生制动能量利用方面的优异性能，对实现电气化铁路的节能降耗具有重大意义。

参 考 文 献

[1] Perin I, Walker G R, Ledwich G. Load sharing and wayside battery storage for improving AC railway network performance, with generic model for capacity estimation—part 2[J]. IEEE Transactions on Industrial Electronics, 2018, 65(12) : 9459-9467.

[2] 吕顺凯. 基于变电所间能量调度的电气化铁路再生制动能量利用研究[J]. 电气化铁道, 2020, 31(6): 1-6.

[3] Mochinaga Y, Hisamizu Y, Takeda M, et al. Static power conditioner using GTO converters for AC electric railway[C]. Conference Record of the Power Conversion Conference, Yokohama, 1993: 641-646.

[4] Chen J Y, Hu H T, Ge Y B, et al. An energy storage system for recycling the regenerative braking energy in high-speed railway[J]. IEEE Transactions on Power Delivery, 2021, 36(1): 320-330.

[5] Pilo de la Fuente E, Mazumder S K, Franco I G. Railway electrical smart grids: An introduction to next-generation railway power systems and their operation[J]. IEEE Electrification Magazine, 2014, 2(3): 49-55.

[6] 魏文婧, 胡海涛, 王科, 等. 基于铁路功率调节器的高速铁路牵引供电系统储能方案及控制策略[J]. 电工技术学报, 2019, 34(6): 1290-1299.

[7] Hajebrahimi H, Kaviri S M, Eren S Z, et al. A new energy management control method for energy storage systems in microgrids[J]. IEEE Transactions on Power Electronics, 2020, 35(11): 11612-11624.

[8] Boggs P T, Tolle J W. Sequential quadratic programming[J]. Acta Numerica, 1995, 4: 1-51.

[9] Chen J Y, Hu H T, Ge Y B, et al. Techno-economic model-based capacity design approach for railway power conditioner-based energy storage system[J]. IEEE Transactions on Industrial Electronics, 2022, 69(5): 4730-4741.

[10] Lu Q W, Gao Z X, He B B, et al. Centralized-decentralized control for regenerative braking energy utilization and power quality improvement in modified AC-fed railways[J]. Energies, 2020, 13(10): 2582-2612.

第 5 章　再生制动能量利用系统保护方案

在众多电气化铁路节能降耗方案中，基于潮流控制的再生制动能量利用系统由于其控制灵活、功能全面等优势，具备广阔的工程应用前景。保护系统作为再生制动能量利用系统的重要组成部分，是其接入电气化铁路安全可靠运行的根本保障。本章首先介绍牵引供电系统既有保护原理，结合再生制动能量利用系统运行原理分析再生制动能量利用系统接入对牵引供电系统既有保护的影响，然后，通过影响分析结果提出基于"故障导向安全"原则的再生制动能量利用系统保护方案。该方案对不同类型系统故障进行分级保护，并通过系统自保护与牵引供电系统既有保护的协同配合保障再生制动能量利用系统的运行安全。最后，选取牵引变电所和分区所两种典型应用案例验证所提保护方案的正确性与有效性。

5.1　再生制动能量利用系统简介

再生制动能量利用系统是通过潮流控制实现牵引供电系统再生制动能量利用的一类电力电子装备。在实际应用过程中，再生制动能量利用系统的适用拓扑结构较多。本书主要关注以 RPC 为并网变流器的再生制动能量利用系统，其典型拓扑结构如图 5-1 所示。该类再生制动能量利用系统以 RPC 作为并网变流器，交流侧通过降压变压器接入牵引供电系统，直流母线集成了储能系统、新能源发电系统以及能馈系统等设备实现再生制动能量利用和新能源消纳等功能[1-4]。

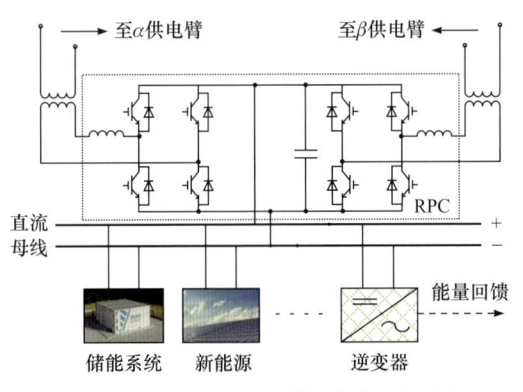

图 5-1　再生制动能量利用系统拓扑结构

如图 5-2 所示，再生制动能量利用系统可根据不同的并网位置分为不同的应用案例。牵引变电所案例中，再生制动能量利用系统通过降压变压器并接至牵引变压器二次侧两臂母线，借助有功平衡与无功补偿实现负序、谐波和供电臂电压波动的抑制。同时，RPC

护。电流增量保护的原理为：负荷电流在一定时间内的变化量比负荷电流的最大值要小得多，而故障电流在一定时间内的变化量比负荷电流的变化量要大得多，通过判断基波电流增量可以实现故障的判别。同时注意到牵引负荷中富含奇次谐波、励磁涌流中富含二次谐波，而故障电流中基本不含高次谐波，因此在电流增量保护原理的基础上加入高次谐波抑制以及二次谐波闭锁功能构成高次谐波抑制式电流增量保护。基于上述原理，电流增量保护的故障选择判据如式(5-6)所示：

$$\begin{cases} \Delta I_1 - K_A \Delta I_3 \geqslant \Delta I_{ZD} \\ \dfrac{I_2}{I_1} \geqslant K_{2ZD} \end{cases} \quad (5\text{-}6)$$

式中，ΔI_1 为基波电流增量；ΔI_3 为三次谐波电流增量；ΔI_{ZD} 为电流增量整定值；K_A 为三次谐波抑制系数，一般取 3.33；I_1 和 I_2 分别为基波和二次谐波电流；K_{2ZD} 为二次谐波闭锁系数。

电流增量整定值 ΔI_{ZD} 一般按照负荷电流一个工频周期内最大增量整定，以单列列车额定电流进行估算，如式(5-7)所示：

$$\Delta I_{ZD} = \dfrac{K_k I_{e\_max}}{n_{CT}} \quad (5\text{-}7)$$

式中，K_k 为可靠系数，一般取 1；I_{e_max} 为线路运行的最大负荷功率对应的额定电流，A。

电流增量保护也需设置动作时限的整定值，其通常与距离 I 段保护的动作时限整定值相同。

3) 电流速断保护

对于反应于短路电流幅值增大而瞬时动作的电流保护称为电流速断保护。针对牵引变电所近端短路时的短路特性，当系统发生严重故障时，为了快速切除故障，设置了电流速断保护。该保护在牵引供电系统发生近端短路故障时，保护装置可以快速出口，其动作电流整定值一般较高。同时，为了躲过最大负荷电流和励磁涌流，电流速断保护可加入高次谐波抑制环节。电流速断故障判别如式(5-8)所示：

$$I_T > I_{zd} \quad (5\text{-}8)$$

式中，I_T 为馈线保护安装处检测电流；I_{zd} 为电流速断整定电流。

电流速断保护的动作电流通常按照躲过最大负荷电流和分区所处最大短路电流整定，如式(5-9)所示：

$$I_{zd} = \dfrac{K_k \max(I_{fh\_max}, I_{d\_max})}{n_{CT}} \quad (5\text{-}9)$$

式中，K_k 为可靠系数，一般取 1.2；I_{fh_max} 为正常供电时馈线最大负荷电流，A；I_{d_max} 为分区所故障时流经变电所馈线保护安装处的最大短路电流，A。

除整定电流值外，电流速断保护还需设置动作时限整定值，一般设置为 0.1s。

2. 变压器既有保护配置及其原理

变压器故障包括油箱外故障(套管和引出线上发生的相间短路)和油箱内故障(绕组

的相间短路、接地短路、匝间短路以及铁心的烧损)两种故障类别。针对上述故障,我国牵引变压器主要采用电流差动保护及瓦斯保护作为主保护,后备保护采用低压启动过电流保护和过负荷保护的保护配置形式[9]。

1) 电流差动保护

我国牵引变压器广泛采用二次谐波闭锁的比率差动保护,包括比率差动保护和差动速断保护两个元件。以双绕组单相变压器为例,其差动保护的原理接线如图 5-4 所示。图中,$\dot{I}_M$、$\dot{I}_N$ 分别表示变压器高压侧和低压侧的一次电流;$\dot{I}_m$、$\dot{I}_n$ 分别表示经相应电流互感器传变之后的二次电流。流入差动继电器 KD 的差动电流 $\dot{I}_{cd}$ 可表示为

$$\dot{I}_{cd} = \dot{I}_m - \dot{I}_n \tag{5-10}$$

差动保护的动作判据为

$$I_{cd} = |\dot{I}_m - \dot{I}_n| \geqslant I_{set} \tag{5-11}$$

式中,I_{set} 为差动保护的动作电流,一般按照躲过外部短路故障时的最大不平衡电流来整定。不平衡电流为变压器正常运行及外部故障时,流入差动继电器的电流,通常这个电流并不为零。引起变压器差动保护不平衡电流的原因包括:①变压器励磁电流产生不平衡电流;②变压器分接头调节产生不平衡电流;③电流互感器计算变比与实际变比不一致;④电流互感器传变误差。

最大不平衡电流与外部故障时的变压器穿越电流成正相关,若按照躲过外部短路故障时最大不平衡电流来整定动作电流,会降低差动保护的灵敏度,因此可引入一个能够反映变压器穿越电流大小的制动电流,实时调整动作电流的动作阈值。式(5-12)定义了比率制动方式的制动电流。

$$I_{br} = \frac{1}{2}|\dot{I}_m + \dot{I}_n| \tag{5-12}$$

采用比率制动电流且带有制动特性的差动保护称为比率制动的差动保护,简称比率差动保护。牵引变压器的比率差动保护制动特性由三个线段组成,如图 5-5 所示。第一段为一水平线,用于躲过变压器正常运行时的不平衡电流,防止电流差动保护在制动电流较小时误动作。第二段 *AB* 为斜线,用于躲过电流互感器未饱和时的不平衡电流。第三段 *BC* 同样为斜线,用于躲过电流互感器饱和时的不平衡电流。

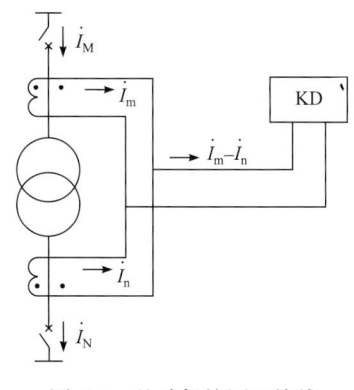

图 5-4 差动保护原理接线

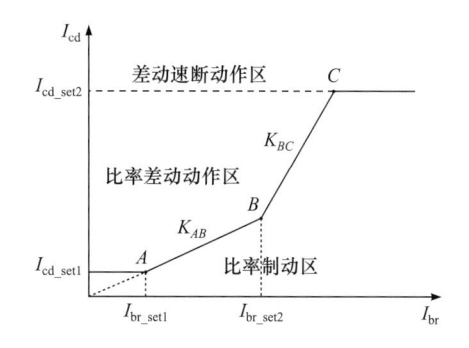

图 5-5 牵引变压器差动保护制动特性

根据图 5-5 所示保护制动特性，比率差动保护的动作判据可表示为

$$\begin{cases} I_{cd} \geqslant I_{cd\_set1}, & I_{br} \leqslant I_{br1} \\ I_{cd} \geqslant K_{AB}I_{br} + I_{cd\_set1} - K_{AB}I_{br\_set1}, & I_{br\_set1} < I_{br} \leqslant I_{br\_set2} \\ I_{cd} \geqslant I_{cd\_set1} + K_{AB}(I_{br\_set2} - I_{br\_set1}) + K_{BC}(I_{br} - I_{br\_set2}), & I_{br} > I_{br\_set2} \end{cases} \quad (5\text{-}13)$$

式中，I_{cd_set1} 表示比率差动最小动作电流，又称差动门槛，按照躲过变压器正常运行时的不平衡电流整定；K_{AB}、K_{BC} 表示制动系数，同时为斜线 AB 与 BC 的斜率；I_{br_set1} 与 I_{br_set2} 分别表示制动电流整定值。

为防止励磁涌流导致差动保护误动，比率差动保护还要采取涌流闭锁措施，二次谐波闭锁判据为

$$I_{cd2} \geqslant K_{2\_set}I_{cd1} \quad (5\text{-}14)$$

式中，I_{cd1}、I_{cd2} 分别为差动电流的基波分量和二次谐波分量；K_{2_set} 为二次谐波闭锁系数，常取 15%～20%。

二次谐波闭锁判据有时会导致差动保护延时，为加快变压器内部严重故障时差动保护的动作速度，通常增加一个无须考虑励磁涌流影响的差动速断保护元件，其动作判据为

$$I_{cd} \geqslant I_{cd\_set2} \quad (5\text{-}15)$$

式中，I_{cd_set2} 为差动速断保护动作电流，按照躲过最大励磁电流整定。

2) 低压启动过电流保护

牵引变压器过电流保护原理与线路定时限电流保护相同，但是由于牵引负荷是冲击性变化负荷，一般要求牵引变压器在 3 倍的额定负荷下继续正常工作 2min。为了躲开最大负荷电流，牵引变压器过电流保护往往不能满足灵敏度要求，因此引入变压器低压侧 α 臂和 β 臂母线电压 U_α 与 U_β 作为过电流保护的启动判据，构成牵引变压器的低压启动过电流保护并作为牵引变压器差动保护的后备保护。牵引变压器 α 臂和 β 臂低压启动过电流保护启动判据可表示为

$$\begin{cases} U_i \leqslant U_{DY} \\ I_i \geqslant I_{GL\_i} \end{cases}, \quad i = \alpha, \beta \quad (5\text{-}16)$$

式中，U_{DY} 为低压启动判定值；I_{GL_α} 和 I_{GL_β} 分别为低压侧 α 臂和 β 臂过电流整定值，由于采用了低压启动元件，过电流整定值一般按照躲过变压器额定电流整定，从而提高了保护的灵敏度。

U_{DY} 可按照躲过变电所最低母线电压整定为

$$U_{DY} = \frac{U_{\min}}{K_k K_{fh}} \quad (5\text{-}17)$$

式中，$U_{\min}$ 为最低母线电压，一般为 22～24kV；K_k 为可靠系数，一般为 1.2；K_{fh} 为低压启动元件的返回系数，一般取 1.1 左右。

3) 过负荷保护

牵引变压器的不正常工作状态包括过负荷运行，对此应在变压器高压侧配置反时限

过负荷保护作为牵引变压器的后备保护，其中过负荷Ⅰ段动作发出警告信号，过负荷Ⅱ段动作于跳闸。过负荷Ⅰ段应投入运行，过负荷Ⅱ段可根据需要投入。反时限过负荷保护反映变压器绕组的平均发热情况，防止变压器因过热而受到损坏。

IEC 255-3 提供一般反时限、甚反时限和极度反时限三种反时限特性曲线。

一般反时限为

$$t = \frac{0.14}{(I/I_{\text{set}})^{0.02} - 1} \frac{t_{\text{set}}}{10} \tag{5-18}$$

甚反时限为

$$t = \frac{13.5}{I/I_{\text{set}} - 1} \frac{t_{\text{set}}}{10} \tag{5-19}$$

极度反时限为

$$t = \frac{80}{(I/I_{\text{set}})^2 - 1} \frac{t_{\text{set}}}{10} \tag{5-20}$$

式中，I_{set}表示启动电流整定值；t_{set}表示时间常数整定值，过负荷Ⅰ段通常整定为49.46s，过负荷Ⅱ段通常整定为38.34s。

5.2.2 既有保护影响分析

再生制动能量利用系统在变电所及分区所应用案例的详细接入方案如图5-6所示，图中，$P_{\text{G}i}$表示变电所i三相侧有功功率，且$P_{\text{G}i}$为正表示变电所i从公共电网吸收有功功率，i为牵引变电所编号，且$i = 1, 2$；$P_{\alpha i}$和$P_{\beta i}$分别表示变电所#i的α相和β相母线有功功率，且$P_{\alpha i}$和$P_{\beta i}$为正表示变压器向负载提供有功功率；$P_{\alpha \text{F}i}$和$P_{\beta \text{F}i}$分别表示变电所i的α相和β相馈线有功功率，且$P_{\alpha \text{F}i}$和$P_{\beta \text{F}i}$为正表示馈线向接触网提供有功功率；$P_{\alpha \text{L}i}$和$P_{\beta \text{L}i}$分别表示变电所#i的α相和β相负载有功功率，且$P_{\alpha \text{L}i}$和$P_{\beta \text{L}i}$为正表示负载从接触网吸收有功功率；$P_{\alpha c}$和$P_{\beta c}$分别表示再生制动能量利用系统的α臂和β臂变流器交流侧有功功率，且$P_{\alpha c}$和$P_{\beta c}$为正表示再生制动能量利用系统从接触网吸收有功功率；P_{ESS}为储能系统有功功率，且P_{ESS}为正表示储能系统从RPC直流母线吸收有功功率。

(a) 牵引变电所应用案例

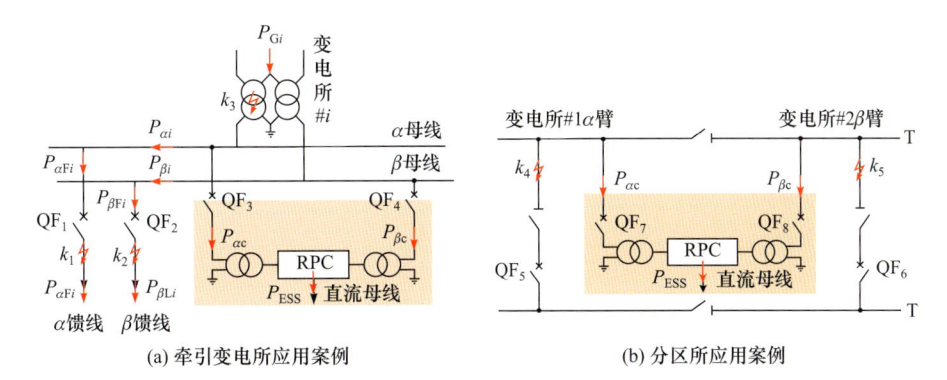

(b) 分区所应用案例

图 5-6 变电所及分区所再生制动能量利用系统应用案例

为便于分析，图5-6给出了变电所以及分区所常见故障工况。其中$k_1 \sim k_3$分别为变电所

α相馈线故障、β相馈线故障以及主变压器故障；k_4 和 k_5 为分区所馈线短路故障。后文将以图 5-6 所示典型故障为例对再生制动能量利用系统接入对既有保护的影响进行分析。

1. 再生制动能量利用系统接入对馈线既有保护的影响

馈线保护采用馈线电流构成动作判据，再生制动能量利用系统接入牵引供电系统对馈线保护是否影响取决于其接入后是否影响馈线故障特性以及对馈线电流的采样。如图 5-6(a)所示，k_1、k_2 发生馈线短路故障会分别使α母线和β母线电压降低，再生制动能量利用系统检测到低压立即封锁 RPC 工作脉冲，再生制动能量利用系统支路相当于断路，不会影响 k_1 和 k_2 点短路故障特性。类似地，k_4、k_5 发生馈线短路故障时，再生制动能量利用系统检测到低压立即封锁 RPC 工作脉冲，再生制动能量利用系统支路相当于断路，同样不会影响 k_4 以及 k_5 点短路故障特性。

对于馈线保护整定值而言，变电所再生制动能量利用系统通过补偿母线电流实现有功以及负序平衡，不会影响馈线电流大小，故不会影响馈线保护整定值[10]。在再生制动能量利用系统分区所应用案例中，由于两相邻变电所牵引负荷的变化，再生制动能量利用系统工作于不同工况将会影响分区所连接的两相邻变电所馈线功率，进而影响馈线电流大小[11]。以变电所#1 为例进行分析，其潮流分布为

$$\begin{cases} P_{G1} = P_{\alpha 1} + P_{\beta 1} = P_{\alpha F1} + P_{\beta F1} \\ P_{\alpha F1} = P_{\alpha L1} + P_{\alpha c} \\ P_{\beta F1} = P_{\beta L1} \end{cases} \quad (5\text{-}21)$$

结合 4.1.2 节分区所再生制动能量利用系统控制策略可得到不同工况下分区所再生制动能量利用系统对变电所#1 的α馈线功率影响，如表 5-1 所示。

表 5-1 不同工况下分区所再生制动能量利用系统对变电所#1 的α馈线功率影响

工况编号	变电所工况	变电所#1 负荷功率	$P_{\alpha c}$ 大小	$P_{\alpha L1}$ 与 $P_{\alpha F1}$ 关系
1	#1 牵引 #2 牵引	$P_{\alpha L1}+P_{\beta L1}>0$ $P_{\alpha L2}+P_{\beta L2}>0$	$P_{\alpha c}=0$	$P_{\alpha L1} = P_{\alpha F1}$
2	#1 再生 #2 再生	$P_{\alpha L1}+P_{\beta L1}<0$ $P_{\alpha L2}+P_{\beta L2}<0$	$P_{\alpha c}=0$	$P_{\alpha L1} = P_{\alpha F1}$
3	#1 牵引 #2 再生	$P_{\alpha L1}>0, P_{\beta L1}>0$	$P_{\alpha c}<0$	$\|P_{\alpha L1}\|>\|P_{\alpha F1}\|$
4		$P_{\alpha L1}<0, P_{\beta L1}>0$ $\|P_{\alpha L1}\|<\|P_{\beta L1}\|$	$P_{\alpha c}<0$	$\|P_{\alpha L1}\|<\|P_{\alpha F1}\|$
5		$P_{\alpha L1}>0, P_{\beta L1}<0$ $\|P_{\alpha L1}\|>\|P_{\beta L1}\|$	$P_{\alpha c}<0$	$\|P_{\alpha L1}\|>\|P_{\alpha F1}\|$
6	#1 再生 #2 牵引	$P_{\alpha L1}<0, P_{\beta L1}<0$	$P_{\alpha c}>0$	$\|P_{\alpha L1}\|>\|P_{\alpha F1}\|$
7		$P_{\alpha L1}<0, P_{\beta L1}>0$ $\|P_{\alpha L1}\|>\|P_{\beta L1}\|$	$P_{\alpha c}>0$	$\|P_{\alpha L1}\|>\|P_{\alpha F1}\|$
8		$P_{\alpha L1}>0, P_{\beta L1}<0$ $\|P_{\alpha L1}\|<\|P_{\beta L1}\|$	$P_{\alpha c}>0$	$\|P_{\alpha L1}\|<\|P_{\alpha F1}\|$

由表 5-1 可知，在工况 3、5、6 和 7 下 $|P_{\alpha L1}|>|P_{\alpha F1}|$，再生制动能量利用系统对 α 臂负荷电流起削减作用；在工况 4 和 8 下 $|P_{\alpha L1}|<|P_{\alpha F1}|$，再生制动能量利用系统会增大 α 臂负荷电流。考虑极端条件，在工况 4 或 8 下变电所#1 的 α 馈线达到最大负荷 $P_{\alpha L1m}$，且此时再生制动能量利用系统以额定功率 $P_{\alpha cm}$ 运行，且 $P_{\alpha F1}=P_{\alpha L1m}+P_{\alpha cm}$。同理，再生制动能量利用系统对变电所#2 的 β 馈线功率有相同的影响。因此，当再生制动能量利用系统接入分区所时，需将最大负荷电流叠加上再生制动能量利用系统的额定电流代入对应馈线保护整定式中进行修正计算。

综上可知，变电所再生制动能量利用系统的接入不会影响馈线故障特性及保护整定值；分区所再生制动能量利用系统的接入不影响馈线故障特性，但需要对相应馈线动作整定值进行调整。

2. 再生制动能量利用系统接入对变压器既有保护的影响

由上述对牵引供电系统变压器保护原理的分析可知，电流差动保护利用差动电流作为故障判断条件，仅针对变压器内部故障，因此再生制动能量利用系统从外部接入不会影响变电器的电流差动保护。低压启动过电流和过负荷保护动作电流整定值均与最大负荷电流有关，因此需分析再生制动能量利用系统接入对最大负荷电流的影响。

如图 5-6 所示，以变电所#1 的再生制动能量利用系统应用案例进行说明，由式(3-1)与式(3-7)可知，经过有功功率平衡后

$$\max(P_{\alpha 1},P_{\beta 1}) < \max(P_{\alpha L1},P_{\beta L1}) \tag{5-22}$$

因此，有功功率平衡过程并不会影响最大负荷电流。考虑极端工况：变电所#1 的 α 臂与 β 臂达到最大负荷电流 $I_{\alpha m}$、$I_{\beta m}$ 且 $|I_{\alpha m}|=|I_{\beta m}|$，再生制动能量利用系统容量全部用于无功转移，无功补偿后母线电流幅值为

$$|I_m| = \sqrt{(I_{\alpha m})^2 + I_{q\alpha m}^2} = \sqrt{(I_{\beta m})^2 + I_{q\beta m}^2} \tag{5-23}$$

式中，$I_{q\alpha m}$ 与 $I_{q\beta m}$ 为再生制动能量利用系统额定输出电流，在经过再生制动能量利用系统无功补偿后，母线电流幅值增大，因此需要对低压启动过电流和过负荷保护动作电流整定值进行调整，代入 $|I_m|$ 替换原最大负荷电流进行整定值计算。

与分区所应用案例对馈线保护整定值影响分析类似，分区所再生制动能量利用系统接入会影响变压器保护整定值，同样需要将最大负荷电流叠加上再生制动能量利用系统的额定电流代入对应变压器保护整定式中进行修正计算，此处不再赘述。

3. 相邻牵引变电所故障影响分析

当再生制动能量利用系统应用于分区所时，相邻两牵引变电所通过再生制动能量利用系统形成潮流通路，一侧牵引变电所故障可能影响再生制动能量利用系统运行，进而影响另一侧牵引变电所运行。因此，相邻牵引变电所故障是否相互影响取决于牵引变电所故障是否影响再生制动能量利用系统的运行。牵引变电所常见故障及分类如表 5-2 所示。

表 5-3 再生制动能量利用系统常见故障及其分类

故障等级	故障位置	故障类型
系统级	降压变压器	一次侧绕组短路
		重瓦斯
	RPC	直流侧短路
设备级	降压变压器	二次侧绕组短路
	RPC	单重 RPC 故障
	储能系统	储能介质短路
		DC/DC 故障
预警级	降压变压器	轻瓦斯
		油温越限
		油面高度越限
	变流器	IGBT 模块超温

2. 故障保护

保护系统依据监测信号进行故障类型实时判断，为实现再生制动能量利用系统完备的故障保护，遵从再生制动能量利用系统保护原则，制定保护方案包含以下四部分：电气量保护、非电气量保护、变电所联跳保护以及扩展系统保护。

1) 电气量保护

再生制动能量利用系统电气量保护如表 5-4 所示，包括过电压保护、欠电压保护以及过电流保护。过电压保护配置于降压变压器一次侧以及 RPC 直流母线，分别用于保护变压器油箱外部及内部故障以及 RPC 直流母线短路故障；欠电压保护配置于降压变压器一次侧与二次侧，分别用于保护变压器油箱外部及内部故障以及实现多重化 RPC 故障的选择性切除；过电流保护同样配置于降压变压器一次侧与二次侧，作为电压保护的后备保护。电气量保护均为常规保护方案，其保护原理不再赘述，具体保护配置及整定值设置如表 5-5 所示。

表 5-4 再生制动能量利用系统电气量保护

保护对象	保护方法	保护故障	保护动作
降压变压器一次侧	欠电压保护	变压器油箱外部及内部故障	跳闸断路器 QF_1、QF_2 和 QF_3
	过电压保护	变压器油箱外部及内部故障	跳闸断路器 QF_1、QF_2 和 QF_3
	过电流保护	交流侧短路故障	跳闸断路器 QF_1、QF_2 和 QF_3
降压变压器二次侧	欠电压保护	RPC_j 故障	跳闸 $KM_{\alpha j}$ 和 $KM_{\beta j}$
	过电流保护	RPC_j 故障	跳闸 $KM_{\alpha j}$ 和 $KM_{\beta j}$
RPC 直流母线	过电压保护	RPC_j 直流母线短路故障	跳闸断路器 QF_1、QF_2 和 QF_3

表 5-5 整定值配置

保护对象	保护方法	整定值	动作时限
降压变压器一次侧	欠电压保护	$0.6U_{1N}$	T_{AC}
	过电压保护	$1.2U_{1N}$	T_{AC}
	过电流保护	$1.2I_{1N}$ 二次谐波闭锁阈值：15%~20%	T_1
降压变压器二次侧	欠电压保护	$0.6U_{2N}$	T_{AC}
	过电流保护	$1.2I_{2N}$ 二次谐波闭锁阈值：15%~20%	T_2
RPC 直流母线	过电压保护	$1.2U_{dcN}$	T_{DC}

表 5-5 中，U_{1N}、I_{1N}、U_{2N}、I_{2N} 与 U_{dcN} 分别为变压器一次侧电压、电流额定值，变压器二次侧电压、电流额定值和直流侧电压额定值。

T_{AC} 为交流电压保护动作时限，当牵引供电系统或再生制动能量利用系统故障致使降压变压器交流侧过压或失压时，希望将再生制动能量利用系统尽快从牵引供电系统中切除，以避免影响牵引供电系统既有保护，因此将 T_{AC} 取为零，采取无延时保护；T_{DC} 为直流母线电压保护时限，不超过直流侧允许最大过电压时间；T_1 为降压变压器一次侧过电流保护动作时限，与再生制动能量利用系统安装处馈线主保护时限 T_K 相配合，$T_1 < T_K$；T_2 为降压变压器二次侧过电流保护时限，由于设备级故障切除优先级大于系统级故障，所以 $0 \leqslant T_2 < T_1$。

当保护满足保护判据、断路器处于合位，保护系统判断故障为系统级故障时，保护系统封锁变流器控制脉冲，出口保护信号至 $QF_1 \sim QF_4$，使再生制动能量利用系统停止工作、脱离牵引供电系统并与直流母线接入扩展系统解列。若为设备级故障，则封锁相应设备工作脉冲，切除对应设备，调整能量管理策略，实现再生制动能量利用系统降额运行。

2) 非电气量保护

为了给再生制动能量利用系统提供全面、完善的保护，除了电气量保护之外，同样设置了非电气量保护，如表 5-6 所示。

表 5-6 非电气量保护

保护级别	保护名称	故障名称	保护动作
系统级	瓦斯保护	重瓦斯	跳闸断路器 QF_1、QF_2 和 QF_3
预警级	温度保护	IGBT 模块超温	发出警报
	瓦斯保护	轻瓦斯	发出警报

3) 变电所联跳保护

电气量及非电气量保护均为再生制动能量利用系统的本体保护，牵引供电系统中可能存在再生制动能量利用系统保护检测不到或者灵敏度不够的故障类型,如重瓦斯故障、变压器油箱内部故障等。当牵引供电系统中出现此类故障时,再生制动能量利用系统需要与牵引供电系统保护进行联跳,以满足牵引供电系统故障时再生制动能量利用系统能从中尽快切除的保护原则。

4) 扩展系统保护

储能系统、新能源系统及能馈系统等通过 RPC 直流母线接入的扩展系统,需要与再生制动能量利用系统保护进行配合以完成再生制动能量利用系统的切除和与扩展系统的解列。配合要求主要包括以下两方面。

(1) 系统级故障联跳。当再生制动能量利用系统中发生系统级故障时,再生制动能量利用系统需要从牵引供电系统中切除。扩展系统应配置相应保护措施与系统级保护联跳,停止扩展系统的工作与再生制动能量利用系统解列。

(2) 扩展系统故障保护时限配合。扩展系统通过 RPC 直流母线接入再生制动能量利用系统,其故障时可能会引起直流母线电压波动,因此扩展系统故障保护时限 T_{EX} 应该与直流母线电压保护时限 T_{DC} 配合,$0 \leqslant T_{EX} < T_{DC}$,防止扩展系统故障扩大。

以图 5-7 所示储能系统接入为例。储能系统配置断路器 QF_3 和 QF_4,用于实现与直流母线和储能介质的连接。再生制动能量利用系统的系统级保护作用于 QF_3、QF_4 以实现系统级故障时扩展系统与直流母线解列。同时储能系统与能馈系统配置保护的保护时限 T_{EX} 应与直流母线电压保护时限 T_{DC} 相配合,$0 \leqslant T_{EX} < T_{DC}$,防止储能系统故障扩大。储能系统保护配置如表 5-7 所示。

表 5-7 储能系统保护配置

保护对象	保护方法	整定值	保护时限	保护动作
储能介质	过电流保护	$1.2I_{BAN}$	T_{EX}	跳闸断路器 QF_3、QF_4
	过电压保护	$1.2U_{BAmin}$	T_{EX}	跳闸断路器 QF_3、QF_4
	欠电压保护	$0.6U_{BAmin}$	T_{EX}	跳闸断路器 QF_3、QF_4
直流母线	过电压保护	$1.2U_{dcN}$	T_{EX}	跳闸断路器 QF_3、QF_4
	欠电压保护	$0.6U_{dcN}$	T_{EX}	跳闸断路器 QF_3、QF_4

表 5-7 中,U_{BAmin} 与 I_{BAN} 分别为储能介质最小电压与储能介质额定电流。再生制动能量利用系统保护方案通过保护之间的时限配合,实现故障快速、有选择性地切除。综合以上分析,再生制动能量利用系统各个保护时限具有关系:$T_K > T_1 > T_{DC} \geqslant T_2 > T_{EX} > T_{AC}=0$。

5.4 案例分析

通过对再生制动能量利用系统在牵引变电所和分区所两种应用案例的仿真分析,对再生制动能量利用系统保护方案的正确性与有效性进行验证。

5.4.1 枢纽型牵引变电所再生制动能量利用系统

1. 枢纽所再生制动能量利用系统及保护配置

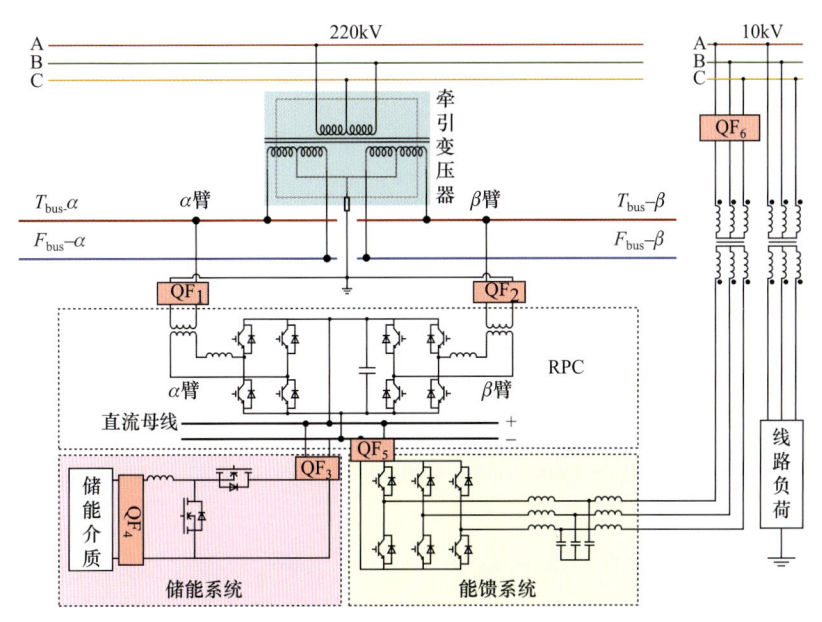

枢纽所再生制动能量利用系统拓扑及保护装置配置如图 5-8 所示，包括 RPC、能馈系统和储能系统三部分。其中，RPC 的 α 臂、β 臂分别经隔离变压器与枢纽所牵引供电母线 T 线相连，中间直流环节馈出直流母线；储能系统和能馈系统分别通过直流母线接入系统，同时能馈系统输出侧通过并网升压变压器连接铁路 10kV 电力系统能量回馈点。再生制动能量利用系统、铁路枢纽牵引供电系统和 10kV 电力系统之间设置有断路器 $QF_1 \sim QF_6$，能量利用系统中各子系统及附加系统间、各多重化设备单个模组间也装有断路器(图中仅画出部分断路器)。子系统包括隔离变压器、RPC、储能变换器、储能介质、三相并网逆变器和并网升压变压器；附加系统包括控制系统和水冷系统；多重化模组包括多重化 RPC、多重化储能变换器和多重化三相并网逆变器。

图 5-8 枢纽所再生制动能量利用系统拓扑及保护装置配置

枢纽所再生制动能量利用系统仿真模型相关参数如表 5-8 所示。

表 5-8 枢纽所再生制动能量利用系统仿真模型相关参数

位置	参数	数值
牵引供电系统	电网侧三相电压	220kV
	电网频率	50Hz
	牵引变压器电压比	220kV/(2 × 27.5kV)
	牵引变压器容量	50MV·A

续表

位置	参数	数值
RPC	隔离降压变压器电压比	27.5kV/1.5kV
	RPC 直流侧电压	3600V
	RPC 直流侧电容	5000μF
能馈系统	LCL 滤波器逆变器侧电感	2.8mH
	LCL 滤波器网侧电感	1.5mH
	LCL 滤波器电容	526μF
	LCL 滤波器阻尼电阻	1.37Ω
	回馈功率阈值	2.39MW
储能系统	超级电容组容量	10F
	超级电容额定电压	1500V
	额定充电功率	1MW
	额定放电功率	−1MW
铁路 10kV 电力系统	综合负荷贯通线三相电压	10kV
	降压变压器容量	20MV·A

主变压器二次侧电流互感器变比为 300∶1；馈线电流互感器变比为 240∶1；馈线电流互感器变比为 550∶1；所有保护整定值均折算至保护回路二次侧，枢纽型牵引变电所保护配置如表 5-9 所示。

表 5-9 枢纽型牵引变电所保护配置

保护对象	保护名称	保护整定值	保护时限
馈线	距离保护	电抗整定值：2.91Ω	0.1s
		电阻整定值：4.55Ω	
	电流增量保护	动作电流整定值：5A	0.1s
	电流速断保护	动作电流整定值：5A	0.1s
变压器	电流差动保护	差动电流速断值：16.79A	0.1s
		差动门槛：1.47A	
		制动电流整定值 1：2.1A	
		制动电流整定值 2：8.39A	
		比率制动系数 1：0.4	
		比率制动系数 2：0.6	
	低压启动过电流	低压侧低电压定值：50V	0.5s
	过负荷保护	三相侧过负荷电流：4.2A	120s

通常10kV配电所设有两路独立的10kV电源进线，10kV主接线采用单母线分段接线方式。正常运行时，两路电源同时供电，母联断路器断开；在任一电源失电跳闸后母联断路器自动投入运行。同时，10kV配电所采用单元式微机保护装置、微机综合自动化系统，实现全所电气设备的测量、控制和保护等功能。其继电保护及自动装置配置如表5-10所示。

表5-10　10kV配电所继电保护及自动装置配置

位置	保护类型	备注
电源柜	定时过电流保护	无
	电流速断保护	
母联柜	电流速断保护	电流速断保护只在合闸过程中投入
	备用电源自投装置	
馈出柜	定时过电流保护	设有一次重合闸装置、小电流接地信号装置
	电流速断保护	
调压器柜	定时过电流保护	具备有载自动调压
	过负荷保护	
	温度保护	
贯通馈出柜	定时过电流保护	设有备用电源自投装置
	电流速断保护	
	零序电流保护	
	零序定时过电流保护	

在以下仿真工况中，α供电臂与β供电臂牵引负荷分别为–2MW与–3MW，负号表示列车为再生制动工况。

2. 系统级故障

1) 接触网短路

变电所α臂接触网短路故障仿真结果如图5-9所示，接触网短路故障设置于0.5s时刻发生。当故障发生时，RPC的α臂电压迅速被拉低，保护装置检测到失压故障之后立即触发系统级保护信号，封锁变流器控制脉冲，跳闸断路器$QF_1 \sim QF_6$，再生制动能量利用系统脱离牵引供电系统并与储能、能馈系统解列，储能与能馈系统输出电流降为0，如图5-9(a)~(f)所示。图5-9(g)为变电所α臂接触网短路工况下，再生制动能量利用系统接入前后变电所α臂和β臂的馈线电流，其中实线表示系统接入后馈线电流，虚线表示系统接入前馈线电流，由图可知变电所α供电臂故障电流持续约0.1s后，馈线保护启动将故障切除，变电所β供电臂正常工作，且再生制动能量利用系统接入前后的变电所α臂和β臂馈线电流完全重合。仿真结果表明，当变电所α供电臂短路故障时，再生制动能量利用系统立即封锁脉冲，跳闸断路器退出牵引供电系统，不会影响接触网短路故障特性，不会加剧故障电流，不会对变电所馈线保护造成影响。

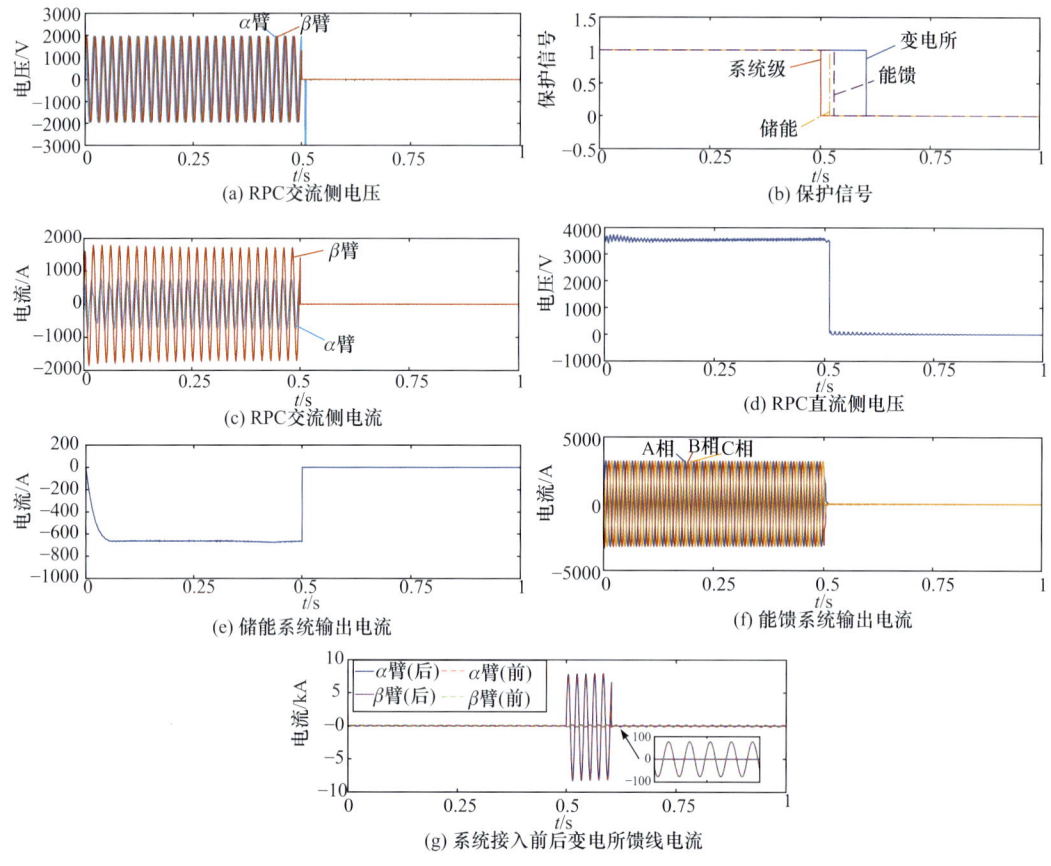

图 5-9 变电所α臂接触网短路故障仿真结果

2) 隔离变压器短路

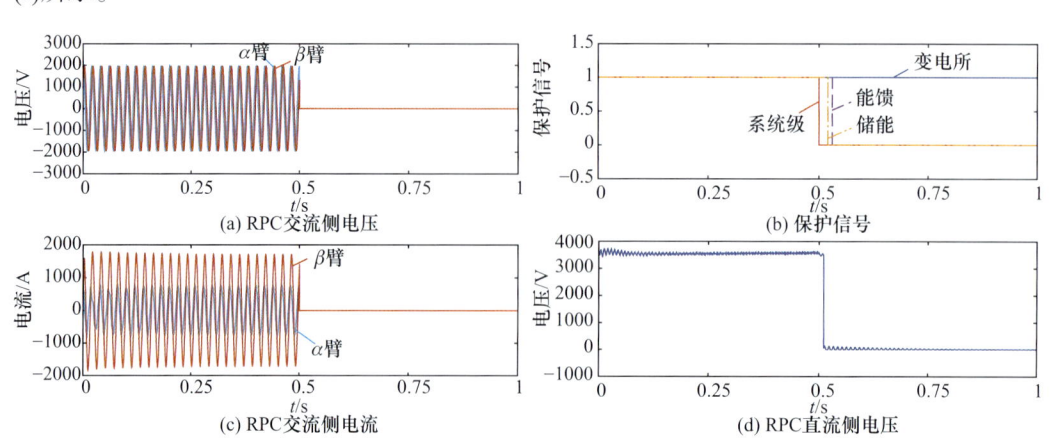

α臂隔离变压器故障仿真结果如图 5-10 所示，故障设置于 0.5s 时刻发生。当故障发生时，RPC 的 α 臂电压迅速被拉低，保护装置检测到失压故障之后立即触发系统级保护信号，封锁变流器控制脉冲，跳闸断路器 QF$_1$～QF$_6$，将再生制动能量利用系统与变压器短路故障从牵引供电系统中切除，储能与能馈系统输出电流降为 0，如图 5-10(a)～(f)所示。

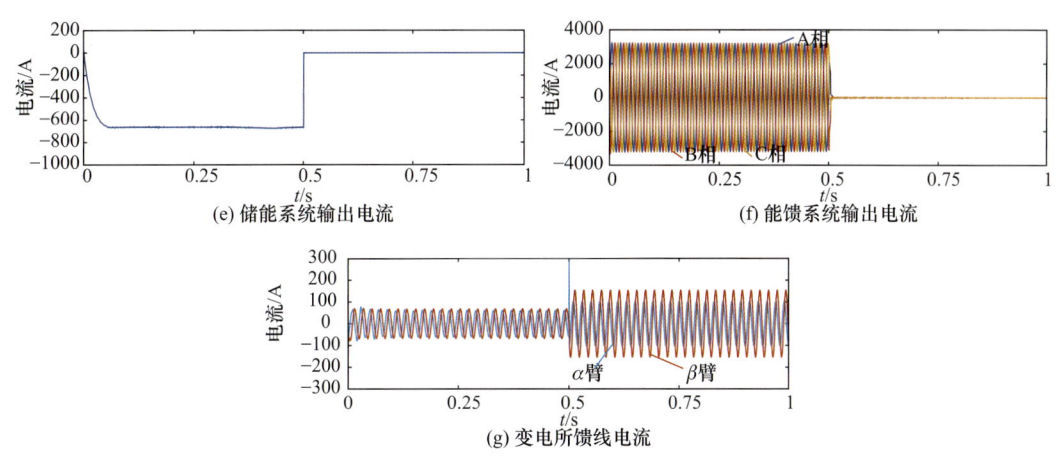

图 5-10 α臂隔离变压器故障仿真结果

变电所α供电臂在经历一段暂态过程之后恢复正常工作，由于失去再生制动能量利用系统功率补偿变电所α臂及β臂电流增大，如图 5-10(g)所示。仿真结果表明，当α臂降压变压器发生故障时，再生制动能量利用系统能快速从牵引供电系统中切除，不会引起变电所馈线保护误动作。

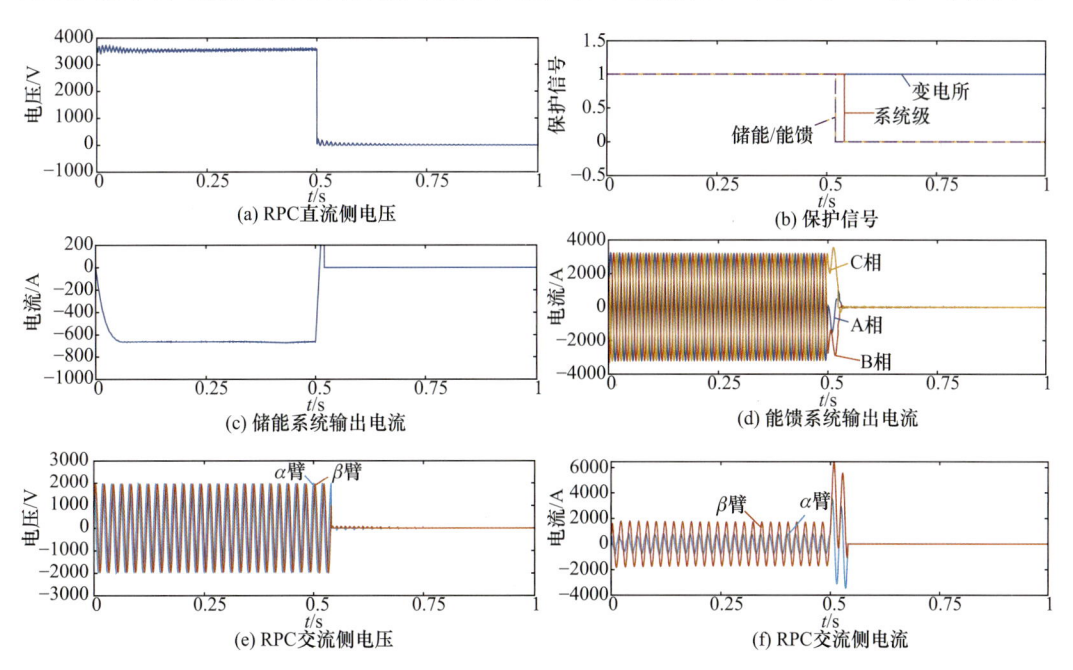

3) RPC 直流侧故障

RPC 直流侧故障仿真结果如图 5-11 所示，RPC 直流侧故障设置于 0.5s 时刻发生。当故障发生时，RPC 直流侧电压迅速降为 0，储能系统与能馈系统检测到直流侧欠压，设备级保护信号首先触发，封锁储能系统及能馈系统变流器脉冲，跳闸 QF$_3$~QF$_6$，储能系统及能馈系统脱离再生制动能量利用系统，输出电流降为 0，如图 5-11(a)~(d)所示。

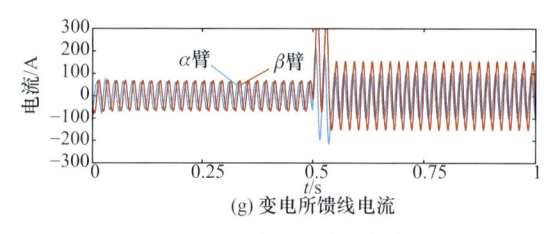

图 5-11 RPC 直流侧故障仿真结果

之后，直流侧短路故障依旧存在，RPC 交流侧经过约两个周波过电流后，保护装置立即封锁 RPC 脉冲，跳闸断路器 QF$_1$、QF$_2$，再生制动能量利用系统从牵引供电系统中切除，如图 5-11(e)和(f)所示。变电所在经历短暂的过电流之后恢复正常工作，由于失去再生制动能量利用系统功率补偿变电所α臂及β臂电流增大，如图 5-11(g)所示。仿真结果表明，当再生制动能量利用系统直流侧短路时，保护系统能按照保护策略对故障进行选择性依次切除，迅速使再生制动能量利用系统退出牵引供电系统，不影响牵引供电系统固有保护。

3. 设备级故障

1) 储能系统故障

储能系统故障仿真结果如图 5-12 所示，储能系统故障设置于 0.5s 时刻发生。

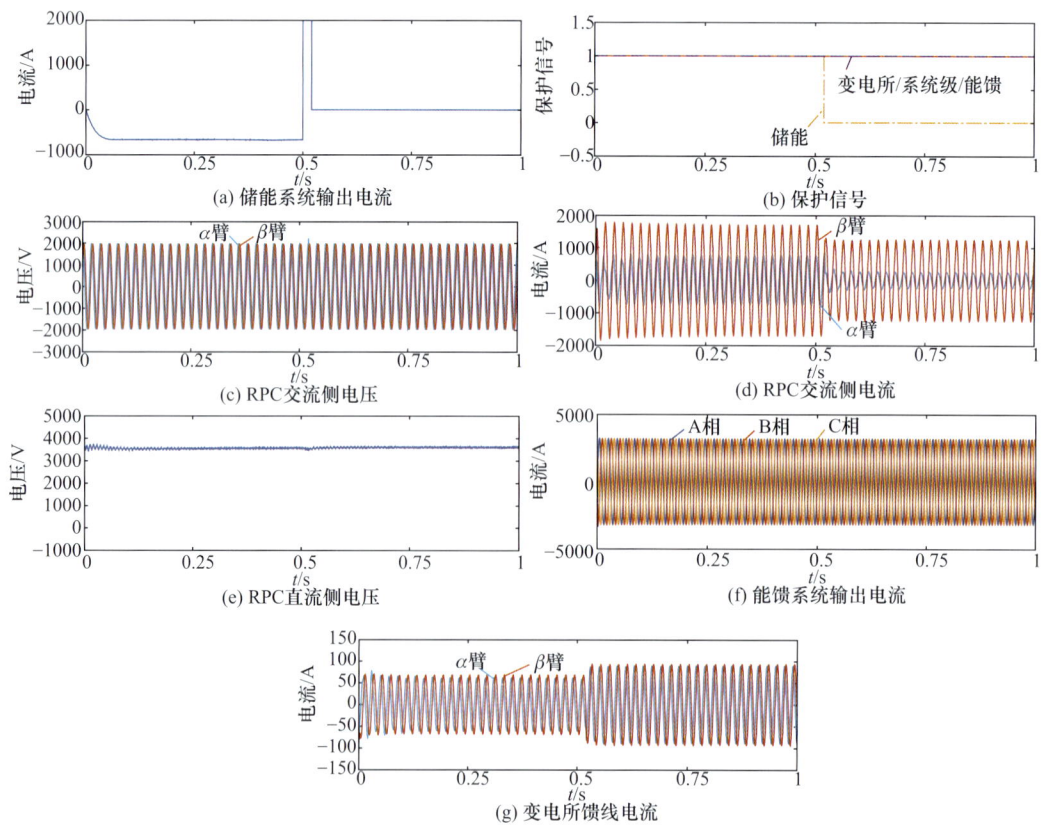

图 5-12 储能系统故障仿真结果

当故障发生时，储能系统输出电流大幅增大，保护装置检测到过流故障并延时 0.02s 后立即触发储能系统设备级保护信号，封锁储能系统变流器脉冲，跳闸断路器 QF₃ 和 QF₄，储能系统从再生制动能量利用系统中切除，如图 5-12(a)和(b)所示。之后，再生制动能量只能通过能馈系统返回 10kV 电网，能馈系统正常工作，RPC 交流侧电流幅值降低，返回变电所的再生制动能量增加，变电所馈线电流增大，如图 5-12(c)~(g)所示。仿真结果表明，当储能系统故障时，保护装置能迅速将其从再生制动能量利用系统中切除，剩余再生制动能量利用系统调整能量管理策略继续运行，不会引起变电所保护误动作。

2) 能馈系统故障

能馈系统故障仿真结果如图 5-13 所示，能馈系统故障设置于 0.5s 时刻发生。当故障发生时，能馈系统输出电流大幅增大，保护装置检测到过流故障并延时 0.02s 之后立即触发能馈系统设备级保护信号，封锁能馈系统变流器脉冲，跳闸断路器 QF₅ 和 QF₆，能馈系统从再生制动能量利用系统中切除，如图 5-13(a)和(b)所示。

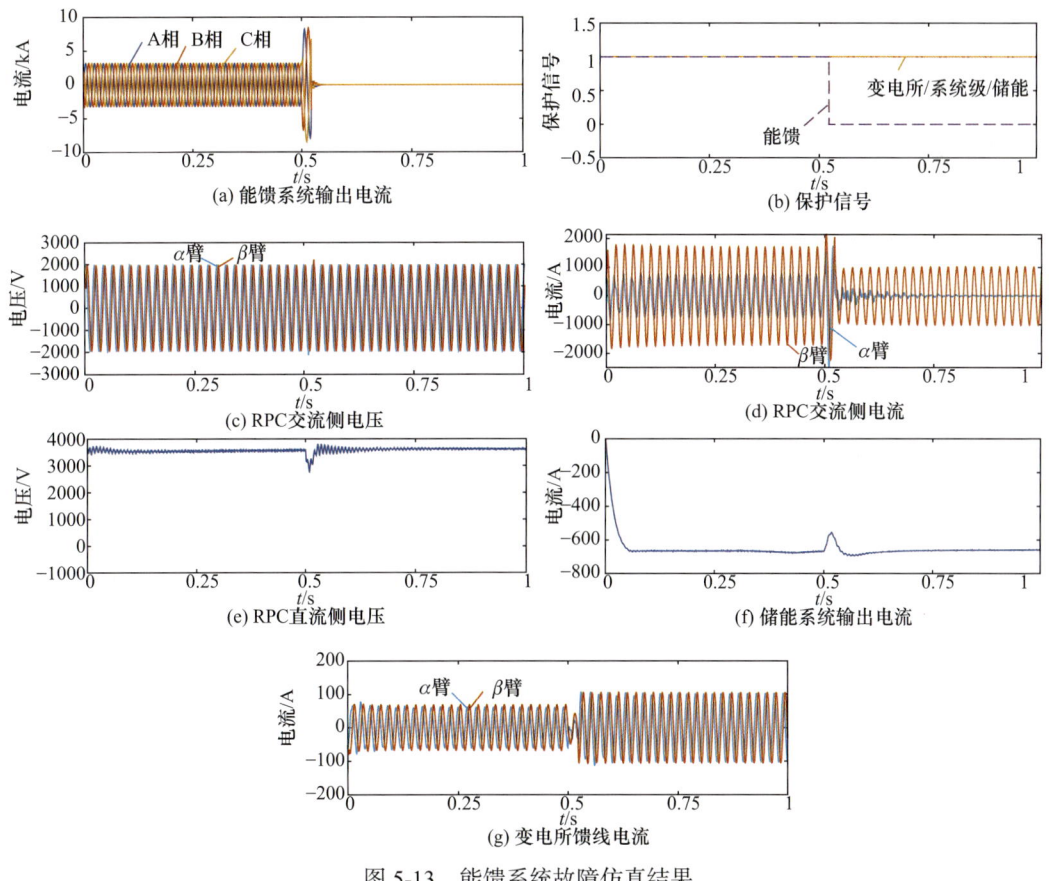

图 5-13 能馈系统故障仿真结果

之后，再生制动能量只能通过储能系统充电得到利用，储能系统正常工作，RPC 交流侧电流幅值降低，返回变电所的再生制动能量增加，变电所馈线电流增大，如图 5-13(c)~(g)所示。仿真结果表明，能馈系统故障时，保护装置能迅速将其从再生制动

续表

保护对象	保护名称	动作值整定	保护时限
变压器	电流差动保护	差动电流速断值：19.683A	0.1s
		差动门槛：1.722A	
		制动电流整定值1：2.461A	
		制动电流整定值2：9.841A	
		比率制动系数1：0.4	
		比率制动系数2：0.6	
	低压启动过电流	低压侧低电压定值：50V	0.5s
	过负荷保护	三相侧过负荷电流：4.92A	120s

表 5-14 分区所保护配置

保护对象	保护名称	动作值整定	保护时限
馈线保护	正反向距离保护	电抗整定值：17.92Ω	0.1s
		电阻整定值：4.46Ω	
	电流增量保护	动作电流整定值：5A	0.1s
	电流速断保护	动作电流整定值：15A	0.1s

以下仿真工况中，变电所#1与#2的牵引负荷功率分别为–5MW与6MW，每个变电所的牵引负荷均分于α、β供电臂。

2. 系统级故障

1) 接触网短路

变电所#1的α供电臂短路故障仿真结果如图5-15所示。接触网短路故障设置于0.5s时刻发生。当故障发生时，RPC的α臂电压迅速被拉低，保护装置检测到失压故障之后立即触发系统级保护信号，封锁变流器控制脉冲，跳闸断路器$QF_1 \sim QF_3$，再生制动能量利用系统脱离牵引供电系统并与储能系统解列，如图5-15(a)~(d)所示。图5-15(e)为变电所#1的α臂接触网短路故障工况下，再生制动能量利用系统接入前后变电所#1馈线电流，由图可知变电所#1的α供电臂故障电流持续约0.1s后，馈线保护启动将故障切除，且再生制动能量利用系统接入前后变电所#1的馈线电流完全重合。变电所#2的α供电臂由于失去再生制动能量利用系统功率补偿，馈线电流反相为列车牵引提供能量，如图5-15(f)所示。仿真结果表明，变电所#1的α供电臂短路故障时，分区所再生制动能量利用系统立即封锁脉冲，跳闸断路器退出牵引供电系统，不会加剧故障电流和对变电所#1馈线保护造成影响，且变电所#1故障不会引起变电所#2保护的误动作。

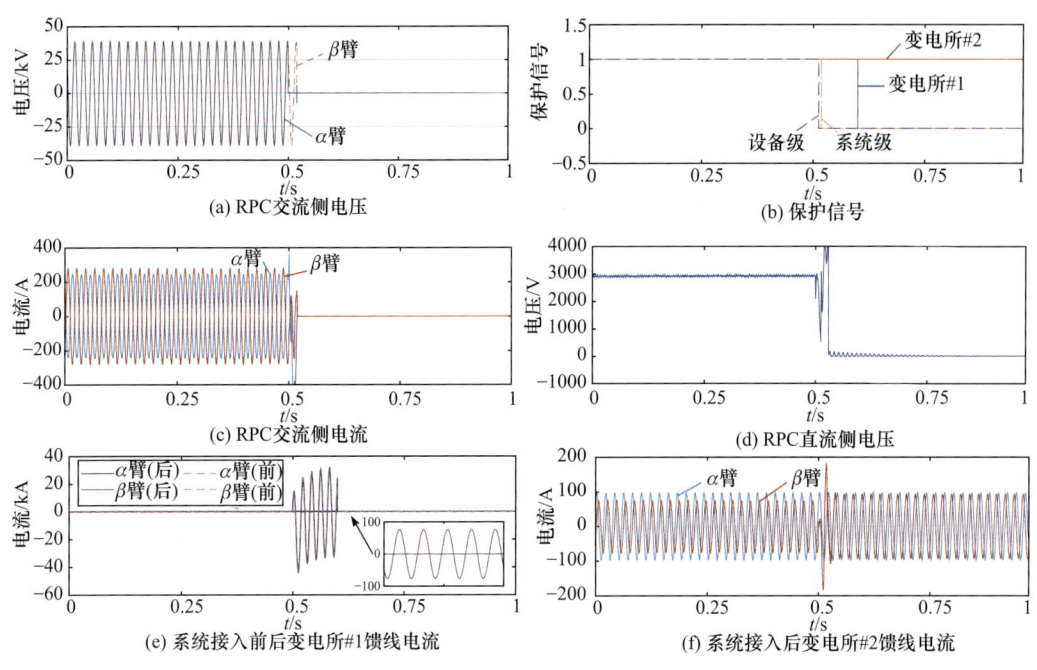

图 5-15 变电所#1 的 α 供电臂短路故障仿真结果

2) 隔离变压器短路

α 臂隔离变压器短路故障仿真结果如图 5-16 所示。变压器短路故障设置于 0.5s 时刻发生。当故障发生时，RPC 的 α 臂电压迅速被拉低，保护装置检测到失压故障之后立即触发系统级保护信号，封锁变流器控制脉冲，跳闸断路器 $QF_1 \sim QF_3$，将再生制动能量利

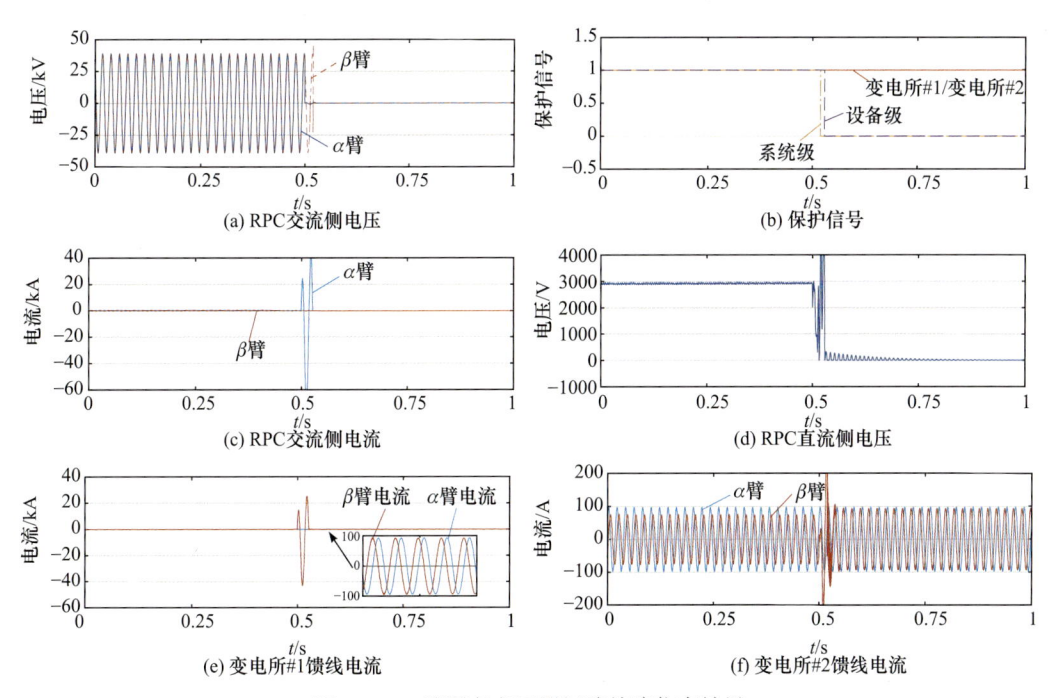

图 5-16 α 臂隔离变压器短路故障仿真结果

用系统与短路故障从牵引供电系统中切除，如图 5-16(a)~(d)所示。之后，变电所#1 的 α 供电臂电流恢复正常，变电所#2 的 β 供电臂由于失去再生制动能量利用系统功率补偿，馈线电流反相为机车牵引提供能量，如图 5-16(e)、(f)所示。仿真结果表明，当分区所再生制动能量利用系统 α 臂隔离变压器发生故障时，分区所再生制动能量利用系统能快速从牵引供电系统中切除，不会引起变电所#1 与变电所#2 馈线保护误动作。

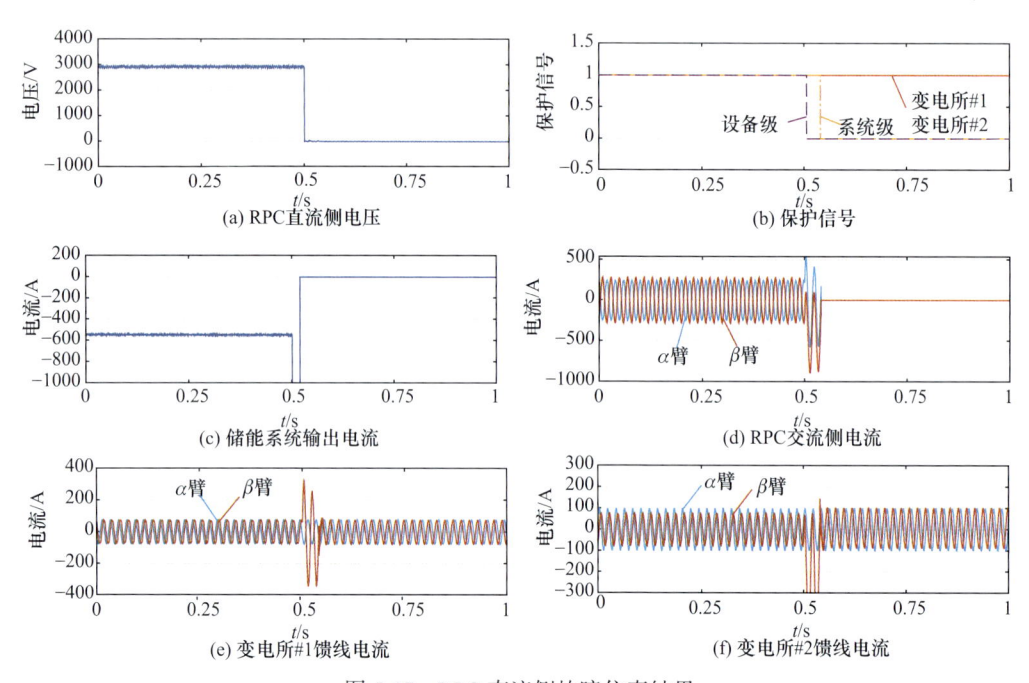

3) RPC 直流侧故障

RPC 直流侧故障仿真结果如图 5-17 所示。RPC 直流侧故障设置于 0.5s 时刻发生。当故障发生时，RPC 直流侧电压迅速降为 0，储能系统检测到直流侧欠压，设备级保护信号首先触发，封锁储能系统变流器脉冲，跳闸 QF_3、QF_4，储能系统脱离再生制动能量利用系统，输出电流降为 0，如图 5-17(a)~(c)所示。之后，直流侧短路故障依旧存在，RPC 交流侧经过约两个周波过电流后，保护装置立即封锁 RPC 脉冲，跳闸断路器 QF_1、QF_2，再生制动能量利用系统从牵引供电系统中切除，如图 5-17(d)所示。变电所#1 与变电所#2 在经过短暂的过电流之后，恢复正常工作，如图 5-17(e)、(f)所示。仿真结果表明，当再生制动能量利用系统直流侧短路时，保护系统能按照保护策略对故障进行选择性依次切除，使再生制动能量利用系统迅速退出牵引供电系统，不影响牵引供电系统固有保护。

图 5-17 RPC 直流侧故障仿真结果

3. 设备级故障

1) 单重 RPC 故障

单重 RPC 故障仿真结果如图 5-18 所示。第 j 重 RPC 故障设置于 0.5s 时刻发生。当故障发生时，第 j 重 RPC 电流迅速增大，保护装置检测到过流故障之后立即触发设备级保护信号，封锁故障变流器控制脉冲，跳闸接触器 $KM_{\alpha j}$ 和 $KM_{\beta j}$，其交流侧电流降为 0，分区所再生制动能量利用系统降额运行，RPC 转移功率达到额定功率，储能装置输出功率降为 0，如图 5-18(a)～(e)所示。再生制动能量利用系统降额运行，从变电所#1 转移至变电所#2 的再生制动功率减少，变电所#1 和变电所#2 的 β 供电臂电流幅值下降，如图 5-18(f)、(g)所示。结果表明，当再生制动能量利用系统发生单重 RPC 故障时，保护系统能正确识别并切除故障 RPC，实现再生制动能量利用系统的可容错运行。

(a) 故障重RPC交流侧电流
(b) 保护信号
(c) RPC交流侧总电流
(d) RPC直流侧电压
(e) 储能系统输出电流
(f) 变电所#1馈线电流
(g) 变电所#2馈线电流

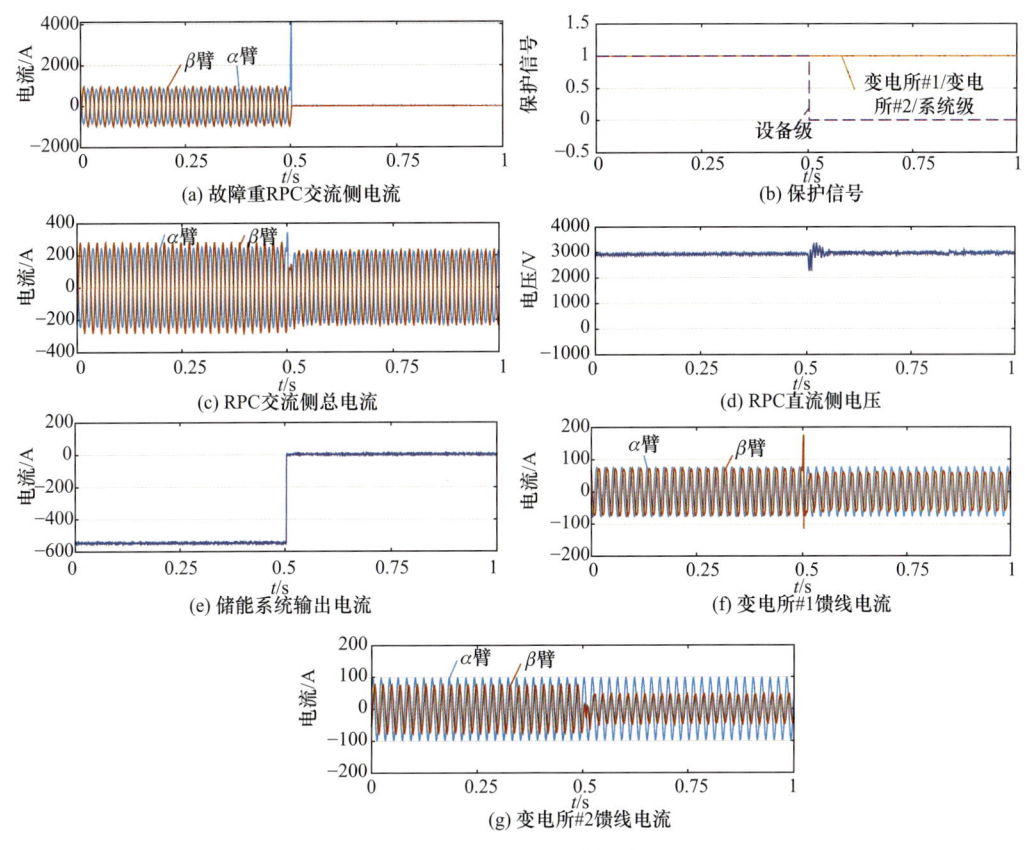

图 5-18 单重 RPC 故障仿真结果

2) 储能系统故障

储能系统故障仿真结果如图 5-19 所示。储能系统故障设置于 0.5s 时刻发生。当故障发生时，储能系统输出电流大幅增大，保护装置检测到过流故障并延时 0.02s 之后立即触发设备级保护信号，封锁储能系统变流器脉冲，跳闸断路器 QF$_3$ 和 QF$_4$，储能系统从再生制动能量利用系统中切除，如图 5-19(a)、(b)所示。储能系统原本释放功率补偿变电所#2 的牵引功率，失去储能系统功率补偿后，RPC 的 β 臂电流幅值略微减小，变电所#2 的 β 供电臂再生电流幅值同样降低，RPC 的 α 臂电流与变电所#1 的 α 供电臂电流不受影响，如图 5-19(c)～(f)所示。仿真结果表明，当储能系统故障时，保护装置能迅速将其从再生制动能量利用系统中切除，再生制动能量利用系统降额运行，不影响牵引供电系统既有保护。

图 5-19 储能系统故障仿真结果

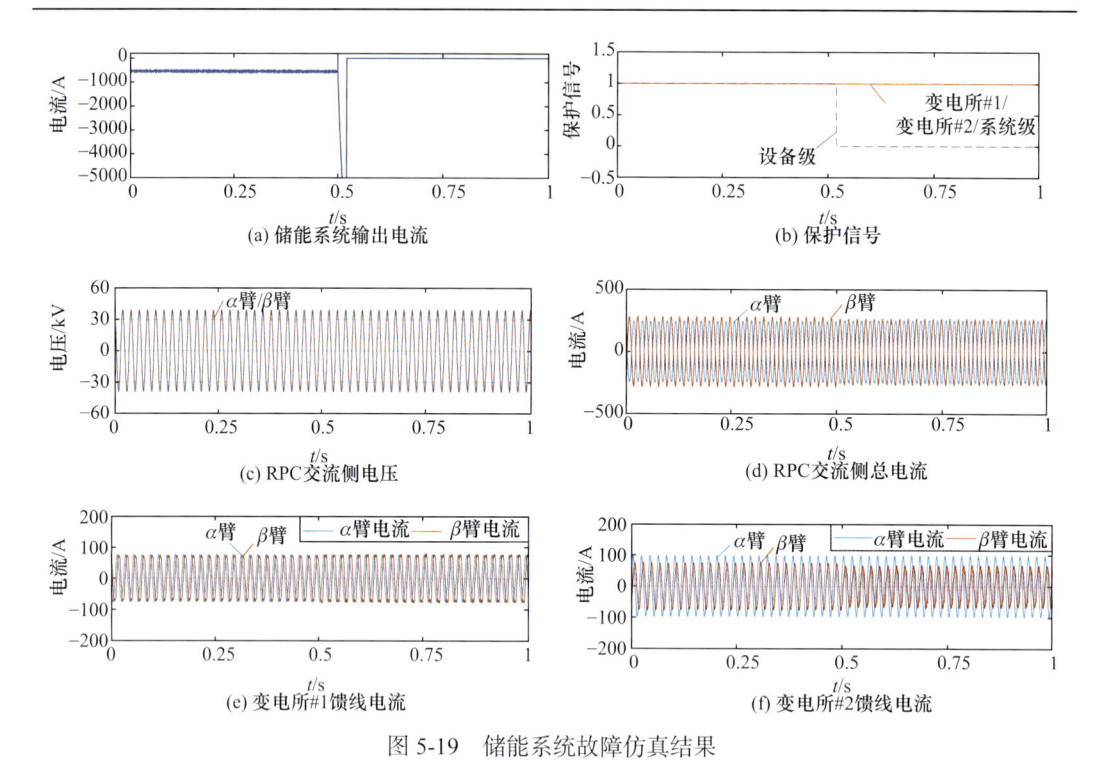

5.5 本章小结

本章从再生制动能量利用系统保护与牵引供电系统既有保护相配合的角度系统地分析了再生制动能量利用系统的保护方案。首先，本章介绍了牵引供电系统既有保护原理，结合再生制动能量利用系统运行原理分析了再生制动能量利用系统接入对牵引供电系统既有保护的影响；在此基础上，提出了遵循"故障导向安全"原则的再生制动能量利用系统保护方案。该方案对不同类型的系统故障进行分级保护，通过系统自保护与牵引供电系统既有保护的协同配合保障再生制动能量利用系统的运行安全；最后，对再生制动能量利用系统在电气化铁路牵引变电所和分区所的两种典型应用场景进行了仿真分析，验证了所提保护方案的有效性。

参 考 文 献

[1] 胡海涛，陈俊宇，葛银波，等.高速铁路再生制动能量储存与利用技术研究[J]. 中国电机工程学报，2020, 40(1): 246-256, 391.

[2] Chen J Y, Hu H T, Ge Y B, et al. An energy storage system for recycling regenerative braking energy in high-speed railway[J]. IEEE Transactions on Power Delivery, 2021, 36(1): 320-330.

[3] Chen J Y, Hu H T, Ge Y B, et al. Techno-economic model-based capacity design approach for railway power conditioner-based energy storage system[J]. IEEE Transactions on Industrial Electronics, 2022, 69(5): 4730-4741.

[4] 马茜，郭昕，罗培，等.一种基于超级电容储能系统的新型铁路功率调节器[J].电工技术学报，2018，

33(6): 1208-1218.
[5] Cui G P, Luo L F, Liang C G, et al. Supercapacitor integrated railway static power conditioner for regenerative braking energy recycling and power quality improvement of high-speed railway system[J]. IEEE Transactions on Transportation Electrification, 2019, 5(3): 702-714.
[6] Pilo E, Mazumder S K, González-Franco I. Smart electrical infrastructure for AC-fed railways with neutral zones[J]. IEEE Transactions on Intelligent Transportation Systems, 2015, 16(2): 642-652.
[7] Perin I, Walker G R, Ledwich G. Load sharing and wayside battery storage for improving AC railway network performance with generic model for capacity estimation—part 2[J]. IEEE Transactions on Industrial Electronics, 2018, 65(12): 9459-9467.
[8] 宁建斌.铁路牵引变电所与开闭所的保护配合分析[J]. 铁道工程学报, 2017, 34(4): 70-74.
[9] 韩正庆, 许龙, 刘淑萍, 等. 高速铁路牵引变压器后备距离保护[J]. 电力自动化设备, 2012, 32(6): 27-30, 50.
[10] 黄文龙, 胡海涛, 陈俊宇, 等. 枢纽型牵引变电所再生制动能量利用系统能量管理及控制策略[J]. 电工技术学报, 2021, 36(3): 588-598.
[11] 吕顺凯. 基于变电所间能量调度的电气化铁路再生制动能量利用研究[J]. 电气化铁道, 2020, 31(6): 1-6.
[12] 杨凯, 胡海涛, 陈俊宇, 等. 电气化铁路再生制动能量利用系统保护方案研究[J/OL]. 中国电机工程学报, 2022：1-13. https://kns.cnki.net/kcms/detail/11.2107.TM.20221102.0916.004.html.

第6章 再生制动能量利用系统经济性

电气化铁路作为大工业用电客户，其电费采用两部制电价进行计量。电气化铁路返送电网的大量再生制动能量通过配置再生制动能量利用系统进行回收利用，不仅可显著提高铁路运行能效，还可提升运营的经济性。因此，本章将在分析再生制动能量利用系统技术效果与经济性耦合关系的基础上，介绍兼顾技术效果与经济性的再生制动能量利用系统容量优化配置方法。

6.1 电气化铁路电价政策

电气化铁路牵引供电系统作为电力系统一级负荷，采用两部制电价[1]的收费标准进行计费，其电费由四部分组成：基本电费、电度电费、力调电费以及附加电费，其中附加电费主要包括还贷基金、重大水利、能源附加、扶持基金等。电气化铁路总电费计算方法如式(6-1)所示。电气化铁路较为特殊的是列车既可作为负荷从电力系统吸收能量，又可作为电源产生再生制动能量通过牵引变压器返送回电力系统，但目前电网公司对于返送的再生制动能量采取返送不计原则，给铁路运营单位造成了大量经济损失。

$$总电费 = 基本电费 + 电度电费 + 力调电费 + 附加电费 \qquad (6\text{-}1)$$

1. 基本电费

基本电费是针对大工业执行两部制电价的客户进行收费的一部分，其取决于用户的受电容量或者最大需求功率，是与电网签订合同后就不会改变的固定收费，与用户用电量无关的一部分电价。基本电价有按变压器容量和按最大需量计算两种方式。

1) 按变压器容量计算

变压器容量计算方法可表示为

$$基本电费 = 计费容量 \times 容量费单价 \qquad (6\text{-}2)$$

式中，计费容量指铁路部门与电网公司签订的用于计算基本电费的容量，与变压器容量可能不相同，kV·A。

2) 按最大需量计算

最大需量计算法可表示为

$$基本电费 = 最大需量 \times 需量费单价 \qquad (6\text{-}3)$$

式中，需量指在15min时间间隔内有功功率的平均值，最大需量指在规定的周期或结算周期内记录需量的最大值(通常为1个月)，kW。

当实际最大需量不足变压器容量的40%时，将变压器容量的40%作为最大需量进行

收费,具体计算方法如式(6-4)所示:

$$基本电费 = 0.4 \times 变压器容量 \times 需量费单价 \qquad (6-4)$$

式中,变压器容量为牵引变压器额定容量,kV·A。

2. 电度电费

电度电费是指牵引变电所实用有功电量计算的电价,具体计算方法如式(6-5)所示。目前,国内电气化铁路只计算正向(电力系统流向牵引变电所)有功电量,返送有功电量不计费,且不实行峰谷平电价[2]。

$$电度电费 = 抄表电量 \times 电度电费单价 \qquad (6-5)$$

式中,抄表电量是牵引变电所电网进线处电表统计的月使用电量示数。

3. 力调电费

力调电费指按照用户功率因数与制定的标准功率因数差值而选取惩罚因数对用户基本电费和电度电费进行奖惩的电费。功率因数很大程度上体现了电网侧所需提供无功补偿等电能质量相关问题的成本,因此,为保证大电网的可靠运行,对电气化铁路功率因数与标准值的偏差进行收费以限制客户低功率因数运行,鼓励客户高功率因数运行,从而减小牵引负荷对电网电能质量的影响。实际上,电网对牵引变电所采取有罚有奖和只罚不奖两种计费原则,具体计算方法为

$$力调电费 = (基本电费 + 电度电费) \times 功率因数惩罚系数 \qquad (6-6)$$

式中,牵引变电所功率因数惩罚系数可参见力调电费调整查对表,其通常以 0.9 作为基本标准进行计算,功率因数每下降 0.01,电费增加 0.5%;功率因数在 0.64 以下,每降低 0.01 电费增加 2%。若牵引变电所功率因数每高于基本标准 0.01,电费减少 0.15%;功率因数高于 0.95,则按照 0.95 的奖励系数维持不变。

4. 附加电费

附加电费指除基本电费、电度电费和力调电费之外,其他的一些附加收费项,主要包括还贷基金、重大水利、能源附加、扶持基金等,具体计算方法为

$$附加电费 = 抄表电量 \times 附加电费倍率 \qquad (6-7)$$

式中,抄表电量与电度电费计算方法相同;附加电费倍率为附加项的收费倍率,通常不同地方电网的附加项和倍率均不同。

6.2 再生制动能量利用系统经济性分析

再生制动能量利用系统会增加铁路运营部门的基础投资,但其回收再生制动能量以及功率因数补偿等技术效果也会带来一定的经济效益,可为铁路运行部门降低运营成本[3]。因此,本节将从成本和收益两方面对再生制动能量利用系统的经济性进行分析。

6.2.1 再生制动能量利用系统成本

再生制动能量利用系统的投资成本主要包括建设成本、持续成本、置换成本和残值成本四部分。

1. 建设成本

建设成本是再生制动能量利用系统建设的初始投资成本，主要包括设备、安装与基建等费用。其中设备成本包括系统研发、设计以及制造成本。此外，系统所需的保护与监控等辅助设备也包含在内。安装与基建成本主要包括牵引变电所内土建基础改造以及设备安装的费用。

2. 持续成本

持续成本是再生制动能量利用系统日常运行过程中持续产生的成本，主要包括能量损失成本以及系统维护成本。能量损失成本由再生制动能量利用系统运行损耗产生。系统维护成本指用于再生制动能量利用系统全寿命周期内的维护费用，且其随着系统服役时间增长。

3. 置换成本

置换成本是再生制动能量利用系统在全寿命周期内对主要设备的置换产生的成本，如变流器、储能介质、保护设备等成本[4]。

4. 残值成本

残值成本是指再生制动能量利用系统在全寿命周期终止时系统的剩余价值。

6.2.2 再生制动能量利用系统收益

配置再生制动能量利用系统为电气化铁路中带来的收益包括直接收益和间接收益两部分。其中，直接收益与铁路电费相关。间接收益是除直接收益外，再生制动能量利用系统为电气化铁路带来的其他收益。

1. 直接收益

再生制动能量利用系统的技术效果带来的直接收益包括：①回收利用再生制动能量降低牵引供电系统从电网吸收功率节省的电度电费和附加电费；②降低牵引供电系统峰值负荷功率和最大需量节省的基本电费；③提高牵引供电系统功率因数减少的电费罚款以及增加的电费奖励。

1) 电度电费

根据我国现行电气化铁路电价政策，电网公司对返送回电网的再生制动能量主要采取返送不计的原则进行电费计量，因此牵引供电系统返送回电网的再生制动能量通过储能回收利用可减少列车牵引时从电网侧吸收的能量，从而降低电度电费。节约的电度电

费计算方法可表示为

$$节约的电度电费 = 节约电量 \times 电度电费单价 \tag{6-8}$$

2) 附加电费

根据附加电费的计算方法,通过回收利用再生制动能量节约的电网电量不仅可降低电度电费,还可降低附加电费。节约的附加电费计算方法可表示为

$$节约的附加电费 = 节约电量 \times 附加电费倍率 \tag{6-9}$$

3) 基本电费

再生制动能量利用系统在释放存储的再生制动能量用于牵引列车消耗时不仅可减少牵引供电系统从电网吸收的电能,还可降低电网侧负荷功率,从而实现牵引供电系统负荷削峰[5]。根据基本电费的计算方法,降低电网侧负荷功率可降低最大需量,还可在保证牵引变压器容量不变的情况下提高供电能力。因此,配置再生制动能量利用系统对于采用容量法和需量法计费方式的基本电费均可实现有效削减,详细计算方法如下。

按容量法计费:

$$节约的基本电费 = (原计费容量 - 实际负荷功率) \times 容量费单价 \tag{6-10}$$

式中,实际负荷功率指配置再生制动能量利用系统后按照计费容量算法计算的负荷功率。

按需量法计费:

$$节约的基本电费 = (原最大需量 - 实际最大需量) \times 需量费单价 \tag{6-11}$$

式中,实际最大需量指配置再生制动能量利用系统后牵引变电所的最大需量。

4) 力调电费

再生制动能量利用系统通过并网变流器接入牵引供电系统,其可看成并联无功补偿设备,因此能够为牵引供电系统提供无功补偿,改善功率因数,从而避免因功率因数不满足要求而产生罚款或提高功率因数奖励。节约的力调电费计算方法可表示为

$$节约的力调电费 = (实际功率因数 - 原功率因数) \times 功率因数惩罚系数 \tag{6-12}$$

式中,实际功率因数指配置再生制动能量利用系统后牵引变电所的功率因数。

2. 间接收益

间接收益通常难以直接评估,其主要体现在再生制动能量利用系统为牵引供电系统提供的辅助服务方面,主要包括:①电能质量改善带来的收益;②供电可靠性及稳定性的改善带来的收益。

1) 电能质量改善

再生制动能量利用系统中的并网变流器(如 RPC)不仅可为牵引供电系统补偿无功功率以提高功率因数,还能减小负序电流,从而缓解了电网侧的负序问题;另外,并网变流器还兼具有源滤波功能,能对牵引供电系统中的谐波进行一定的补偿,减少由谐波造成的额外能量损失、设备老化和故障等问题。因此,配置再生制动能量利用系统可减少由牵引供电系统的电能质量问题引起的经济损失,同时避免了单独增设电能质量治理设

备的投资和运行维护费用。

2) 供电可靠性及稳定性的改善

再生制动能量利用系统可通过储能系统为牵引供电系统提供备用电源，实现牵引供电系统的短时应急供电，有效提高系统的供电可靠性，降低供电中断带来的影响。除此之外，储能系统还可作为可控电源稳定牵引网网压，减小电压波动造成的影响。供电可靠性及稳定性的改善可提高设备工作的稳定性和使用寿命，减少故障率，保障牵引供电系统的安全可靠运行。

6.3 基于技术经济模型的再生制动能量利用系统容量优化配置

再生制动能量利用系统在再生制动能量利用以及电能质量治理方面具备全面且优异的性能。然而，实际应用中不能一味地追求再生制动能量利用系统的技术效果，还需要考虑其经济性。系统容量是影响再生制动能量利用系统技术效果和经济性的关键因数，因此需在保证其技术效果的基础上实现最优经济容量配置。本节将以牵引变电所再生储能系统为例，结合其技术效果与经济性建立技术经济模型，并基于此实现系统容量的优化配置。

6.3.1 再生制动能量利用系统技术模型

牵引变电所再生储能系统的技术效果包括再生制动能量利用与电能质量治理两部分，其中 RPC 用于实现再生制动能量利用与电能质量治理，而储能系统用于再生制动能量的回收利用。因此，牵引变电所再生储能系统的技术模型包括储能系统技术模型和RPC技术模型。

1. 储能系统技术模型

储能系统依靠储能介质实现再生制动能量的存储，根据其运行原理，储能系统容量参数包括储能介质的额定功率和额定容量[6]。在系统运行过程中，储能系统存在充放电损耗以及储能介质自放电等。因此，综合考虑上述因素，储能系统的容量模型根据其运行原理可表示为

$$P_{\text{ESS}}(t) = \begin{cases} P_{\text{G}}(t)/(\eta_{\text{ds}}\eta_{\text{dc}}\eta_{\text{c}}), & P_{\text{G}}(t) \geqslant 0 \\ P_{\text{G}}(t)\eta_{\text{ch}}\eta_{\text{dc}}\eta_{\text{c}}, & P_{\text{G}}(t) < 0 \end{cases} \quad (6\text{-}13)$$

$$E_{\text{ESS}}(t) = P_{\text{ESS}}(t)\Delta t + (1-\eta_{\text{sds}})E_{\text{ESS}}(t-1) \quad (6\text{-}14)$$

式中，η_{ds}、η_{ch}、η_{sds} 分别表示储能系统放电效率、充电效率以及自放电系数；η_{dc}、η_{c} 分别表示双向 DC/DC 变换器和 RPC 转换效率。

储能系统的容量模型除式(6-13)和式(6-14)外，还应满足式(3-3)~式(3-6)所示的额定功率和荷电状态约束。

2. RPC 技术模型

RPC 的技术效果包括再生制动能量利用、无功补偿以及谐波抑制，故其容量模型可分为基波容量和谐波容量两部分。图 6-1 为采用 AT 供电方式的牵引供电系统配置再生储能系统后的基波相量图。以 A 相电压为参考，牵引变压器二次侧电压可表示为

$$V_{mj}=V_{mj}\angle -\Theta_{mj}, \quad m=\text{T,F}; \quad j=\alpha,\beta \tag{6-15}$$

式中，$V_{T\alpha}$、$V_{F\alpha}$、$V_{T\beta}$、$V_{F\beta}$、$\Theta_{T\alpha}$、$\Theta_{F\alpha}$、$\Theta_{T\beta}$ 和 $\Theta_{F\beta}$ 分别表示相量 $V_{T\alpha}$、$V_{F\alpha}$、$V_{T\beta}$ 和 $V_{F\beta}$ 的有效值与相角；下标 T 和 F 分别表示接触线与负馈线；$\Theta_{T\alpha}$ 和 $\Theta_{T\beta}$ 与牵引变压器接线形式有关，且 $\Theta_{T\alpha}=\pi-\Theta_{F\alpha}$，$\Theta_{T\beta}=\pi-\Theta_{F\beta}$。常用牵引变压器接线角如表 6-1 所示。

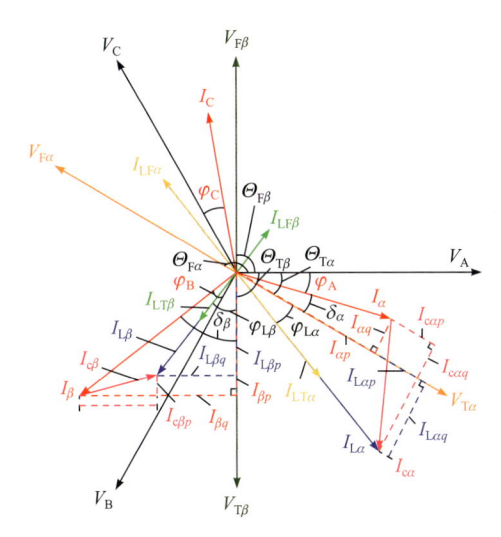

图 6-1 采用 AT 供电方式的牵引供电系统配置再生储能系统后的基波相量图

表 6-1 常用牵引变压器接线角

牵引变压器种类		$\Theta_{T\alpha}$	$\Theta_{T\beta}$
不平衡变压器	V/v 接线	π/6	π/2
	V/x 接线	π/6	π/2
平衡变压器	Scott 接线	−5π/6	2π/3

AT 供电方式下牵引供电系统负荷电流与牵引变压器二次侧母线分布在接触线与负馈线中。根据电压相量关系，可得到相应的电流表达式为

$$\begin{cases} \boldsymbol{I}_{L\alpha}=\boldsymbol{I}_{LT\alpha}-\boldsymbol{I}_{LF\alpha}=I_{L\alpha}\angle -\Theta_{T\alpha}-\varphi_{L\alpha} \\ \boldsymbol{I}_{L\beta}=\boldsymbol{I}_{LT\beta}-\boldsymbol{I}_{LF\beta}=I_{L\beta}\angle -\Theta_{T\beta}-\varphi_{L\beta} \end{cases} \tag{6-16}$$

$$\begin{cases} \boldsymbol{I}_{\alpha}=\boldsymbol{I}_{T\alpha}-\boldsymbol{I}_{F\alpha}=I_{\alpha}\angle -\Theta_{T\alpha}-\delta_{\alpha} \\ \boldsymbol{I}_{\beta}=\boldsymbol{I}_{T\beta}-\boldsymbol{I}_{F\beta}=I_{\beta}\angle -\Theta_{T\beta}-\delta_{\beta} \end{cases} \tag{6-17}$$

式中，$I_{L\alpha}$、$I_{L\beta}$、I_α、I_β、$\varphi_{L\alpha}$、$\varphi_{L\beta}$、δ_α 和 δ_β 分别表示相量 $\boldsymbol{I}_{L\alpha}$、$\boldsymbol{I}_{L\beta}$、$\boldsymbol{I}_\alpha$ 和 $\boldsymbol{I}_\beta$ 的有效值与相角，其中 $\delta_\alpha = \Theta_{T\alpha} + \varphi_A$，$\delta_\beta = \Theta_{T\beta} + \varphi_B + 120°$，$\varphi_A$ 和 φ_B 分别表示三相电网侧 A 相与 B 相的功率因数。

配置再生储能系统后，列车负载电流、牵引变压器二次侧母线电流以及再生储能系统电流之间的关系可表示为

$$\boldsymbol{I}_j = \boldsymbol{I}_{Lj} - \boldsymbol{I}_{cj} = \underbrace{I_{Ljp} - I_{cjp}}_{I_{jp}} + \mathrm{j}\underbrace{(I_{Ljq} - I_{cjq})}_{I_{jq}}, \quad j = \alpha, \beta \tag{6-18}$$

式中

$$I_{jq} = I_{jp} \tan \delta_j, \quad j = \alpha, \beta \tag{6-19}$$

下标 p 和 q 分别表示有功和无功分量。

为抑制网侧的不平衡，需保证牵引供电系统两供电臂的有功功率平衡[7]。因此，配备再生储能系统后牵引变压器二次侧母线有功功率可表示为

$$P_\alpha(t) = P_\beta(t) = [P_{L\alpha}(t) + P_{L\beta}(t) - P_{ESS}(t)] / 2 \tag{6-20}$$

将式(6-18)和式(6-19)乘以对应电压有效值代入式(6-20)，RPC 每侧变流器的基波功率可表示为

$$\begin{cases} P_{c\alpha}(t) = [P_{L\alpha}(t) - P_{L\beta}(t) + P_{ESS}(t)] / 2 \\ P_{c\beta}(t) = [P_{L\beta}(t) - P_{L\alpha}(t) + P_{ESS}(t)] / 2 \\ Q_{c\alpha}(t) = Q_{L\alpha}(t) - [P_{L\alpha}(t) + P_{L\beta}(t) - P_{ESS}(t)] \tan \delta_\alpha / 2 \\ Q_{c\beta}(t) = Q_{L\beta}(t) - [P_{L\alpha}(t) + P_{L\beta}(t) - P_{ESS}(t)] \tan \delta_\beta / 2 \end{cases} \tag{6-21}$$

式中

$$\begin{cases} P_{Lj}(t) = P_{LTj}(t) - P_{LFj}(t) \\ Q_{Lj}(t) = Q_{LTj}(t) - Q_{LFj}(t) = P_{Lj}(t) \tan \varphi_{Lj} \end{cases}, \quad j = \alpha, \beta \tag{6-22}$$

RPC 每侧变流器的基波容量可表示为

$$S_{cjf}(t) = \sqrt{P_{cj}^2(t) + Q_{cj}^2(t)}, \quad j = \alpha, \beta \tag{6-23}$$

除基波补偿外，RPC 还具备谐波抑制功能[7]，其谐波补偿容量可表示为

$$S_{cjh}(t) = V_{jh}(t) I_{cjh}, \quad j = \alpha, \beta \tag{6-24}$$

式中，$V_{\alpha h}$、$V_{\beta h}$、$I_{c\alpha h}$ 和 $I_{c\beta h}$ 分别表示 α 和 β 供电臂的谐波电压和谐波补偿电流的有效值。

由式(6-23)和式(6-24)可得到 RPC 每侧变流器的容量为

$$S_{cj}(t) = \sqrt{P_{cjf}^2(t) + Q_{cjh}^2(t)}, \quad j = \alpha, \beta \tag{6-25}$$

考虑到两侧变流器共用直流母线，应保证它们的容量相等[8]。因此，RPC 的容量可

表示为

$$S_{\text{RPC}}(t)=2\times\max\{S_{c\alpha}(t),S_{c\beta}(t)\} \tag{6-26}$$

从式(6-21)~式(6-26)可以看出，RPC 容量 S_{RPC} 不仅与牵引供电系统两供电臂负荷基波功率$(P_{L\alpha},Q_{L\alpha})$、$(P_{L\beta},Q_{L\beta})$，谐波功率$(S_{c\alpha h},S_{c\beta h})$和储能系统功率 P_{ESS} 有关，还与牵引变压器接线角 $\Theta_{T\alpha}$ 和 $\Theta_{T\beta}$ 以及牵引变压器二次侧母线功率因数角 δ_α 和 δ_β 有关。通常，牵引供电系统两供电臂负荷基波功率$(P_{L\alpha},Q_{L\alpha})$、$(P_{L\beta},Q_{L\beta})$，谐波功率$(S_{c\alpha h},S_{c\beta h})$可通过实时测量获得，变流器和储能介质相关效率参数可从技术手册中获得。牵引变压器接线角 $\Theta_{T\alpha}$ 和 $\Theta_{T\beta}$ 只与牵引变压器接线类型有关，而 δ_α 和 δ_β 只与牵引变电所网侧功率因数有关。因此，RPC 容量 S_{RPC} 取决于储能系统功率 P_{ESS} 与牵引变电所网侧功率因数。若假设牵引变电所网侧目标功率因数 $\text{PF}^*=\cos\varphi_A=\cos\varphi_B=\cos\varphi_C$，而 P_{ESS} 在已知负荷功率的情况下取决于 P_{ESS}^N 和 E_{ESS}^N。基于上述分析，由储能系统和 RPC 的容量模型可将 RPC 容量 S_{RPC} 表示为

$$\begin{aligned}S_{\text{RPC}}(t)&=f[P_{L\alpha}(t),P_{L\beta}(t),Q_{L\alpha}(t),Q_{L\beta}(t),S_{c\alpha h}(t),S_{c\beta h}(t),P_{\text{ESS}}^N,E_{\text{ESS}}^N,\text{PF}^*]\\&=f(P_{\text{ESS}}^N,E_{\text{ESS}}^N,\text{PF}^*)\end{aligned} \tag{6-27}$$

式中，牵引变电所网侧功率因数 PF^* 在牵引工况下应大于 0，在再生制动工况下应小于 0。

考虑到列车按照列车运行图运行，导致牵引供电系统负荷呈现出周期性规律，故在容量设计过程中应至少使用 24h 的实测负荷数据。因此，每给定一组 $(P_{\text{ESS}}^N,E_{\text{ESS}}^N)$ 和一个 $|\text{PF}^*|$，即可根据实测数据计算得到对应的一组 RPC 容量 X_{SRPC}。在此基础上，可使用适宜的取值函数来确定 RPC 的设计容量 $S_{\text{RPC}}^{\text{design}}$，可表示为

$$S_{\text{RPC}}^{\text{design}}=f_X(X_{\text{SRPC}}) \tag{6-28}$$

式中，$X_{\text{SRPC}}=\{S_{\text{RPC}}^1,S_{\text{RPC}}^2,\cdots,S_{\text{RPC}}^{86400n}\}$，$n\in\mathbf{N}$。

6.3.2 再生制动能量利用系统经济模型

再生储能系统虽然增加了铁路运营部门的基础投资，但由再生制动能量利用系统的经济性分析结果可知，再生储能系统凭借其技术效果能为铁路部门降低运营成本。因此，本节内容将根据再生储能系统的投资成本和收益建立其经济模型。

1. 全寿命周期成本模型

由再生制动能量利用系统的经济性可知，再生储能系统的成本主要包括四大方面：①建设成本；②持续成本；③置换成本；④残值成本。各成本的详细说明及建模如下。

1) 建设成本

再生储能系统的建设成本是指系统建设的初始投资，主要包括设备、安装与基建成本。设备成本中除变流器与储能介质外，系统的保护与监控等辅助设备也包含在内。安装与基建成本主要包括牵引变电所内土建基础改造以及设备安装的费用。建设成本与再生储能系统的功率等级密切相关，可表示为

$$C_{\text{CAP}} = \underbrace{\lambda_1 S_{\text{RPC}}^{\text{design}}}_{C_{\text{RPC}}} + \underbrace{\lambda_2 P_{\text{ESS}}^{\text{N}} + \lambda_3 P_{\text{ESS}}^{\text{N}}}_{C_{\text{ESS}}} \tag{6-29}$$

式中，C_{RPC} 和 C_{ESS} 分别表示 RPC 和储能系统的建设成本；λ_1 和 λ_2 分别表示 RPC 和储能系统单位功率价格；λ_3 表示储能介质单位容量的价格。

2) 持续成本

再生储能系统的持续成本主要包括能量损失成本以及系统维护成本。能量损失成本由变流器功率变换损耗及储能介质的自放电产生[9]。系统维护成本指用于再生储能系统全寿命周期内的维护费用，且其随着系统服役时间增长。考虑到持续成本涉及全寿命周期，引入折现率将未来投资折算至现值，因此再生储能系统的持续成本可表示为

$$C_{\text{ONG}} = \sum_{i=1}^{T}[365\lambda_4 E_{\text{loss}} + \lambda_5(1+n_{\text{m}})^i](1+n_{\text{d}})^{-i} \tag{6-30}$$

式中，E_{loss} 表示再生储能系统每天的总运行损耗；λ_4 和 λ_5 分别表示能量损耗成本和运维成本的单价；T 表示系统全寿命周期时间；i 表示系统服役时间；n_{m} 表示运维成本年增长率；n_{d} 表示折现率。

3) 置换成本

牵引供电系统负荷运行工况在牵引与再生制动工况之间频繁切换，导致储能介质在充电和放电工况之间频繁切换。通常变流器的设计寿命超过 20 年，故在再生储能系统全寿命周期内需考虑储能介质的置换成本。储能介质的置换成本可表示为

$$C_{\text{REP}} = \sum_{i=1}^{n_{\text{t}}} C_{\text{ESS}}(1+n_{\text{d}})^{-iT_{\text{ESS}}} \tag{6-31}$$

式中

$$\begin{cases} T_{\text{ESS}}(t) = \text{round}(n_{\text{r}}/365/n_{\text{ESS}}) \\ n_{\text{t}} = T/T_{\text{ESS}} - 1 \end{cases} \tag{6-32}$$

n_{ESS} 和 n_{r} 分别表示储能介质每天和全寿命周期的充放电循环次数；n_{t} 表示置换次数；T_{ESS} 表示储能介质的循环寿命。

4) 残值成本

残值成本是指再生储能系统全寿命周期终止时系统的剩余价值。通常这部分成本取决于储能介质的剩余寿命，故可表示为

$$C_{\text{EOL}} = C_{\text{ESS}}(1+n_{\text{d}})^{-T_{\text{r}}} \tag{6-33}$$

式中

$$T_{\text{r}} = (1+n_{\text{t}})T_{\text{ESS}} - T \tag{6-34}$$

T_{r} 表示储能介质剩余寿命。

联合式(6-29)~式(6-34)，再生储能系统全寿命周期的总成本可表示为

$$C_{\text{RBESS}} = C_{\text{CAP}} + C_{\text{ONG}} + C_{\text{REP}} - C_{\text{EOL}} \tag{6-35}$$

2. 全寿命周期收益模型

由再生储能系统的技术效果可知，其带来的收益包括直接收益和间接收益两部分。由于直接收益与电气化铁路电费相关，而间接收益难以评估，因此再生储能系统的全寿命周期收益仅考虑其直接收益，主要以节省和奖励电费的形式呈现，包括：①再生制动能量回收利用降低了牵引供电系统消耗的电网能量以及峰值负荷功率，从而减少了电度电费与基本电费；②对牵引供电系统的无功补偿提高了功率因数，可减少功率因数罚款或提高功率因数奖励。详细收益模型如下。

1) 节能收益

节能收益来自再生储能系统对牵引供电系统中再生制动能量的回收利用，该功能可有效减少牵引供电系统消耗的电网能量，从而减少电度电费和附加电费的支出。再生储能系统的节能收益可表示为

$$B_{EC} = \sum_{i=1}^{T} \left[365\gamma_1 \sum_{\Delta t=1}^{86400} (P_{GN}(t) - P_G(t))\Delta t / 3600 \right] (1+n_d)^{-i} \quad (6\text{-}36)$$

式中，P_{GN} 表示配置再生储能系统后牵引变电所的网侧总有功功率；γ_1 表示节能收益单价；Δt 表示能量计算采样时间间隔，此处选取为1s。

2) 削峰收益

再生储能系统放电可有效降低牵引供电系统的峰值负荷功率，从而减少基本电费。由于大多数牵引变电所均采用最大需量法计算基本电费，此处以最大需量法为例计算再生储能系统的削峰收益，其可表示为

$$B_{DC} = \sum_{i=1}^{T} \gamma_2 \left[12 \left(\sum_{t=t_1}^{t_1+899} P_{GN}(t) - \sum_{t=t_2}^{t_2+899} P_G(t) \right) \Big/ 900 \right] (1+n_d)^{-i} \quad (6\text{-}37)$$

式中，γ_2 表示削峰收益单价；t_1 和 t_2 分别表示最大需量的起始时刻。

3) 功率因数校正收益

功率因数校正收益与力调电费相关。当牵引供电系统网侧功率因数不满足标准[10]要求时，力调电费为罚款，反之则为奖励。再生储能系统可通过 RPC 为牵引供电系统补偿无功功率，从而降低罚款或提高奖励。功率因数校正收益可表示为

$$B_{PC} = \gamma_3 (B_{EC} + B_{DC}) \quad (6\text{-}38)$$

式中，γ_3 表示功率因数校正收益单价。

联合式(6-36)~式(6-38)，再生储能系统全寿命周期的总收益可表示为

$$B_{RBESS} = (B_{EC} + B_{DC} + B_{PC})T \quad (6\text{-}39)$$

6.3.3 再生制动能量利用系统技术经济模型评价指标

根据再生储能系统的技术模型与经济模型，本节将从技术效果和经济性方面定义技术经济模型的评价指标。技术指标定义了再生制动能量利用率与牵引变电所网侧负序容量来衡量再生储能系统在牵引供电系统节能、削峰以及电能质量治理方面的效果。经济

指标定义了全寿命周期净收益来评估再生储能系统设计容量的经济性。详细的技术经济指标定义如下。

1. 再生制动能量利用率

再生制动能量利用率用于衡量配置设计容量的再生储能系统对牵引供电系统中再生制动能量的回收利用效果，其可定义为

$$\eta = E_R / E_T \times 100\% \tag{6-40}$$

式中，E_R表示再生储能系统每天回收利用的再生制动能量；E_T表示牵引供电系统每天可回收利用的再生制动能量。

2. 牵引变电所网侧负序容量

牵引变电所网侧负序容量用于评估配置设计容量的再生储能系统对牵引变电所三相电网侧负序不平衡的抑制效果。根据牵引变压器原次边电流关系，通过对称分量法可得到网侧负序电流为

$$\boldsymbol{I}_2 = \frac{1}{3K}[(a_{11} + \xi^2 a_{21} + \xi a_{31})\boldsymbol{I}_\alpha + (a_{12} + \xi^2 a_{22} + \xi a_{32})\boldsymbol{I}_\beta] \tag{6-41}$$

式中

$$\begin{cases} a_{11} + a_{21} + a_{31} = 0 \\ a_{12} + a_{22} + a_{32} = 0 \end{cases} \tag{6-42}$$

$\xi = e^{j120°}$；K为牵引变压器变比。

通常，电能质量标准中给出了电网电压不平衡度的要求[11]，可表示为

$$\varepsilon_V(t) = V_2(t)/V_1(t) = S_2(t)/S_d \leqslant \mu \tag{6-43}$$

式中，V_1和V_2分别表示t时刻电网电压正序和负序分量；S_2和S_d分别表示电网负序容量和短路容量；μ表示电能质量标准中给出的电网电压不平衡度的允许值。

电网负序容量可由网侧电压和负序电流计算，可表示为

$$S_2(t) = \sqrt{3}V_{LL}(t)I_2(t) \tag{6-44}$$

假设牵引变压器二次侧两供电臂电压有效值相等，将式(6-18)～式(6-20)和式(6-41)代入式(6-44)，可得

$$\begin{aligned} S_2(t) &= \sqrt{3}V_{LL}(t)I_2(t) \leqslant \mu S_d \\ &= K'[I_{\alpha p}(t)\sqrt{1+\tan^2\delta_\alpha}(a_{11}+\xi^2 a_{21}+\xi a_{31})\angle -\Theta_{T\alpha}-\delta_\alpha \\ &\quad + I_{\beta p}(t)\sqrt{1+\tan^2\delta_\beta}(a_{12}+\xi^2 a_{22}+\xi a_{32})\angle -\Theta_{T\beta}-\delta_\beta] \end{aligned} \tag{6-45}$$

式中

$$K' = \left[P_{L\alpha}(t) + P_{L\beta}(t) - P_{ESS}(t)\right]/2\sqrt{3} \tag{6-46}$$

$$\begin{cases} \delta_\alpha = \Theta_{T\alpha} + \arccos(PF^*) \\ \delta_\beta = -\Theta_{T\beta} + \arccos(PF^*) + 120° \end{cases} \tag{6-47}$$

3. 全寿命周期净收益

全寿命周期净收益用于评估配置设计容量的再生储能系统在全寿命周期内的经济性。根据再生储能系统全寿命周期经济模型，全寿命周期净收益可表示为

$$R_{\text{RBESS}} = B_{\text{RBESS}} - C_{\text{RBESS}} = f(S_{\text{RPC}}^{\text{design}}, P_{\text{ESS}}^{\text{N}}, E_{\text{ESS}}^{\text{N}}) = f(P_{\text{ESS}}^{\text{N}}, E_{\text{ESS}}^{\text{N}}, \text{PF}^*) \tag{6-48}$$

从式(6-48)中可以看出，全寿命周期净收益 R_{RBESS} 只与再生储能系统的设计容量（$S_{\text{RPC}}^{\text{design}}$，$P_{\text{ESS}}^{\text{N}}$，$E_{\text{ESS}}^{\text{N}}$）有关。然而，RPC 技术模型中指出其设计容量 $S_{\text{RPC}}^{\text{design}}$ 是储能系统额定功率 $P_{\text{ESS}}^{\text{N}}$、额定容量 $E_{\text{ESS}}^{\text{N}}$ 以及网侧目标功率因数 PF^* 的函数。因此，全寿命周期净收益也是储能系统额定功率 $P_{\text{ESS}}^{\text{N}}$、额定容量 $E_{\text{ESS}}^{\text{N}}$ 以及网侧目标功率因数 PF^* 的函数。

6.3.4 再生制动能量利用系统容量优化配置方法

本节将介绍基于再生储能系统的技术经济模型的容量优化配置方法。首先，对再生储能系统容量设计变量与设计目标进行分析。由于容量设计基于技术经济模型，设计变量和设计目标均包括技术和经济两方面。设计变量中的技术变量与再生储能系统容量计算相关，主要包括储能介质额定功率和额定容量范围、变流器功率计算所需效率参数、SoC 范围等。经济变量与再生储能系统经济性评估相关，主要包括成本与收益计算相关单价、全寿命周期时间等参数。

再生储能系统的容量设计目标可通过技术经济模型评价指标来确定，主要包括如下三个目标：

(1) 再生制动能量利用率满足预期目标；
(2) 牵引变电所网侧功率因数满足预期目标，且负序不平衡度满足标准要求；
(3) 全寿命周期净收益最优。

根据上述三个目标设计得到的再生储能系统在保证系统技术效果的前提下还可实现最优经济性，对于工程应用意义重大。为实现上述设计目标，设计了一种多目标容量设计方法，如图 6-2 所示。该方法的详细步骤如下。

(1) 参数初始化：初始化容量设计所需 24h 现场实测负荷数据、设计变量以及设计目标。

(2) 容量计算：根据实测负荷数据和相关设计变量，通过式(6-26)和式(6-28)计算给定目标功率因数 $|\text{PF}^*|$ 下的容量参数组合 ($S_{\text{RPC}}^{\text{design}}, P_{\text{ESS}}^{\text{N}}, E_{\text{ESS}}^{\text{N}}$)。

(3) 再生制动能量利用与不平衡抑制分析：分析上一步计算得到的容量参数组合对应的再生制动能量利用率 η 与牵引变电所网侧负序容量 S_2。若网侧负序容量 S_2 不满足电能质量标准要求，则返回上一步增加 $|\text{PF}^*|$ 重新计算容量参数，反之则进入下一步。

(4) 设计容量确定：输入经济变量与目标再生制动能量利用率 η^*，从上一步计算得到的容量参数组合中获取满足目标再生制动能量利用率 η^* 的容量参数组合，并计算这些组合对应的全寿命周期净收益。通过比较不同组合的全寿命周期净收益获得最优净收益对应的容量参数组合，从而确定再生储能系统的最优设计容量。

6.3.6 案例分析

为进一步说明再生储能系统的容量优化配置方法,选取牵引变电所实测负荷数据设计再生储能系统容量,并在此基础上对所得最优容量参数进行仿真实验验证,以证明方法的正确性及有效性。

1. 容量配置案例

再生储能系统容量配置案例选取某高铁牵引变电所,该变电所最大负序电流为167A,最大电压不平衡度超过国家标准规定的2%[12]。同时,该所每天消耗约200MW·h电能,返送约24MW·h再生制动能量回电网。因此,该变电所适合配置再生储能系统以实现再生制动储能回收利用与电能质量问题治理。详细容量设计过程如下。

1) 参数初始化

本案例选取的牵引变电所采用V/x接线牵引变电所,目标功率因数的选取应满足再生制动工况下 $-1 \leqslant |PF^*| \leqslant -0.9$,牵引工况下 $0.9 \leqslant |PF^*| \leqslant 1$[13]。再生储能系统的储能介质额定功率 P_{ESS}^N 和额定容量 E_{ESS}^N 范围根据牵引变电所实测负荷再生制动过程中的最大再生制动功率和再生制动能量确定,且SoC的上下限分别设定为0.95和0.05。对于谐波补偿功能,考虑到大功率电力电子设备的低开关频率特性,故仅考虑对3次、5次、7次以及11次典型电网背景谐波进行补偿[14]。为提高设计容量的适用性,式(6-28)中的设计容量选取函数采用95%概率函数。容量设计中涉及的技术变量和经济变量初始化参数如表6-2和表6-3所示。

表6-2 设计变量参数表

参数	n_{ch}	n_{ds}	n_c	n_{dc}
数值	0.95	0.95	0.978	0.98
参数	n_{sds}	λ_1	λ_2	λ_3
数值	20%/天	338000 元/(MV·A)	487500 元/MW	35750 元/(kW·h)
参数	λ_4	λ_5	T	n_m
数值	6500 元	0.5 元	15 年	0.05
参数	n_d	n_r	γ_1	γ_2
数值	0.035	500000	0.5 元/(kW·h)	36 元/kW

表6-3 力调电费参数表

功率因数	1	0.99	0.98	0.97	0.96	0.95	0.94
γ_3/%	−0.75	−0.75	−0.75	−0.75	−0.75	−0.75	−0.6
功率因数	0.93	0.92	0.91	0.9	0.89	0.88	0.87
γ_3/%	−0.45	−0.3	−0.15	0	0.5	1	1.5

2) 容量计算

根据多目标容量设计方法和牵引变电所#24小时实测负荷数据,可通过式(6-21)～

式(6-28)计算得到不同目标功率因数$|\text{PF}^*|$对应的 RPC 设计容量 $S_{\text{RPC}}^{\text{design}}$。图 6-4(a)为 $|\text{PF}^*|=0.9$ 时得到的再生储能系统容量参数组合($S_{\text{RPC}}^{\text{design}}, P_{\text{ESS}}^{\text{N}}, E_{\text{ESS}}^{\text{N}}$)。从图中可以发现，最小的 RPC 设计容量为 33.9MV·A，此时储能系统额定功率和额定容量均为 0。随着储能系统额定功率和额定容量的增加，RPC 设计容量也随之增加，且最大变化量约为 4MV·A。此外，根据再生储能系统的技术模型，RPC 的无功功率补偿容量受目标功率因数的影响。图 6-4(b)给出了不同目标功率因数对应的最大 RPC 设计容量，可以看出 RPC 设计容量随着目标功率因数的增加而增加，目标功率因数 $|\text{PF}^*|=1$ 时比 $|\text{PF}^*|=0.9$ 时的容量增加了约 10%。

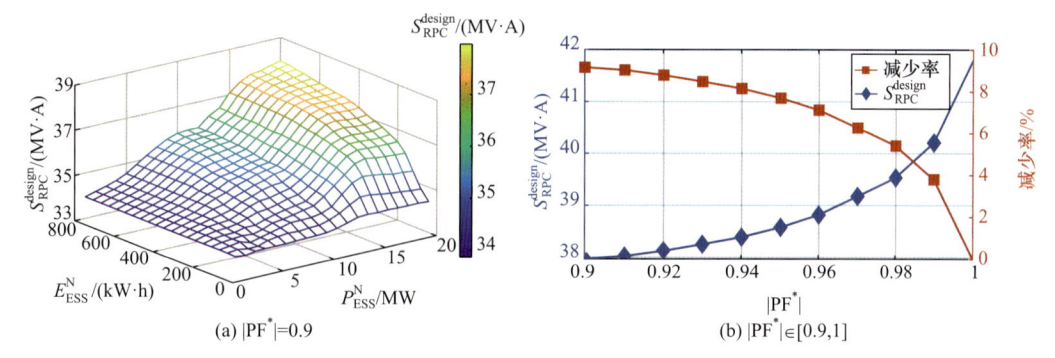

图 6-4 再生储能系统容量参数组

3) 再生制动能量利用率及不平衡抑制分析

根据图 6-4(a)所示的再生储能系统容量参数组，利用式(6-40)可计算得出每个容量参数组对应的再生制动能量利用率，如图 6-5(a)所示。从图中可以看出，储能系统额定功率和额定容量为 0 时的再生制动能量利用率最低，约为 27%。随后，再生制动能量利用率随着储能系统额定功率和额定容量的增加而增长，最大再生制动能量利用率为 80.7%。由于再生制动能量利用率仅与有功功率相关，不同目标功率因数不影响再生制动能量利用率。图 6-5(b)给出了典型目标再生制动能量利用率下 $P_{\text{ESS}}^{\text{N}}$ 和 $E_{\text{ESS}}^{\text{N}}$ 的关系。从图中可以看出，选定目标再生制动能量利用率 η 可得到对应的一组($P_{\text{ESS}}^{\text{N}}, E_{\text{ESS}}^{\text{N}}$)，将其代入图 6-4(a)所示容量参数组，便可得到对应的 RPC 设计容量 $S_{\text{RPC}}^{\text{design}}$，从而获得满足目标再生制动能量利用率的容量参数组($S_{\text{RPC}}^{\text{design}}, P_{\text{ESS}}^{\text{N}}, E_{\text{ESS}}^{\text{N}}$)。

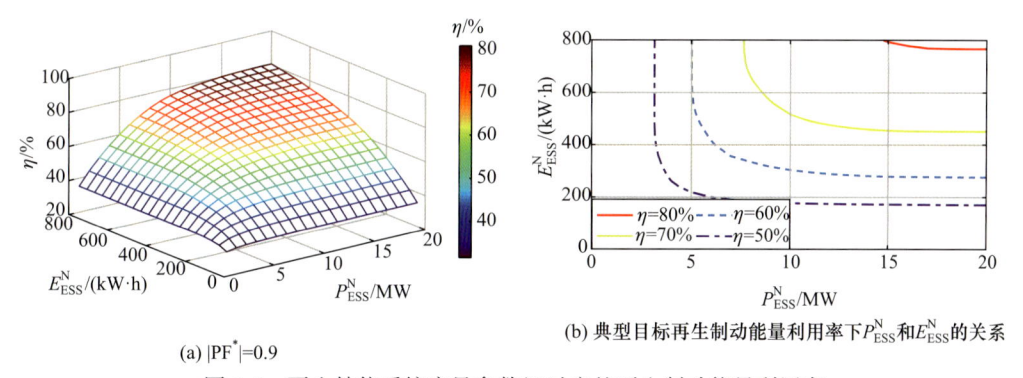

图 6-5 再生储能系统容量参数组对应的再生制动能量利用率

表 6-6 详细仿真结果

参数	工况 I 0.9~1s	工况 I 1~1.1s	工况 II 0.9~1s	工况 II 1~1.1s	工况 III 0.9~1s	工况 III 1~1.1s
P_A/MW	6.14	1.23	−2.64	−3.24	−4.35	4.24
P_B/MW	−0.91	1.21	−6.55	−3.25	14.65	6.01
P_C/MW	6.39	1.16	−8.53	−3.23	8.86	8.91
P_{ESS}/MW	0	7	0	−6.37	0	0
P_G/MW	10.62	4.33	−16.72	−9.72	19.16	19.58
P_{loss}/MW	—	0.71	—	0.63	—	0.42
PF_A	0.85	1	−0.79	−1	−0.76	0.95
PF_B	−0.83	1	−0.87	−1	0.86	0.90
PF_C	0.81	1	−0.97	−1	0.64	0.99
THD_α/%	0.85	1.29	0.52	0.41	6.72	0.57
THD_β/%	4.87	1.15	2.65	0.51	1.54	0.35
ε_I/%	126.6	6.1	61	0.5	176.5	41.8

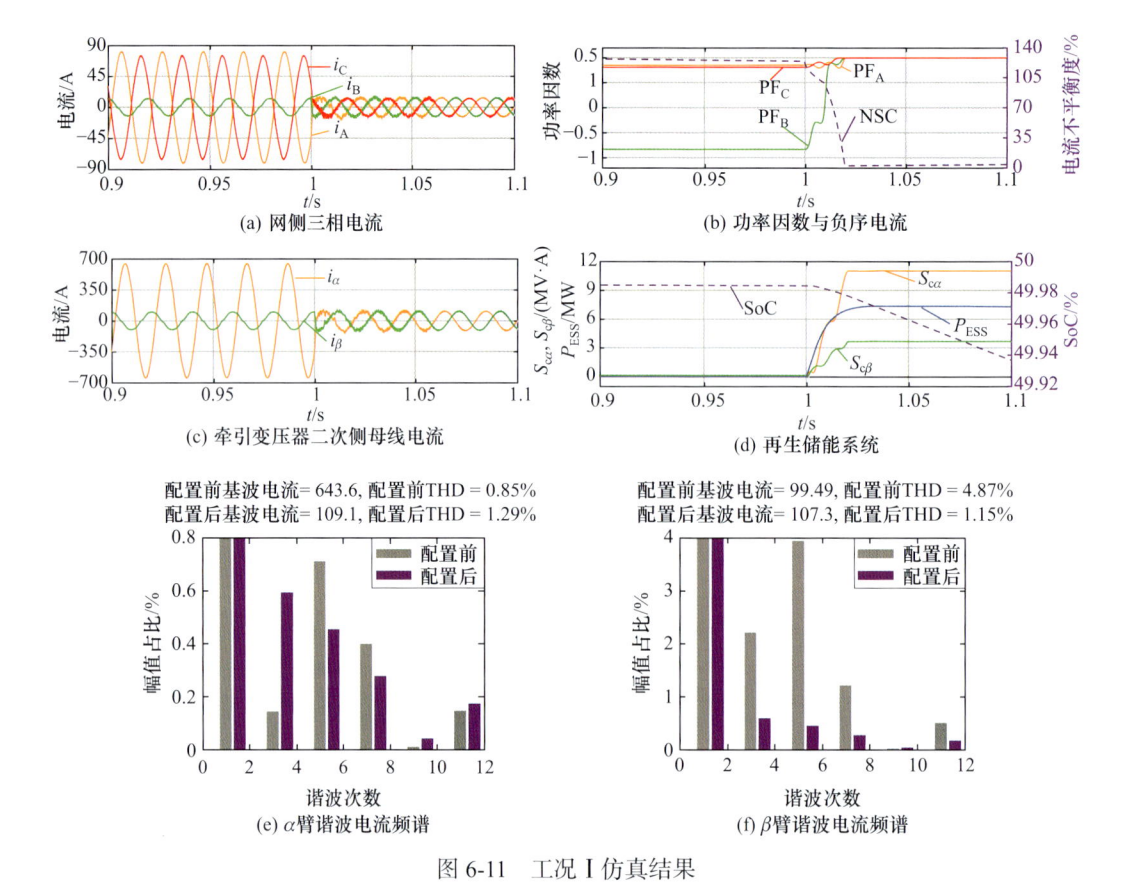

(a) 网侧三相电流

(b) 功率因数与负序电流

(c) 牵引变压器二次侧母线电流

(d) 再生储能系统

(e) α臂谐波电流频谱

(f) β臂谐波电流频谱

图 6-11 工况 I 仿真结果

第 6 章 再生制动能量利用系统经济性

由于变流器损耗以及线路传输损耗，牵引变电所网侧功率仅降低了 6.29MW。同时，两供电臂母线电流和网侧电流在再生储能系统运行后迅速平衡，网侧电流不平衡度降低至 6.1%。虽然最优容量对应的网侧功率因数目标为 0.9，但由于 RPC 有剩余容量，牵引变电所网侧功率因数被进一步提高至 1，如图 6-11(c)所示。此外，电网背景谐波导致的 3、5、7 以及 11 次谐波均得到有效抑制，如图 6-11(e)和(f)所示。

典型工况 II 的实时仿真结果如图 6-12 所示。从仿真结果可以看出，再生储能系统未投入运行时牵引变电所二次侧两供电臂母线电流差异较大，网侧电流不平衡度为 61%。再生储能系统在 $t=1$s 时启动并工作于充电模式，存储牵引供电系统向电网返送的再生制动能量，牵引变电所网侧返送的再生制动功率降低为 9.72MW，储能介质 SoC 随着再生制动能量的存储而上升，如图 6-12(d)所示。由于变流器损耗以及线路传输损耗，牵引变电所网侧功率仅降低了 6.29MW。再生储能系统运行后，两供电臂母线电流和网侧电流迅速平衡，牵引变电所网侧功率因数被补偿至−1，如图 6-12(a)~(c)所示。此外，牵引供电系统的典型低次谐波均得到有效抑制，两供电臂谐波电流总畸变率分别降低为 0.41% 和 0.51%，如图 6-12(e)和(f)所示。

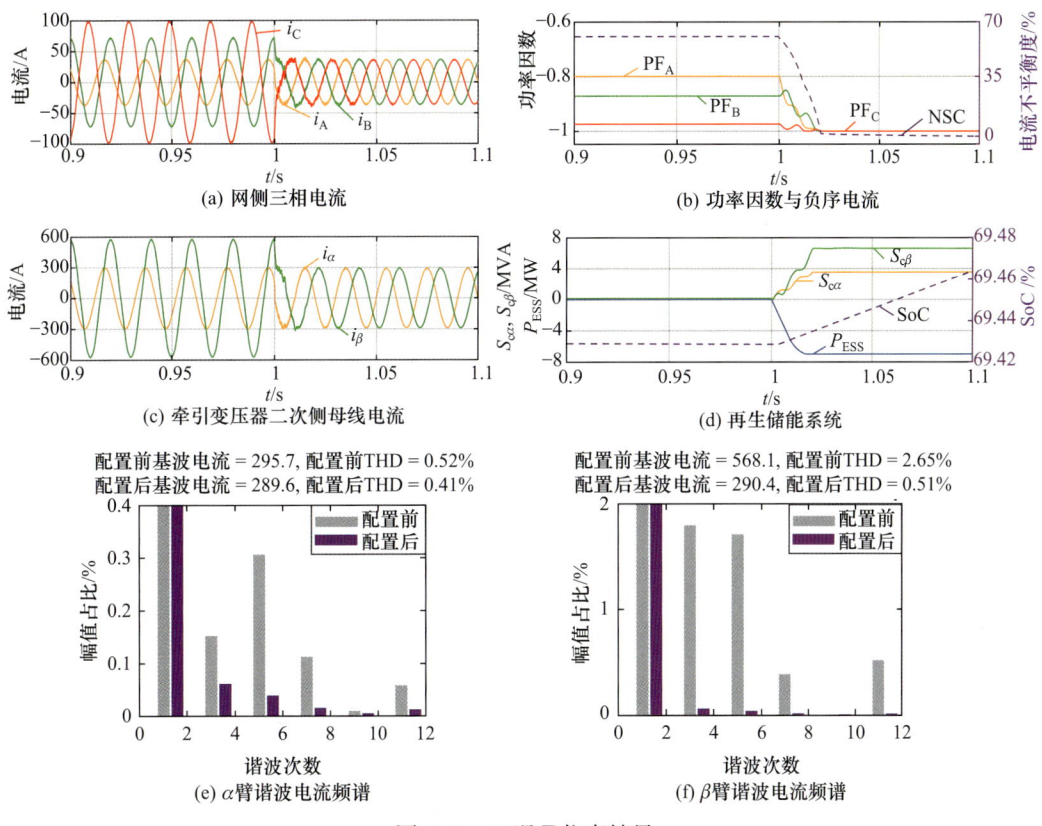

(a) 网侧三相电流

(b) 功率因数与负序电流

(c) 牵引变压器二次侧母线电流

(d) 再生储能系统

配置前基波电流 = 295.7，配置前THD = 0.52%
配置后基波电流 = 289.6，配置后THD = 0.41%

配置前基波电流 = 568.1，配置前THD = 2.65%
配置后基波电流 = 290.4，配置后THD = 0.51%

(e) α臂谐波电流频谱

(f) β臂谐波电流频谱

图 6-12 工况 II 仿真结果

图 6-13 为典型工况 III 的实时仿真结果。在该工况下，由于储能介质 SoC 处于下限，再生储能系统工作于空闲模式，仅 RPC 工作。从仿真结果中可以看出，再生储能系统未投入运行时牵引变电所二次侧两供电臂母线电流严重不平衡，网侧电流不平衡度高达

176.5%。再生储能系统启动后,牵引变电所二次侧两供电臂母线电流和网侧三相电流不平衡得到显著改善,但由于 RPC 容量限制无法实现完全平衡,网侧电流不平衡度降至 41.8%,如图 6-13(a)~(c)所示。同时,牵引供电系统中严重的低次谐波得到有效抑制,两供电臂谐波电流总畸变率分别降低为 0.57%和 0.35%,如图 6-13(e)和(f)所示。

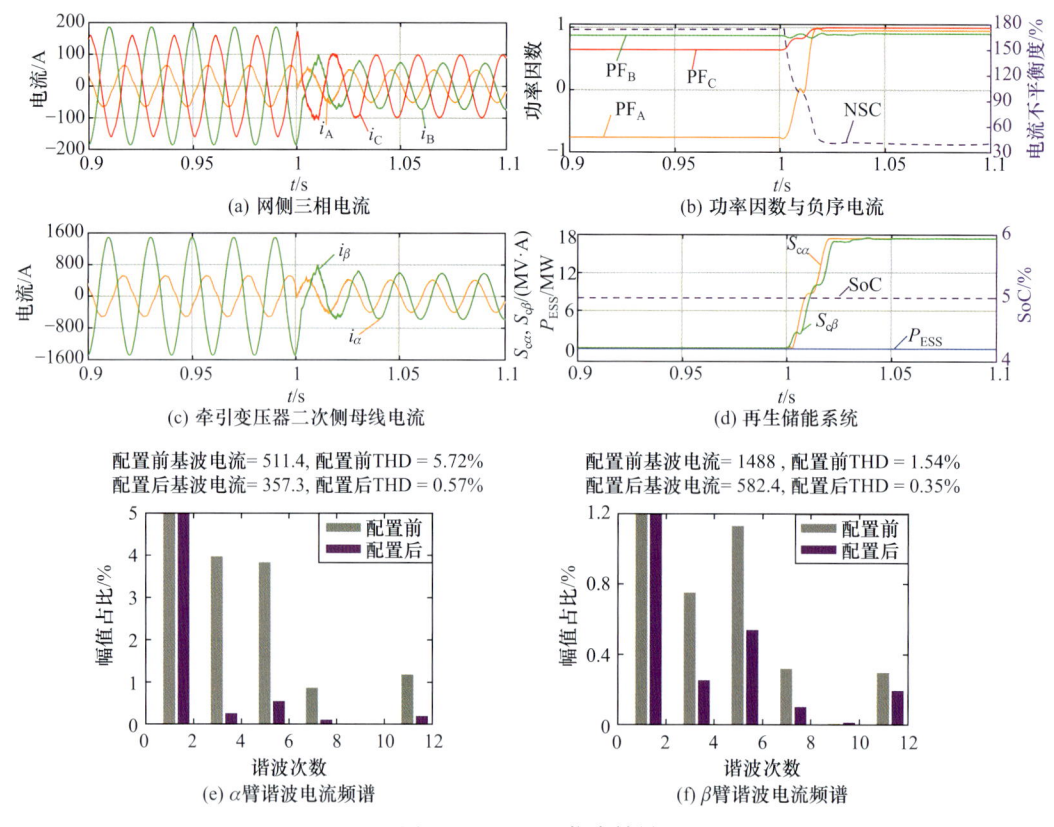

图 6-13 工况Ⅲ仿真结果

从上述实时仿真结果中可以得到如下结论。

(1) 牵引变电所网侧有功功率通过回收利用再生制动能量得到有效降低,能量利用率显著提高。

(2) 牵引供电系统中无功、谐波以及不平衡等电能质量问题被有效抑制。

(3) 提出的再生储能系统容量设计目标实现方法可在不同运行工况下有效实现再生制动能量利用与电能质量治理的设计目标。

6.4 本章小结

针对再生制动能量利用系统的经济性,本章分析了电气化铁路的电价政策;在此基础上,对再生制动能量利用系统的技术效果和经济性之间的关系进行了分析,并基于此以牵引变电所再生储能系统为例建立了再生制动能量利用系统的技术经济模型;进一步地，介绍了基于技术经济模型的再生制动能量利用系统容量优化配置方法，并通过基于实测数据的容量设计案例以及仿真分析验证了方法的正确性与有效性。

此外，以再生储能系统为例建立的技术经济模型具备良好的可移植性，通过修改再生制动能量利用系统的技术模型和经济模型中的相关成本，即可适用于其他类型的再生制动能量利用系统。本章所提计及技术效果与经济性的再生制动能量利用系统容量优化配置方法在保证相关技术效果的前提下实现最优的经济效益，可为再生制动能量利用系统工程应用方案的容量设计提供参考。

参 考 文 献

[1] 水利电力部. 水电财字(1975)67 号《电、热价格》通知[EB/OL]. https://wenku.baidu.com/view/df97615aaf1ffc4ffe47acb5.html. [2022-03-07].

[2] 俞益飞. 铁路牵引变电所电费节支措施[J]. 电气化铁道, 2013, 24(2): 19-21.

[3] 董志杰, 杨振龙, 林晨, 等. 电气化铁路再生电能利用研究[J]. 电气化铁道, 2021, 32(2): 6-8.

[4] 邬明亮. 分时电价政策下电气化铁路储能的经济性[J]. 电力自动化设备, 2020, 40(6): 191-197, 1

[5] 胡海涛, 陈俊宇, 葛银波, 等. 高速铁路再生制动能量储存与利用技术研究[J]. 中国电机工程学报, 2020, 40(1): 246-256, 391.

[6] Chen J Y, Hu H T, Ge Y B, et al. An energy storage system for recycling regenerative braking energy in high-speed railway[J]. IEEE Transactions on Power Delivery, 2021, 36(1): 320-330.

[7] 魏文婧, 胡海涛, 王科, 等. 基于铁路功率调节器的高速铁路牵引供电系统储能方案及控制策略[J]. 电工技术学报, 2019, 34(6): 1290-1299.

[8] An B N, Li Y, Liu F, et al. An asymmetrical connection balance transformer-based hybrid railway power conditioning system with cost-function optimization[J]. IEEE Transactions on Transportation Electrification, 2018, 4(2): 577-590.

[9] Bandyopadhyay S, Mouli G R C, Qin Z A, et al. Techno-economical model based optimal sizing of PV-battery systems for microgrids[J]. IEEE Transactions on Sustainable Energy, 2020, 11(3): 1657-1668.

[10] Power System Instrumentation and Measurements Committee of the IEEE Power and Energy Society. IEEE Standard Definitions for the Measurement of Electric Power Quantities Under Sinusoidal, Nonsinusoidal, Balanced, or Unbalanced Conditions : IEEE Std 1459—2010 [S]. New York: IEEE, 2010.

[11] Power System Instrumentation and Measurements Committee of the IEEE Power and Energy Society. IEEE Recommended Practice for Monitoring Electric Power Quality: IEEE Std 1159—2019 [S]. New York: IEEE, 2009.

[12] 全国电压电流等级和频率标准化技术委员会. 电能质量 三相电压不平衡: GB/T 15543—2008[S]. 北京: 中国标准出版社, 2009.

[13] Wang K, Hu H T, Zheng Z, et al. Study on power factor behavior in high-speed railways considering train timetable[J]. IEEE Transactions on Transportation Electrification, 2018, 4(1): 220-231.

[14] Hu H T, He Z Y, Li X, et al. Power-quality impact assessment for high-speed railway associated with high-speed trains using train timetable—Part I: methodology and modeling[J]. IEEE Transactions on Power Delivery, 2016, 31(2): 693-703.

第 7 章 "源-网-车-储"一体化供电技术

近年来，在传统电气化铁路供电系统的基础上，借鉴微电网等新型供电模式构建新一代的电气化铁路"源-网-车-储"一体化供电系统已成为电气化铁路供电系统的发展趋势。本章将全面探讨电气化铁路"源-网-车-储"一体化供电系统的互联架构与协同运行机制，并在此基础上构建"源-网-车-储"一体化协调控制技术体系。

7.1 "源-网-车-储"供电系统发展前景

2020 年 8 月，中国国家铁路集团有限公司发布《新时代交通强国铁路先行规划纲要》指出，要"优化铁路用能结构，提升能源综合使用效能"、"推进铁路清洁能源化、绿色低碳化"；在此背景下，占比 3/4 的电气化铁路将成为实现"低碳、增效"的主战场[1]。同时，随着近年来成渝中线等高标准线路、川藏铁路等复杂服役环境线路的建设推进[2]，电气化铁路的供电稳定性、可靠性以及应急供电能力都面临更高需求[3]。因此，作为电气化铁路的核心能源系统，牵引供电系统必须朝着低碳高效、安全可靠的方向发展[4]。

要实现上述目标，必须解决现有牵引供电系统的诸多问题[5,6]：①总耗电量大，系统损耗高，大量再生制动能量未得到有效利用[7,8]；②牵引网电压波动问题、负序与谐波等电能质量问题、低频振荡[9]与谐波谐振等稳定性问题以及接触网覆冰问题，威胁系统的安全可靠供电[10,11]；③供电电源单一，导致系统抵御外部干扰和故障的能力差，系统弹性不足，应急供电能力差[12]；④电分相使牵引网存在无电区域，导致列车速度损失与弓网电磁暂态问题，限制了电气化铁路(尤其是含长大坡道的山区铁路)的高速、重载发展[13]。

近年来，为实现"节能减排"战略目标，推进新能源的高渗透与高效利用，国内外学者对多能互补、微电网、能源互联网等新型供电模式进行了积极的探索和实践[14,15]。微电网作为一种利于外部电网与用户友好互动的新兴供电模式，集成了能源生产、传输、储存与消纳多个环节，不仅有利于减少系统排放量，还有利于提升系统能效、可靠性与安全性[16,17]。

因此，将微电网等新型供电模式应用于电气化铁路，在传统牵引供电系统的基础上，通过电力电子变流设备集成新能源发电单元与储能单元[18]，构建电气化铁路"源-网-车-储"一体化供电系统，实现电气化铁路能效、供电品质、可靠性、稳定性以及应急供电能力等全面提升，助力电气化铁路朝着高能效、高品质、高稳定与强韧性发展。

7.2 "源-网-车-储"一体化供电系统架构与运行机制

7.2.1 "源-网-车-储"一体化供电系统架构

根据能量交汇点的不同,可将"源-网-车-储"一体化供电系统分为交流互联架构与交-直流互联架构[18],如图 7-1 所示。

图 7-1 "源-网-车-储"一体化供电系统架构

在交流互联架构下,各新能源单元与储能单元通过各自的并网变流器直接接入牵引网。该结构以牵引网为能量交汇点,汇集由新能源单元和处于再生工况的列车发出的电能,同时为处于牵引工况的列车提供电能,并通过牵引变压器与三相电网进行能量交换,维持系统能量平衡。分布广泛的牵引网利于分布式新能源、储能单元的就近、就地接入。但是,分散并网易导致系统潮流复杂,不利于系统的潮流管理;同时,多并网变流器间存在谐波、振荡等交互影响,系统稳定控制与电能质量调控困难。

在交-直流互联架构下,各新能源单元与储能单元先接入同一直流母线,再经并网变流器接入牵引网。新能源、储能通过并网逆变器实现能量的集中交互,有利于系统的统一潮流管理;同时,并网变流器通常可参与牵引供电系统的负序、谐波等电能质量治理与稳定性提升[19]。因此,相较于交流互联架构,交-直流互联架构更符合电气化铁路的实际需求。

基于电气化铁路再生制动能量储能利用系统,一种交-直流互联架构的"源-网-车-储"一体化供电系统得以构建,其拓扑结构如图 7-2 所示(图中变量含义见 7.4.1 节)。RPC作为并网变流器,其直流环节构造直流母线,为新能源单元、储能单元以及不断电过分相装置提供接口;其交流端口接入牵引网异相母线,实现不同供电臂间的能量互联;同时,在牵引网末端分区所处安装无源阻波高通滤波器,用于滤除高次特征谐波,抑制谐振现象[20,21]。在该拓扑下,系统中"源-网-车-储"各部分组成如下。

(1) "源"包含三相电网与接入系统的多种新能源发电单元。新能源的接入,使单源供电格局转化为多源供电格局,极大地提升了系统能效与弹性。

(2) "网"指电气化铁路牵引供电网络,主要包含牵引变压器、接触网、铁路功率调节器、不断电过分相装置与高通滤波器。新形态的牵引供电网络灵活性和可控性大大提高，既可控制系统功率传输、优化潮流，又可通过相应的控制策略实现系统电能质量治理、牵引网电压稳定、列车不断电过分相，还可通过联络开关进行牵引网分段或网架重组，提升系统可靠性，实现接触网离线融冰。

(3) "车"为装配有储能系统的新型高速列车。传统列车的负荷功率特征表现为双向性与冲击性，牵引工况时从接触网上吸收电能，再生制动工况时采用再生制动技术将列车动能转换为电能并返送回接触网。车载储能单元的增设使传统列车进化为一种弹性负荷，可通过协调控制参与系统牵引网压调节与再生制动能量利用。

(4) "储"包含牵引变电所储能单元与车载储能单元。储能单元增加了系统潮流的可控性与灵活性。其既可用于平衡系统内的源-荷功率供需不平衡，促进列车再生制动能量与新能源单元输出电能的消纳；亦可参与牵引网电压支撑，增强系统稳定性；还可用于长时间尺度内牵引负荷的削峰填谷，提高系统运行的经济性。

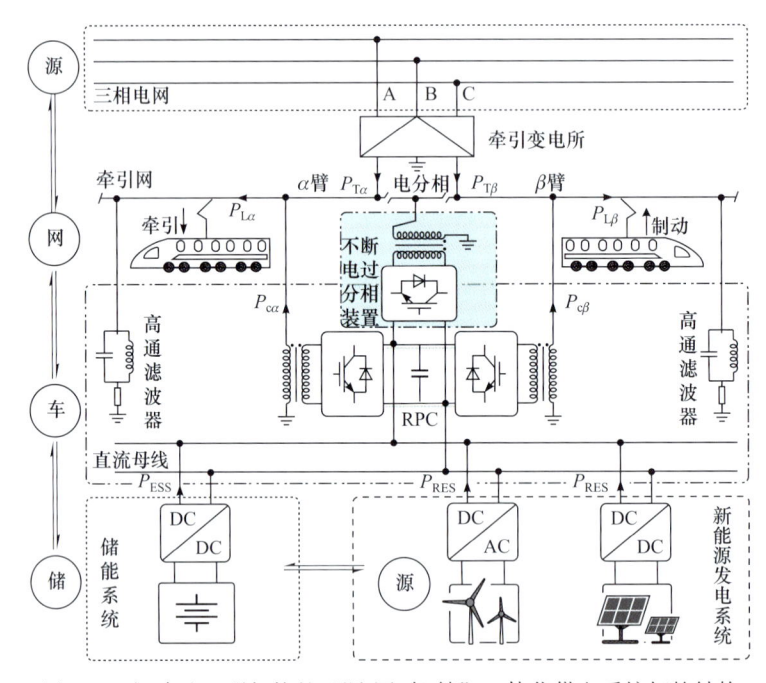

图 7-2 交-直流互联架构的"源-网-车-储"一体化供电系统拓扑结构

7.2.2 "源-网-车-储"多环节协同运行机制

"源-网-车-储"一体化供电系统中各环节在时序特性和供需特性上均存在差异。因此，为充分挖掘各环节参与系统调控的潜力，需要考虑电气化铁路的负荷特征与系统需求，从"源-网-车-储"多环节、多维度，通过"源-源互补"、"源-网协调"、"源-车-储互动"，共同实现系统能量管理与和优化控制[17]。图 7-3 描述了系统"源-网-车-储"多环节互动机制。

"源-源互补"即不同电源间可实现协调互补。正常运行时，三相电网为系统提供稳定的频率支撑、平衡新能源单元发电与牵引负荷间的供需差异，降低新能源发电的随机性、波动性对系统的影响，促进系统对新能源资源消纳，提升系统能效[15]。三相电网故障时，新能源单元作为主要电源，为系统提供持续的应急电能，提升系统供电韧性。

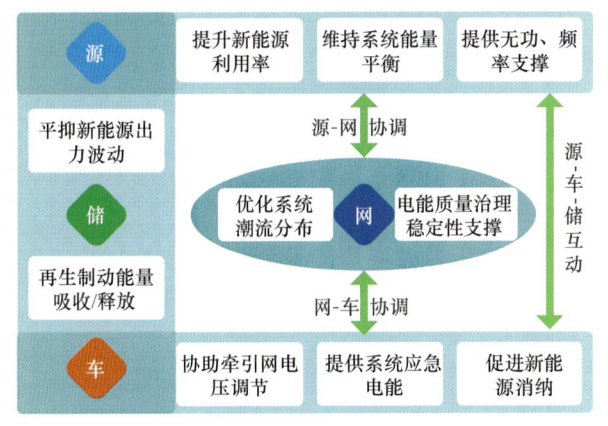

图 7-3 "源-网-车-储"多环节互动机制

"源-网协调"要求电网能实现多样化新能源发电单元与储能单元的即插即用。同时，利用先进的控制技术，控制并网变流器等设备优化系统有功/无功潮流分布，结合系统当前需求与并网变流器等设备的可用补偿能力，有选择地实现无功补偿、负序治理、牵引网电压波动抑制或者系统稳定性支撑等功能，提升系统电能质量与稳定性[22]。

"源-车-储互动"将储能单元、新能源单元与牵引负荷视为广义的需求侧，根据新能源单元出力特征与负荷特征，优化行车安排，引导需求侧主动追寻新能源单元出力波动[15]，配合储能系统的有序充放电管理，促进列车再生制动能量与沿线新能源发电能量在铁路系统内的高效利用，减少从电网取电，提升系统能效；基于历史负荷数据，控制储能系统实现削峰填谷，降低系统最大需量，提升运行经济性。根据系统需求，协调控制新形态的牵引供电网络，实现列车柔性不断电过分相与牵引网离线融冰，降低系统故障发生概率，提升系统可靠性；在三相电网因故断电时，新能源单元、变电所储能单元与车载储能单元等多环节协调互补，可为列车提供持续供电，增强系统应急供电能力，提升供电弹性。

总体来说，储能单元、新能源单元等的接入打破了传统牵引供电系统中只有单一供电电源的局面，增加了系统潮流可控性与供电可靠性，使得系统运行方式更为灵活。相比于现有牵引供电系统，"源-网-车-储"一体化供电系统主要具有如下优势：①可实现列车再生制动能量与沿线新能源资源在铁路系统内部的高效利用，系统能效有效提高；② 可实现系统内谐波、负序与牵引网压波动等电能质量问题的综合治理与系统阻尼补偿，系统电能质量与稳定性提升；③多电源间互补供电，加上列车柔性不断电过分相、牵引网离线融冰功能的实现，系统供电可靠性与弹性整体增强。

7.3 "源-网-车-储"一体化控制方案

要实现"源-网-车-储"一体化供电系统的新能源与再生制动能量利用、牵引网电压波动抑制、电能质量综合治理(包括无功补偿与负序治理以及谐波治理)、稳定性提升等

谐波电流目标值 $I_{hi} > I_{ui2}$ 时，为防止目标值超过系统容量，需将谐波目标电流从高次到低次逐一递减直至 $I_{hi} \leqslant I_{ui2}$；由此，在实现系统容量最大化利用的同时保证系统运行效果与安全运行。

步骤 4：根据 i 侧变流器补偿的基波有功功率与新能源单元发电功率校正储能系统的输出功率目标值，并将各部分目标值送入多变流器协调控制环节中，实现各目标值的快速、精确跟踪。

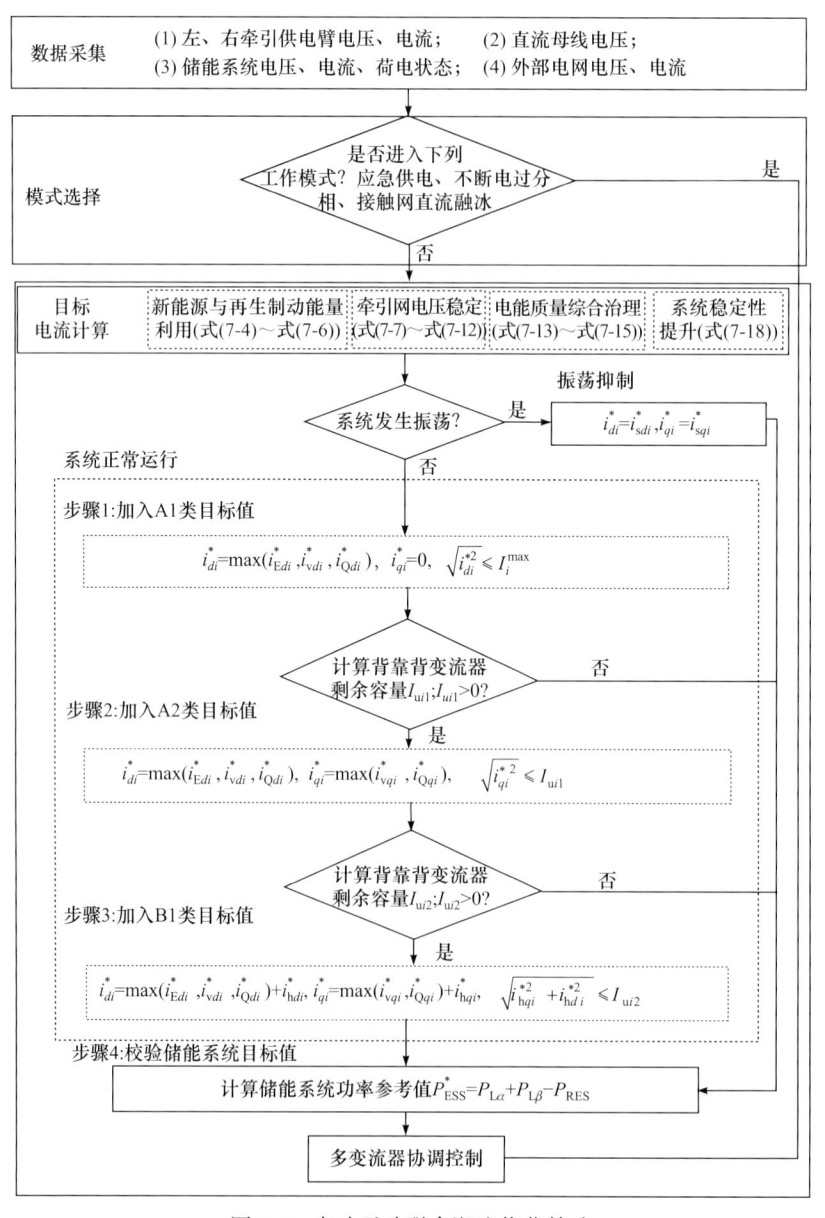

图 7-6　有功无功联合潮流优化策略

7.3.2 多变流器协调控制策略

图 7-2 所示的交-直流互联"源-网-车-储"一体化供电系统是一个具有公共直流母线的多端口多输入多输出系统。要实现此类多端口系统的稳定工作，至少需要一个端口工作在主模式稳定直流母线电压，维持系统能量平衡，剩余端口则工作于从模式管理自身输出功率，完成系统潮流调度任务[23]。基于此，提出如图 7-7 所示的基于主从控制的多变流器协调控制策略(各新能源变流器均采用成熟的最大功率追踪控制，故未列出)。当系统正常运行时，为保证系统在稳定工作的同时具有良好的动态性能，设定 RPC 的两侧变流器同时工作在主模式共同稳定直流母线电压，维持系统能量平衡，同时跟踪上层下发的目标电流；设定储能变流器、过分相变流器等其余变流装置工作在从模式，根据上层目标值控制自身输出功率，完成系统潮流优化目标。当系统运行在应急供电模式时，变电所储能单元作为系统主电源，储能变流器工作在主模式，稳定直流母线电压，维持系统能量平衡；RPC 工作于从模式，恢复牵引网电压；过分相变流器退出运行；新能源变流器工作于从模式，控制自身输出功率，为系统提供持续的应急电能。

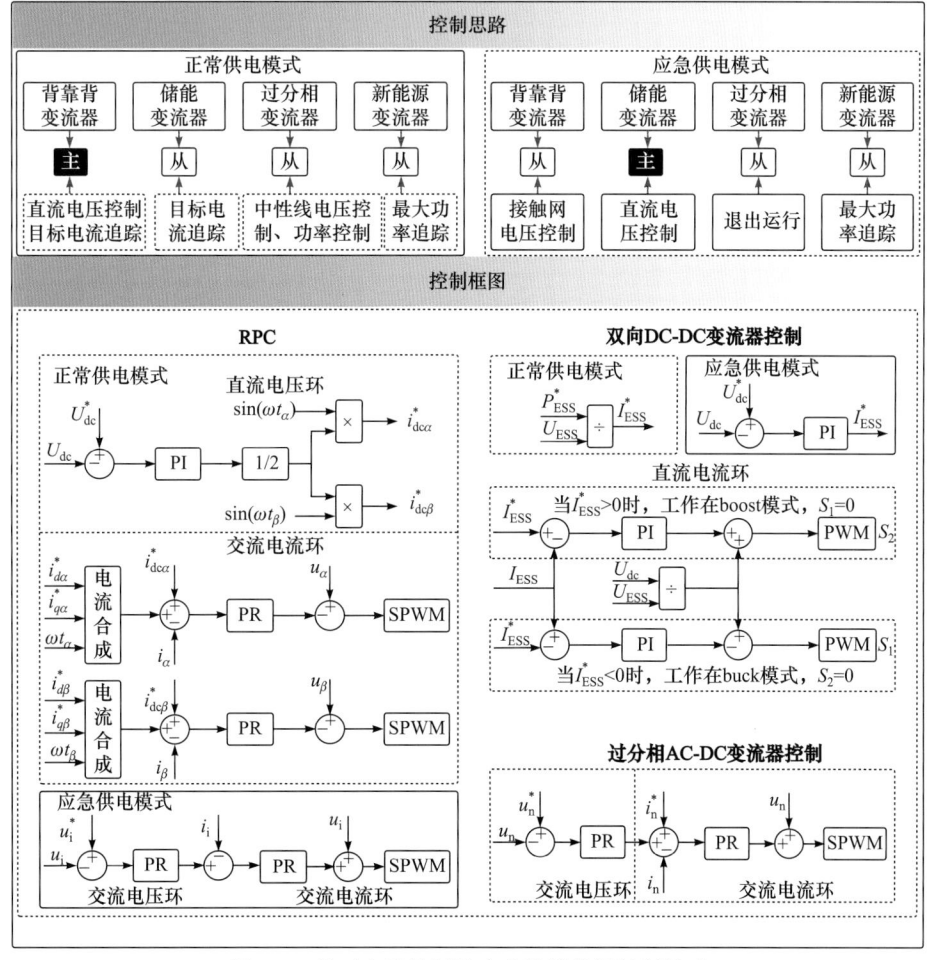

图 7-7 基于主从控制的多变流器协调控制策略

7.4 "源-网-车-储"一体化供电技术方案与验证

如何根据系统当前状态计算实现不同控制目标所需的功率/电流目标值，是实现上述"源-网-车-储"一体化协调运行控制的关键。为此，本节针对系统的多个运行目标，探讨基于"源-网-车-储"多环节联合调控的可行技术方案，并搭建仿真模型，对所提的各技术方案与"源-网-车-储"一体化协调运行控制体系进行验证。仿真系统具体参数如表 7-1 所示。

表 7-1 仿真参数

位置	参数	数值(型号)
三相电网	电压等级	220kV
	短路容量	2000MV·A
牵引变压器	变比	220kV/(2×27.5kV)
	容量	2×40MV·A
	短路损耗	113.2kW
	短路电压百分比	11.95%
接触网	承力索	JTMH-120
	接触线	CTMH-150
RPC	容量	2×12MV·A
	交流侧电压	1800V
	直流侧电压	3600V
储能系统	额定容量	12MV·A
	额定电量	240kW·h
光伏系统	装机容量	7MV·A

7.4.1 新能源与再生制动能量利用

1. 新能源与再生制动能量利用方案

如图 7-2 所示，"源-网-车-储"一体化供电系统中各环节间的有功功率满足如下平衡关系：

$$P_{T\alpha}+P_{T\beta}=P_{L\alpha}+P_{L\beta}-P_{RES}-P_{ESS}+P_{loss} \tag{7-2}$$

式中，$P_{T\alpha}$、$P_{T\beta}$ 分别表示牵引变压器二次侧 α 臂和 β 臂的输出功率，二者之和为三相电网输出功率；$P_{L\alpha}$、$P_{L\beta}$ 分别为左、右供电臂的负荷功率；P_{loss} 为系统损耗功率；P_{ESS} 为储能单元充/放电功率；P_{RES} 为新能源单元功率。各功率正方向按图 7-2 中箭头方向定义。

为实现接入系统新能源资源的最大化利用,使新能源单元工作于最大功率输出模式,尽可能地为系统提供能量;通过 RPC 的控制,优化源-荷-储各环节间的功率潮流分布;通过储能单元充放电,平衡系统内的源-荷间功率供需差异。为实现新能源资源与再生制动能量在铁路系统内部的最大化利用,以最小化牵引供电系统与三相电网间的交互功率作为系统控制目标:

$$\min \left|P_{T\alpha}+P_{T\beta}\right|=\left|P_{L\alpha}+P_{L\beta}-P_{RES}-P_{ESS}+P_{loss}\right| \tag{7-3}$$

同时,为降低三相侧负序电流,使牵引变压器二次侧两相输出功率相等[24]:

$$P_{T\alpha}=P_{T\beta}=P_G/2 \tag{7-4}$$

由于负荷功率与机车数量、运行工况、线路情况等诸多外部因素有关且不易控制,可通过优化储能单元输出功率来实现式(7-3)所示的控制目标:

$$P^*_{EESS}=P_{L\beta}+P_{L\alpha}-P_{RES}+P_{loss} \tag{7-5}$$

$$P^{min}_{ESS} \leqslant P^*_{EESS} \leqslant P^{max}_{ESS}$$

$$I^{min}_{ESS} \leqslant I^*_{EESS} \leqslant I^{max}_{ESS}$$

$$SoC^{min} \leqslant SoC \leqslant SoC^{max}$$

式中,P^*_{EESS} 为实现新能源资源与列车再生制动能量在牵引供电系统内部最大化利用时储能单元的输出功率目标值;P^{min}_{ESS}、P^{max}_{ESS} 分别为储能系统最大放电功率和最大充电功率;I^*_{EESS} 为储能系统的输出电流目标值;I^{min}_{ESS}、I^{max}_{ESS} 分别为储能变流器最大放电电流与最大充电电流;SoC^{min}、SoC^{max} 分别为储能单元 SoC 最小允许值和最大允许值。

进一步地,根据牵引变压器出口处功率平衡关系,即 $P_{Li}=P_{Ei}+P_{Ti}$,可得 RPC 两端口的输出功率目标值分别为

$$\begin{cases} P^*_{E\alpha}=P_{L\alpha}-(P_{L\alpha}+P_{L\beta}-P_{RES}-P^*_{EESS}+P_{loss})/2 \\ P^*_{E\beta}=P_{L\beta}-(P_{L\alpha}+P_{L\beta}-P_{RES}-P^*_{EESS}+P_{loss})/2 \end{cases} \tag{7-6}$$

式中,$P^*_{E\alpha}$、$P^*_{E\beta}$ 分别为 RPC 左、右交流端口的输出功率目标值。

最后,将计算得到的功率目标值发送到协调控制环节,进行无差跟踪,便可实现"源-网-车-储"一体化供电系统新能源资源与再生制动能量的高效利用,提升系统能效。

2. 方案验证

某牵引变电所 24h 牵引侧负荷功率曲线、当地光伏系统输出功率曲线如图 7-8 所示。其中负荷功率曲线由实测得到,光伏系统输出功率曲线根据负荷测试当月典型光照强度、温度等数据模拟获得。负荷功率实测曲线表明,两供电臂牵引负荷差异性较大,且大量的再生制动能量被返送回三相电网,导致再生制动能量利用率低、系统能效低。将上述数据按照 1s 的采样率导入搭建的"源-网-车-储"一体化供电系统仿真模型,得到的仿真

结果如图7-9所示。

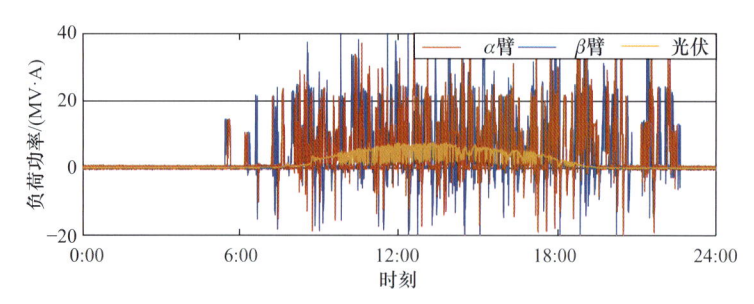

图7-8 24h牵引侧负荷功率与光伏系统输出功率

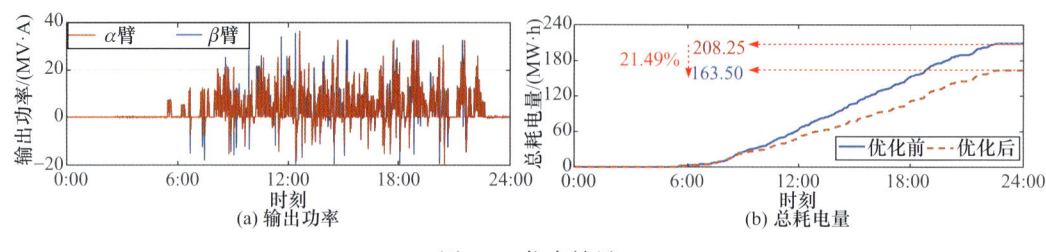

图7-9 仿真结果

对比图7-8与图7-9可知，构建"源-网-车-储"一体化供电系统后，牵引变压器二次侧两供电臂输出功率基本实现了平衡，且输出功率最大值明显降低，返送回牵引网的能量明显减少。具体地，新能源单元与储能单元的加入，将系统的日总耗电量从208.25MW·h降低到163.50MW·h，日减少购电44.75MW·h，降低了21.49%，有效实现了系统节能减排与能效提升。

7.4.2 牵引网电压波动抑制

牵引负荷功率表现为强冲击性、双向性，线路阻抗的存在导致牵引网电压呈现出强波动性[25]。特别地，对一些外部电网较为薄弱的线路而言(如川藏铁路)，由于供电电源容量小、输电网线路长，其面临的牵引网电压波动问题将会更加严重[26]。过高或过低的网压都会影响列车的行车安全，并且过低的网压会导致系统传输损耗增加[27]。因此，平抑牵引网电压波动、维持电压水平，对于提升系统可靠性和降低损耗都具有重要意义。

1. 牵引网电压波动规律分析

以我国高速铁路常用的基于V/x牵引变压器的牵引供电系统为例进行分析。假设组成V/x牵引变压器的两个单相变压器的参数完全相同，则牵引供电系统可按照如图7-10所示的等效电路进行等效。图中Z_g为外部电网等效阻抗，Z_T为牵引变压器高压侧等效阻抗，Z_L为牵引网等效阻抗。

以α供电臂为例，各节点电压之间的关系及系统传输有功损耗$P_{loss\alpha}$可表示为

$$\dot{V}_{t\alpha} = \dot{V}_{\alpha} - Z_L \frac{S_{t\alpha}^*}{\dot{V}_{t\alpha}} \tag{7-7}$$

$$\dot{V}_{\alpha} = \frac{1}{k}\left[\dot{V}_0 - (Z_g + Z_T)\frac{S_{T\alpha}^*}{k\dot{V}_{\alpha}}\right] \tag{7-8}$$

$$P_{\text{loss}t\alpha} = \text{Real}\left[(Z_g + Z_T)\left(\frac{S_{T\alpha}^*}{k\dot{V}_{\alpha}}\right)^2 + Z_L\left(\frac{S_{t\alpha}^*}{\dot{V}_{t\alpha}}\right)^2\right] \tag{7-9}$$

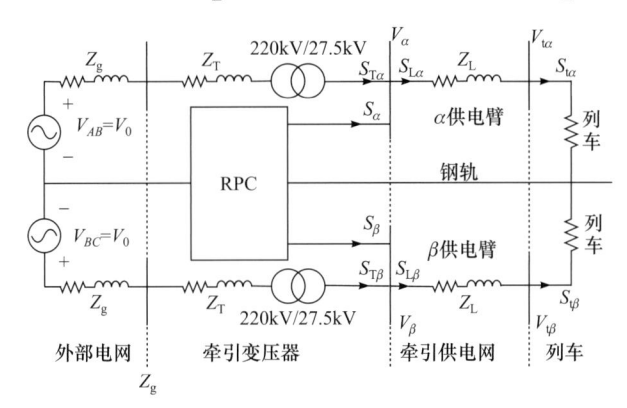

图 7-10 牵引供电系统等效电路

$Z_i = R_i + jX_i$, $S_i = P_i + jQ_i$

由式(7-7)可知，当列车功率与位置一定时，列车受电弓处电压 $\dot{V}_{t\alpha}$ 与牵引变压器二次侧电压 $\dot{V}_{\alpha}$ 成正相关；因此，可通过维持牵引变压器二次侧电压 $\dot{V}_{\alpha}$ 的稳定，间接实现机车受电弓处电压的稳定。由式(7-8)可知，牵引变压器二次侧电压由电网阻抗、变压器阻抗和输出功率决定。式(7-9)表明，传输损耗与牵引网电压成负相关。假设外部电网发电厂输出电压 V_0 始终恒定，将式(7-8)两侧平方并化简后可得牵引变压器输出功率 $S_{T\alpha}$ 与其二次侧电压幅值 V_{α} 的关系如下：

$$\left(V_{\alpha 2}^2 + P_{T\alpha}R + Q_{T\alpha}X\right)^2 + \left(P_{T\alpha}X - Q_{T\alpha}R\right)^2 - V_0^2 V_{\alpha 2}^2 = 0 \tag{7-10}$$

式中，$R = R_g + R_T$，$X = X_g + X_T$，$V_{\alpha 2} = kV_{\alpha}$，$k$ 为牵引变压器变比，由此解得

$$V_{\alpha} = \sqrt{\frac{V_0^2 - 2(P_{T\alpha}R + Q_{T\alpha}X)}{2k^2} + \frac{\sqrt{4(P_{T\alpha}X - Q_{T\alpha}R)^2 + V_0^2(V_0^2 - 4P_{T\alpha}R - 4Q_{T\alpha}X)}}{2k^2}} \tag{7-11}$$

式(7-11)表明，当牵引变压器输出功率 $P_{T\alpha}$、$Q_{T\alpha}$ 变化时，其二次侧电压 V_{α} 也变化。当有功功率 $P_{T\alpha}$ 大于 0 时，V_{α} 随 $P_{T\alpha}$ 的增加而降低；反之，当 $P_{T\alpha}$ 小于 0 时，V_{α} 随 $P_{T\alpha}$ 的增

(a) 补偿前　　　　　　　(b) 补偿后

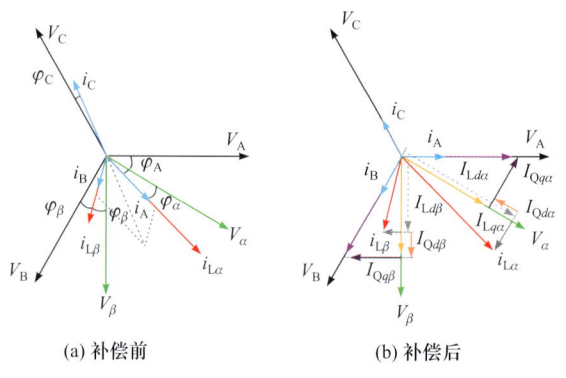

图 7-13　系统电压、电流矢量关系

全过程中，RPC 需要向两供电臂补偿的基波有功和无功功率分别如下：

$$\begin{cases} P_{Q\alpha}^* = \dfrac{P_{L\alpha} - P_{L\beta}}{2} \\ Q_{Q\alpha}^* = Q_{L\alpha} + \dfrac{P_{L\alpha} + P_{L\beta}}{2}\tan\theta \end{cases} \tag{7-13}$$

$$\begin{cases} P_{Q\beta}^* = \dfrac{P_{L\beta} - P_{L\alpha}}{2} \\ Q_{Q\beta}^* = Q_{L\beta} - \dfrac{P_{L\alpha} + P_{L\beta}}{2}\tan\theta \end{cases} \tag{7-14}$$

式中，θ 为实现负序电流治理所需的补偿角，当采用 V/v 和 V/x 变压器时 $\theta \in [0°,30°]$，采用 SCOTT 变压器时 $\theta = 0°$，具体取值由变流器的剩余容量与当前的系统三相电压不平衡度共同决定。

此外，为滤除低次谐波，RPC 需向两供电臂提供的谐波补偿电流目标值为

$$\begin{cases} i_{h\alpha}^* = -i_{h\alpha n} \\ i_{h\beta}^* = -i_{h\beta n} \end{cases} \tag{7-15}$$

式中，$i_{h\alpha n}$、$i_{h\beta n}$ 分别为两供电臂的低次谐波电流(主要包含 3、5、7、9、11、13 次谐波电流分量)，通过基于 dq 变换的特定次谐波电流检测算法获得[29]。

最后，将计算得到的补偿功率与补偿电流目标值发送给后续的协调控制环节，进行无差跟踪，便可实现"源-网-车-储"一体化供电系统电能质量问题的综合治理。

2. 方案验证

采用"源-网-车-储"一体化协调控制策略对系统电能质量进行优化控制后的仿真结果如图 7-14 所示。在三相电压不平衡度方面，优化前，牵引负荷导致了较大的三相电压不平衡度，且在较多的时刻，引起的电压不平衡度超过国家标准 2%，其中最大值高达 4.01%；构建"源-网-车-储"一体化供电系统后，三相电压不平衡度显著降低，且在所有时刻都能满足国家标准。在谐波治理方面，优化前，α 臂谐波电流最大值为 133.02A，β 臂谐波电流最大值为 123.99A；优化后，两供电臂的谐波电流都显著降低，其中，α 臂

谐波电流最大值减小为 68.67A，β 臂谐波电流最大值减小为 93.94A。需要注意的是，由于某些时刻变流器无剩余容量执行有源滤波功能，两供电臂的谐波电流并没有得到削减。

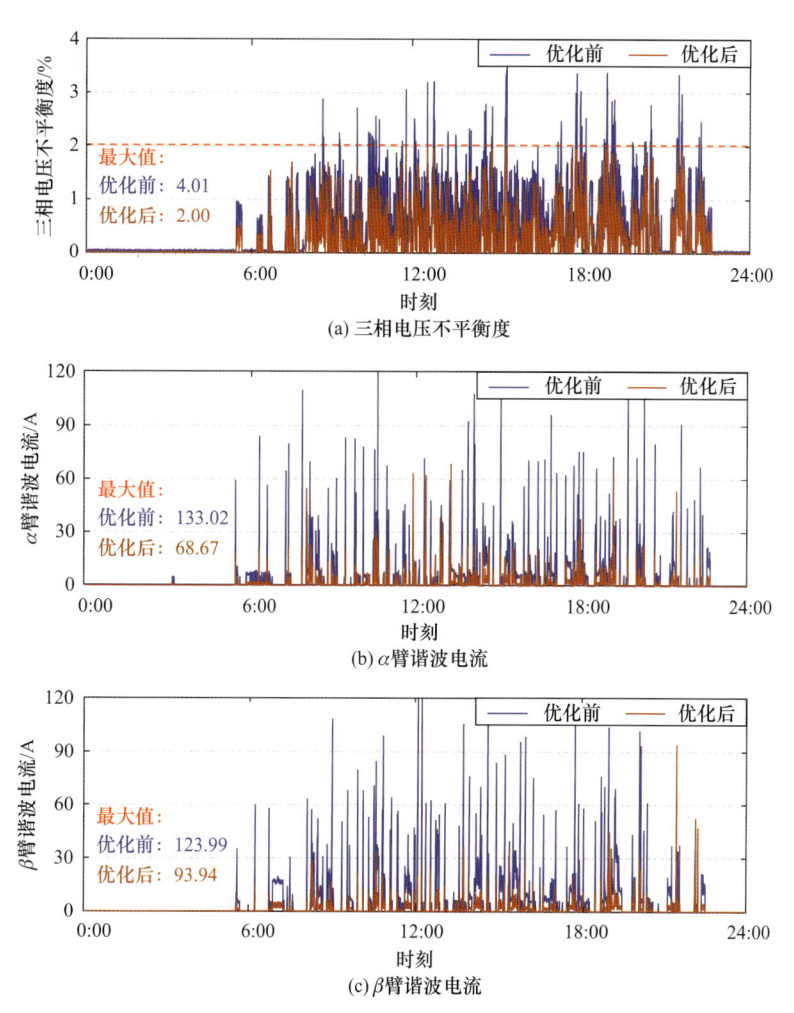

图 7-14 系统电能质量优化结果

7.4.4 车网稳定性提升

1. 振荡抑制策略

根据无源判据理论[30]，若某一母线上连接的所有子系统的并联总导纳的实部恒大于 0(如式(7-16)所示)，则该母线上并联的所有子系统均能稳定工作。据此，在"源-网-车-储"一体化供电系统中，可通过 RPC 补偿系统阻抗，确保牵引网上所有并联子系统的总导纳实部恒大于 0，以抑制系统内部振荡的发生。

$$\mathrm{Re}\left[Y_{\mathrm{tot}}(s)\right] = \mathrm{Re}\left[Y_{s1}(s) + Y_{s2}(s) + Y_{sn}(s)\right] > 0 \tag{7-16}$$

为实现阻抗补偿，一种有效的方法是在变流器控制环路中引入虚拟阻抗控制[31,32]。

图 7-15 为加入阻抗补偿后 α 供电臂的等效电路图，其中 $Z_{s\alpha}$ 为包含牵引变压器在内的源侧等效阻抗，$Z_{L\alpha}$ 为包含列车在内的负荷等效阻抗，$Z_{c\alpha}$ 为 RPC 补偿的阻抗。当系统工况确定时，源侧阻抗和负荷侧阻抗随即确定。因此，RPC 补偿的目标为保证任意工况下系统并联总导纳的实部均大于 0，即

$$\text{Re}\left[Y_{\text{tot}\alpha}(s)\right] = \text{Re}\left[\frac{1}{Z_{s\alpha}} + \frac{1}{Z_{L\alpha}} + \frac{1}{Z_{c\alpha}}\right] = \frac{R_S}{R_S^2 + X_S^2} + \frac{R_L}{R_L^2 + X_L^2} + \frac{1}{R_c} > 0 \tag{7-17}$$

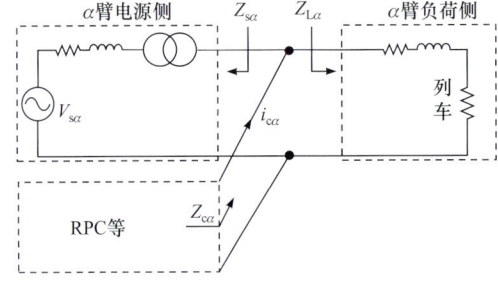

图 7-15 α 供电臂等效电路

为实现上述目标，提出图 7-16 所示的"源-网-车-储"一体化供电系统虚拟阻抗补偿策略[33]，工作原理为：实时监测牵引变压器二次侧电压 u_i，当检测到该电压出现振荡时，提取出振荡分量 u_{fi}，并通过低通滤波器滤除高频噪声；然后，结合设定的虚拟阻抗 R_c 计算需要的补偿电流值 i_{si}^*：

$$i_{si}^* = u_{fi}/R_c \tag{7-18}$$

最后，将计算得到的补偿电流值发送到协调控制环节进行实时补偿。在控制系统参数整定合理的情况下，便可抑制系统振荡，提升系统稳定性。

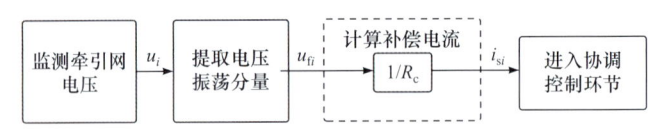

图 7-16 基于虚拟阻抗补偿的振荡抑制策略

2. 方案验证

以抑制牵引网电压低频等幅振荡为例，对上述振荡抑制策略的可行性进行验证。仿真结果如图 7-17 所示。

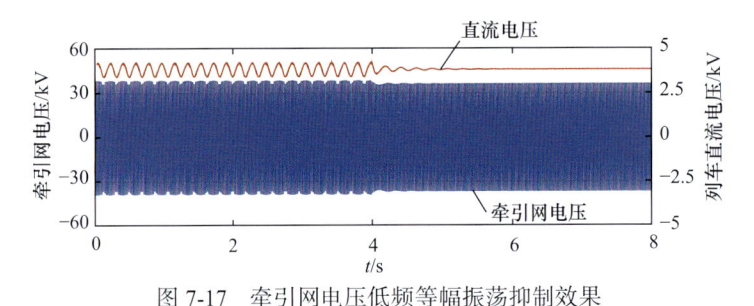

图 7-17 牵引网电压低频等幅振荡抑制效果

开始时，α侧供电臂上运行有10台列车，此时由于车网阻抗不匹配，系统不稳定，牵引网电压和列车直流电压发生频率约为5.5Hz的低频等幅振荡；在第4s时，将RPC投入虚拟阻抗补偿回路，可以看出电压振荡幅度逐渐降低，直至振荡消失。该结果表明，振荡抑制策略可有效抑制车网系统低频等幅振荡的发生，提升系统的稳定性。

7.4.5 "车-所"协同应急供电

1. 应急供电策略

应对突发情况下外部电源故障失电，"源-网-车-储"一体化供电系统可通过新能源发电单元、储能单元多环节为列车提供应急电能。根据应急供电电源的不同，可将列车应急供电策略分为以下三种。

(1) 车载储能供电：由车载储能单元供电，实现列车应急牵引与空调系统应急运行。

(2) 牵引变电所供电：由牵引变电所储能单元与新能源发电单元协同供电，即通过RPC将牵引网电压恢复到额定值，然后列车从牵引网取电，实现列车应急牵引与空调系统应急运行。

(3) 牵引变电所+车载储能协同供电：由车载储能单元、牵引变电所储能单元与新能源发电单元协同出力，实现列车的应急供电，同时具备上述两种方案的优势，可全面提升系统应急供电能力。

三种供电策略的性能优劣对比如表7-2所示。

表7-2 应急供电策略对比

应急方式	优点	缺点
车载储能供电	具备自供电能力	储能装置容量有限，只能短时供电，占用列车空间
牵引变电所供电	具备长时间供电能力	只有弓网系统功能完整时才能实现应急供电
协同供电	具备长时间、自供电能力	长时间供电能力受弓网系统限制、投资最大

基于"源-网-车-储"一体化供电系统的"车-所"协同应急牵引供电技术方案如图7-18所示。

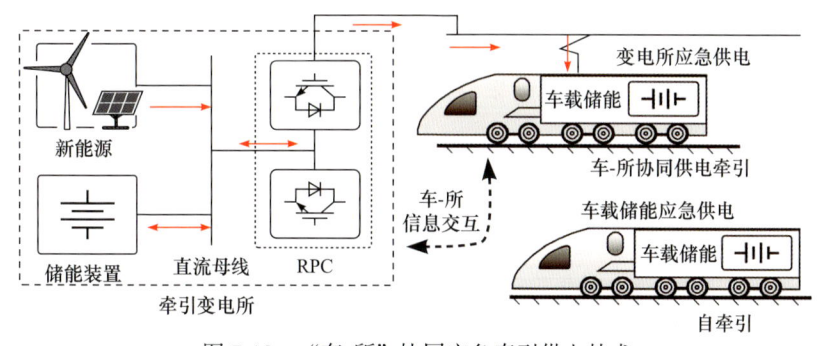

图7-18 "车-所"协同应急牵引供电技术

当沿线接触网完好时，变电所储能单元负责维持直流母线电压稳定、平抑新能源出力波动；RPC工作于逆变模式，恢复并稳定牵引网电压到额定值；新能源发电系统根

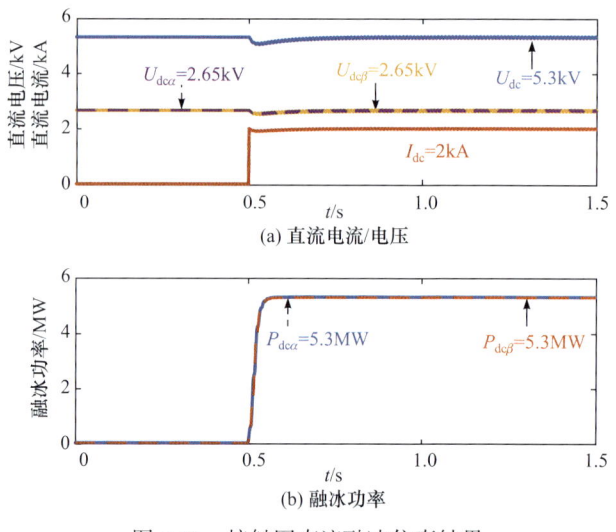

图 7-23　接触网直流融冰仿真结果

7.5 "源-网-车-储"一体化供电系统展望

将现有牵引供电系统进化为"源-网-车-储"一体化供电系统，除本书探讨的典型系统架构及其协调运行控制技术外，还需进一步完善系统架构方案，并在协同规划、变流装备、系统保护、优化管控等方面突破一系列的关键技术。

7.5.1 基于贯通供电技术的"源-网-车-储"系统

前文基于再生制动能量储能利用系统构建了"源-网-车-储"一体化供电系统，为大规模分段分相供电式既有铁路的低碳化、高能效、高品质与高可靠发展指明了方向。近年来，基于功率变换技术的同相/贯通供电方式逐步从理论技术研究走向了工程试验应用，将使得未来铁路的供电方式多元化，"源-网-车-储"一体化供电系统的架构也需进行适应性调整。

基于贯通供电技术的"源-网-车-储"一体化供电系统架构如图 7-24 所示。贯通供电方式采用三相-单相电力电子变压器，相较于传统的电磁式变压器，其电能变换的灵活性、可靠性大大增强，可从根本上解决负序、无功等电能质量问题，同时可使得多变电所输出电压相位相同，取消变电所、分区所处的电分相。在贯通供电方式下，可借助三相-单相电力电子变压器的中间直流环节构造直流母线，分布式新能源发电系统、储能从直流母线可靠并网，构建"源-网-车-储"一体化供电系统。长距离贯通的牵引网将为新能源发电功率、列车再生制动功率提供有效的消纳路径，通过合适的潮流管控与协调控制技术，可全面提升系统的能效。

在交流接触网全线贯通的基础上，基于多级贯通供电技术的"源-网-车-储"一体化供电系统被提出，其基本方案为：依托大功率三相整流设备建设高压直流贯通线，再通过单相逆变设备为贯通牵引网供电，其结构如图 7-25 所示。较之基于贯通供电技术的

"源-网-车-储"一体化供电系统，此系统的高压直流贯通线为多外部电源、多逆变牵引所间的能量流动提供低损耗传输路径，并可有效抵御某一外部电源故障导致牵引所失电风险，系统的弹性得到有效提升。在此供电方式下，"源-网-车-储"一体化供电系统的构建需通过直-直电能变换设备构造低压直流母线，实现分布式新能源、储能系统的有效接入与高效利用。

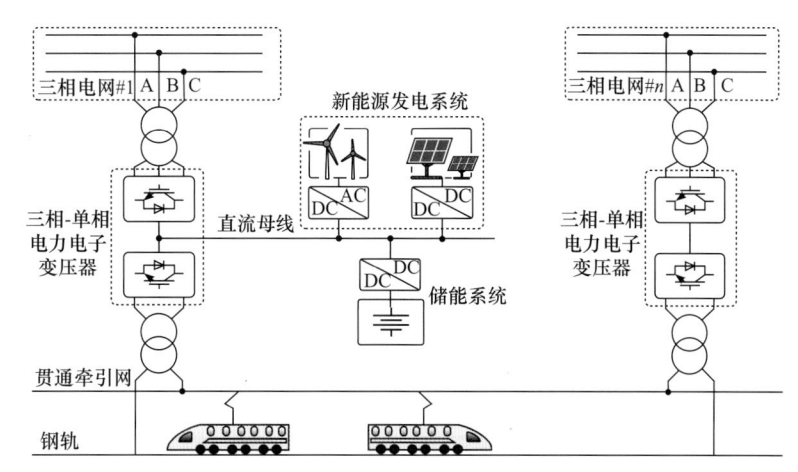

图 7-24 基于贯通供电技术的"源-网-车-储"一体化供电系统

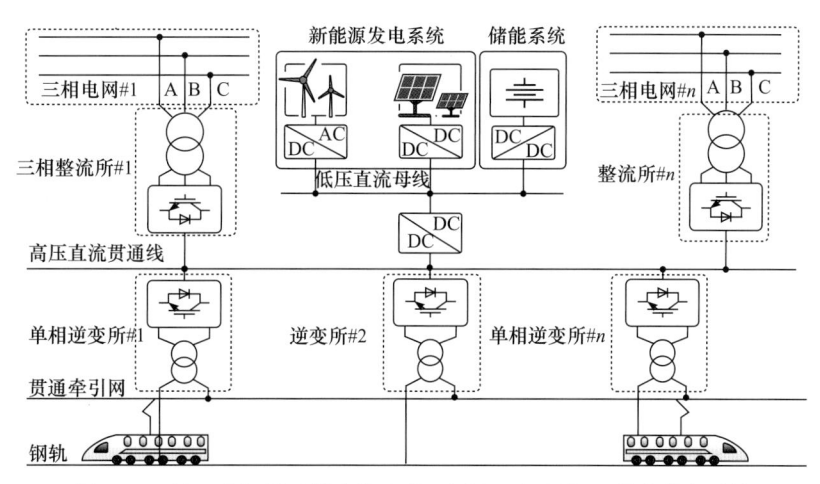

图 7-25 基于多级贯通供电技术的"源-网-车-储"一体化供电系统

7.5.2 "源-网-车-储"一体化协同规划技术

从现有牵引供电系统到"源-网-车-储"一体化供电系统需从"源-网-车-储"多个环节进行改造。为充分发挥系统潜力，需基于牵引变电所的负荷需求、新能源单元出力水平等信息，进行"源-网-车-储"多环节协同规划，综合考虑系统能效、电能质量、经济性、可靠性和环保性等多类指标建立目标函数，对储能单元、新能源单元、滤波装置、各类变流装置等的装机容量进行最优配置[40]。

7.5.3 用于电气化铁路的大容量电力电子变流装置

已有研究中，新能源单元、储能单元等设备均通过常规的电力电子装置接入电气化铁路牵引供电系统，这导致装置功能单一且不具备即插即用功能。为此，需综合考虑铁路系统大功率需求、储能单元与新能源发电单元等的接口需求，研发更加高效可靠、模块化、智能化、具备即插即用功能的铁路大容量多端口电力电子变流装置。

7.5.4 新形态牵引供电系统保护技术

"源-网-车-储"一体化供电系统相比于现有牵引供电系统其潮流流动更加复杂，由单电源供电转变为多电源供电，由纯交流系统转变为交-直流混联系统。因此，需探究在"源-网-车-储"一体化供电系统中现有牵引供电系统的系列继电保护技术的适用性，并提出改进方案；还需基于铁路"故障导向安全"原则，建立系统故障分级保护机制与各环节保护装置配合机制。

7.5.5 "源-网-车-储"多环节稳定性作用机制

在"源-网-车-储"一体化供电系统中，列车、储能单元以及新能源发电单元均通过VSC设备接入牵引网，其本质上形成了一个含有多类型、多数量VSC设备的混联系统，减小了系统的惯性和阻尼，易发生不稳定问题。此外，列车的移动性、冲击性叠加新能源发电单元的不确定性，可能造成系统牵引网电压的骤升骤降，进而引发暂态稳定性问题。因此，需探究"源-网-车-储"多环节稳定性作用机制，并研究系统稳定性提升的控制方法。

7.5.6 考虑多所联动的"源-网-车-储"一体化供电系统优化运行技术

线路条件的不同会使不同牵引变电所的负荷存在差异，特别地，在一些特殊区段(如长大坡道)不同牵引变电所间的负荷会存在较强的互补性(如牵引与再生工况互补、负荷峰谷互补)。针对这些特殊的牵引变电所群，可研究考虑多所联动的"源-网-车-储"一体化供电系统，将多个相邻的变电所贯通互联，实现牵引变电所间的能量"互济互保、互联互通、互供互备"，进一步提升系统对再生制动能量与新能源资源的消纳能力，提高系统的供电可靠性。

7.6 本章小结

本章结合电气化铁路的特点及未来发展趋势，以实现节能高效、稳定可靠供电为目标，提出了电气化铁路"源-网-车-储"一体化供电系统架构，探究了"源-网-车-储"多环节协同运行机制。在此基础上，提出了基于"源-网-车-储"一体化供电系统的新能源与再生制动能量利用技术、牵引网电压波动抑制技术、电能质量综合治理技术、车网稳定性提升技术、"车-所"协同应急供电技术、列车柔性不断电过分相技术以及接触网直流融冰技术。进一步地，构建了"源-网-车-储"一体化协调运行控制体系，通过"源-

网-车-储"多环节有功、无功联合调控，实现了上述各项技术的有机融合。系列案例分析结果验证了所提方案的有效性。最后，从技术角度探讨了将现有牵引供电系统进化为"源-网-车-储"一体化供电系统还需突破的系列关键技术；从功能拓展的角度展望了"源-网-车-储"一体化供电系统可行的发展方向。

参 考 文 献

[1] 国务院新闻办公室. 《中国交通的可持续发展》白皮书[EB/OL]. https://www.gov.cn/zhengce/ 2020-12/22/content_5572212.htm.[2023-05-07].

[2] 中国新闻网. 三峡工程 2019 年运行情况良好 综合效益显著发挥[EB/OL]. http://news.cctv.com/ 2020/01/07/ARTIohYgM2fW4kwfgyhENkhc200107.shtml. [2023-05-07].

[3] 邓云川, 林宗良. 川藏铁路电气化工程面临的挑战和对策思考[J]. 电气化铁道, 2019, 30(S1): 5-11, 15.

[4] 邓文丽, 戴朝华, 张涵博, 等. 复杂电气化铁路牵引用光伏发电系统综合优化控制方法研究[J]. 中国电机工程学报, 2020, 40(18): 5849-5865.

[5] 李群湛. 我国高速铁路牵引供电发展的若干关键技术问题[J]. 铁道学报, 2010, 32(4): 119-124.

[6] 冯江华, 张志学. 轨道电力牵引中高效友好的电能利用[J]. 机车电传动, 2012, (5): 5-9.

[7] 胡海涛, 陈俊宇, 葛银波, 等. 高速铁路再生制动能量储存与利用技术研究[J]. 中国电机工程学报, 2020, 40(1): 246-256, 391.

[8] Wang K, Hu H T, Chen J Y, et al. System-level dynamic energy consumption evaluation for high-speed railway[J]. IEEE Transactions on Transportation Electrification, 2019, 5(3): 745-757.

[9] 周毅, 胡海涛, 雷科, 等. 电气化铁路低频等幅振荡机理分析[J]. 中国电机工程学报, 2021, 41(9): 3024-3037.

[10] Hu H T, Tao H D, Blaabjerg F, et al. Train-network interactions and stability evaluation in high-speed railways—Part I: Phenomena and modeling[J]. IEEE Transactions on Power Electronics, 2018, 33(6): 4627-4642.

[11] 敬华兵, 年晓红. 电气化铁路接触网直流融冰技术及装置研制[J]. 电工技术学报, 2012, 27(9): 277-284.

[12] Cheng P, Kong H W, Ma J, et al. Overview of resilient traction power supply systems in railways with interconnected microgrid[J]. CSEE Journal of Power and Energy Systems, 2021, 7(5): 1122-1132.

[13] 王伟凡, 李子欣, 赵聪, 等. 一种非全容量不断电过分相装置控制策略研究[J]. 中国电机工程学报, 2019, 39(5): 1461-1470.

[14] 刘敦楠, 徐尔丰, 许小峰. 面向园区微网的"源-网-荷-储"一体化运营模式[J]. 电网技术, 2018, 42(3): 681-689.

[15] 曾鸣, 杨雍琦, 刘敦楠, 等. 能源互联网"源-网-荷-储"协调优化运营模式及关键技术[J]. 电网技术, 2016, 40(1): 114-124.

[16] Huang W J, Zhang N, Cheng Y H, et al. Multienergy networks analytics: Standardized modeling, optimization, and low carbon analysis[J]. Proceedings of the IEEE, 2020, 108(9): 1411-1436.

[17] 徐韵, 颜湘武, 李若瑾, 等. 电力市场环境下含"源-网-荷-储"互动的主动配电网有功/无功联合优化[J]. 电网技术, 2019, 43(10): 3778-3789.

[18] Brenna M, Foiadelli F, Kaleybar H J. The evolution of railway power supply systems toward smart microgrids: The concept of the energy hub and integration of distributed energy resources[J]. IEEE Electrification Magazine, 2020, 8(1): 12-23.

[19] Hu S J, Li S, Li Y, et al. A balance transformer-integrated rPFC for railway power system PQ improvement with low-design capacity[J]. IEEE Transactions on Industrial Electronics, 2018, 65(4):

[20] 骆冰祥, 解绍锋, 李群湛, 等. 牵引网谐振特性与治理方案[J]. 电网技术, 2020, 44(5): 1957-1963.
[21] 赵元哲, 李群湛, 周福林. 基于阻波高通滤波器的高速铁路谐振抑制方案[J]. 电力自动化设备, 2015, 35(4): 139-144.
[22] 王笛. 基于广义瞬时无功理论的并联有源滤波器研究[D]. 长沙: 湖南大学, 2006.
[23] Ma J J, Zhu M, Cai X, et al. DC substation for DC grid—Part Ⅱ: Hierarchical control strategy and verifications[J]. IEEE Transactions on Power Electronics, 2019, 34(9): 8682-8696.
[24] 黄文龙, 胡海涛, 陈俊宇, 等. 枢纽型牵引变电所再生制动能量利用系统能量管理及控制策略[J]. 电工技术学报, 2021, 36(3): 588-598.
[25] 张国栋. 高速铁路接触网网压波动的研究及应对措施[J]. 电气化铁道, 2017, 28(2): 25-29, 39.
[26] 王琦, 解绍锋, 冯金博, 等. 电气化铁道牵引供电系统电压水平评估[J]. 电力系统及其自动化学报, 2014, 26(1): 53-56.
[27] 朱子栋, 金钧, 张伟. 交流电气化铁路牵引网电压跌落补偿技术的研究[J]. 变频器世界, 2014, (10): 48-51.
[28] 罗培. V/v 牵引供电系统电能质量综合控制技术及应用研究[D]. 长沙: 湖南大学, 2016.
[29] 严昊. 基于特定次谐波检测的并联型有源电力滤波器电流优化[D]. 上海: 上海交通大学, 2013.
[30] Riccobono A, Santi E. A novel passivity-based stability criterion (PBSC) for switching converter DC distribution systems[C]. The 2012 Twenty-Seventh Annual IEEE Applied Power Electronics Conference and Exposition, Orlando, 2012: 2560-2567.
[31] 姜齐荣, 王亮, 谢小荣. 电力电子化电力系统的振荡问题及其抑制措施研究[J]. 高电压技术, 2017, 43(4): 1057-1066.
[32] 吴恒, 阮新波, 杨东升. 弱电网条件下锁相环对 LCL 型并网逆变器稳定性的影响研究及锁相环参数设计[J]. 中国电机工程学报, 2014, 34(30): 5259-5268.
[33] 张旭, 谢小荣, 刘辉, 等. 网侧次同步阻尼控制器的设计及其 RTDS 测试[J]. 中国电机工程学报, 2018, 38(22): 6503-6511.
[34] 蒋功连, 宫衍圣, 盛望群, 等. 250km/h 标准高速铁路牵引供电系统对大功率动车组运行适应性分析[C]. 第九届电能质量研讨会, 南京, 2018: 531-539.
[35] 徐广伟, 刘建城, 陈东, 等. 动车组蓄电池供电的应急牵引和应急空调制冷系统[J]. 机车电传动, 2019, (5): 116-120.
[36] 周亚洲, 韩正庆, 陈晨旭. 不断电柔性过分相仿真研究[J]. 电气化铁道, 2019, 30(5): 27-31.
[37] 郭蕾. 接触网覆冰机理与在线防冰方法的研究[D]. 成都: 西南交通大学, 2013.
[38] 史国强. 高速铁路接触网直流融冰技术[J]. 中国铁路, 2020, (11): 122-127.
[39] 马晓红, 杨柳青, 许遽, 等. 基于 STATCOM 的直流融冰控制系统与策略[J]. 南方电网技术, 2020, 14(7): 10-16.
[40] 赵长乐, 刘天羽, 江秀臣, 等. 基于能源局域网的园区型微电网优化规划[J]. 分布式能源, 2019, 4(3): 28-34.

第8章 再生制动能量利用系统仿真实验平台

再生制动能量利用系统在前期方案设计过程中需对系统拓扑结构、控制策略、系统参数等进行设计与验证，同时需要对系统运行效果以及经济性等进行分析评估，以保证其安全、可靠、经济运行。基于上述需求，本章将介绍针对电气化铁路再生制动能量利用系统开发的仿真实验平台，包括综合仿真实验系统及分析评估软件。借助相关仿真实验平台，可对再生制动能量利用系统方案进行全面设计与分析验证，缩短设计周期，节约开发成本，助力再生制动能量利用系统的工程应用。

8.1 再生制动能量利用系统综合仿真实验系统

再生制动能量利用系统综合仿真实验系统主要包括三大部分：①离线仿真系统；②实时仿真系统；③实验系统。其中离线仿真系统和实时仿真系统为再生制动能量利用系统提供等比例仿真验证，实验系统则为再生制动能量利用系统提供缩小比例的实验验证。通过离线仿真→实时仿真→实验验证的路径，可对再生制动能量利用系统的拓扑结构、控制方法以及能量管理策略等方面进行全面设计与验证。综合仿真实验平台各部分详细介绍如下。

8.1.1 离线仿真系统

离线仿真系统借助仿真软件建立目标系统的物理结构，根据用户输入的相关元件参数模拟相关实物运行。由于离线仿真的模型运行时间与实际时间不同步，故称为离线仿真。离线仿真结果的真实性主要依赖仿真软件对相关元件建模的精确性以及模型求解算法的准确性。目前离线仿真主要依托 MATLAB/Simulink、PSCAD 等商业仿真软件，本节将介绍基于 MATLAB/Simulink 平台搭建再生制动能量利用系统的离线仿真系统。Simulink 是美国 Mathworks 公司推出的 MATLAB 中一种可视化仿真工具，可以通过模块图环境实现多域仿真以及基于模型的设计。它支持系统设计、仿真、自动代码生成以及嵌入式系统的连续测试和验证。Simulink 提供图形编辑器、可自定义的模块库以及求解器，能够进行动态系统建模和仿真，具有适应面广、结构和流程清晰以及仿真精细、贴近实际、效率高、灵活等优点，已被广泛应用于电气、控制理论、数字信号处理等复杂的仿真和设计中。

再生制动能量利用系统离线仿真系统主要包括电气化铁路供电系统仿真模型、再生制动能量利用系统仿真模型以及人机交互界面三部分。其中电气化铁路供电系统仿真模型根据实际电气化铁路电气结构搭建，包括牵引供电系统、铁路 10kV 电力系统以及不同传动类型的列车。再生制动能量利用系统仿真模型为根据实际拓扑结构、电路参数以及控制策略搭建的等比例模型。人机交互界面由可视化图表和相关控制操作字控制器运行原理。

3. 人机交互界面

人机交互界面为再生制动能量利用系统离线仿真平台的主界面，主要包括模型拓扑、监控面板与控制面板三部分。模型拓扑用于展示配置再生制动能量利用系统的电气化铁路供电系统结构。监控面板通过数值与波形实现仿真过程中电气化铁路供电系统与再生制动能量利用系统运行状态的监视。控制面板由相关功能控制按钮组成，通过切换按钮状态可实现相关功能的开启与关闭。

基于上述离线仿真系统的架构，根据需求搭建不同类型再生制动能量利用系统的离线仿真模型，其主界面如图 8-3 所示。通过该离线仿真模型，可对牵引变电所再生储能系统的拓扑结构、能量管理策略、控制方法以及保护方法等进行全面的仿真分析验证，以确保再生制动能量利用系统的安全可靠和可行有效。

图 8-3 储能型再生制动能量利用系统离线仿真模型主界面

8.1.2 实时仿真系统

区别于离线仿真，实时仿真的模型运行时间与实际时间一致，仿真时间上具备明显优势[1]。实时仿真除可实现传统的数字仿真外，还可通过替换物理原型和实际控制器实现半实物仿真。通过物理原型替换电路模型，实时仿真将工作于快速控制原型(rapid control prototyping，RCP)模式，此时实时仿真系统作为控制器控制物理原型，用于验证控制算法的实际性能以及物理原型的设计效果，该方式目前已广泛应用在电力电子设备开发、汽车以及机器人控制等领域[2]。实时仿真的另一种工作模式为硬件在环(hardware in the loop，HIL)仿真，该模式下物理原型被实时仿真机中的仿真模型替代，通过外部实际控制器与实时仿真机的交互实现控制策略的验证[3]。硬件在环仿真常应用于高压大功率或大规模仿真需求的场景，如分布式微电网的协调控制、电力系统设备的控制策略验证等。凭借高灵活性、强可移植性等特点，实时仿真技术已成为近年来系统仿真领域的前沿技术，已在科研院所以及工业现场得到广泛应用。目前市面上有大量实时仿真系统产品，比较常见的有 RTDS、dSPACE、RT-LAB 以及 RT-Box。本节将介绍基于 RT-LAB 搭建的再生制动能量利用系统的实时仿真平台，该平台可实现包括全数字实时仿真、快速控制原型以及硬件在环的全部功能。

1. 实时仿真模式

实时仿真模式与离线仿真类似，实时仿真模型的运行时间与实际时间一致，可提供更快的仿真速度。由于 MATLAB/Simulink 模型可以直接移至 RT-LAB 平台中，故再生制动能量利用系统的实时仿真模型与离线仿真模型一致，此处不再介绍。需要注意的是，实时仿真依托于实时仿真机实现，通常需要将模型进行分拆以满足仿真机的步长要求，模型分拆方式可根据实际需要选择。考虑到实时仿真平台需支持包括实时仿真、快速控制原型与硬件在环测试在内的全部仿真模式，实时仿真模型中可将电气化铁路供电系统和再生制动能量利用系统的电路模型与再生制动能量利用系统的控制模型分开建立，以便于进行不同仿真模式的切换。

2. 快速控制原型

快速控制原型模式是一种虚拟控制器与实际物理系统结合的半实物仿真模式，其通过实时仿真机运行控制算法实现实际物理系统的控制，可大幅缩短控制算法的开发周期。再生制动能量利用系统的快速控制原型仿真模式只需将实时仿真模型中的电气化铁路供电系统和再生制动能量利用系统的电路模型用实际物理原型替代，并通过实时仿真机运行控制模型即可实现。

3. 硬件在环

硬件在环模式是一种实际控制器与虚拟硬件结合的仿真模式，其通过实时仿真机运行硬件模型实现实际控制器性能的验证，可大幅降低硬件开发成本。再生制动能量利用系统的硬件在环仿真模式只需将实时仿真模型中的控制器模型替换为外部数字控制器，外部数字控制器通过采集实时仿真器输出的硬件仿真模型电气量执行控制策略，并输出控制信号给实时仿真机以控制再生制动能量利用系统。

根据实时仿真系统的架构，便可根据需求搭建不同类型再生制动能量利用系统的实时仿真模型。图 8-4 为以牵引变电所再生储能系统为例搭建的实时仿真平台，主要包括：①OPAL-RT 5700 实时仿真器；②控制计算机；③外部数字控制器；④再生制动能量利用系统硬件系统。此外，实时仿真系统中可接入如数字示波器、数据采集设备等实现数据的监测与采集。通过该实时仿真模型，可在离线仿真验证的基础上进一步分析验证牵引变电所再生储能系统的拓扑结构、能量管理策略、控制方法以及保护方法等。

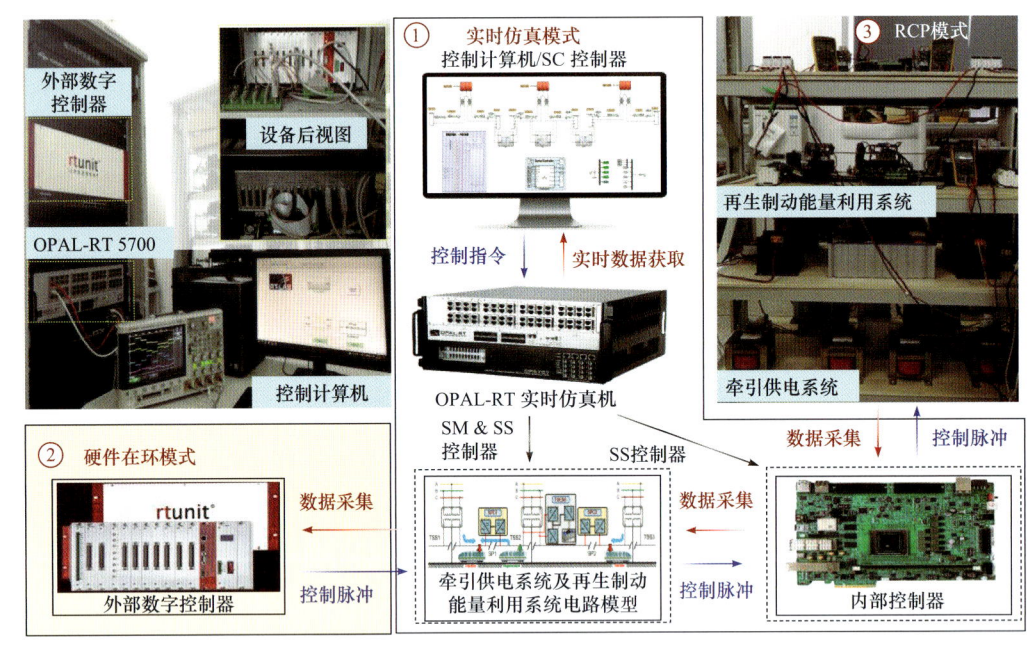

图 8-4 电气化铁路再生制动能量利用系统实时仿真平台
SC 表示控制子系统；SS 表示次级子系统；SM 表示主级子系统

8.1.3 实验系统

实验系统旨在通过搭建再生制动能量利用系统的实验模型对再生制动能量利用系统的拓扑结构和控制策略等进行实验验证。再生制动能量利用系统综合仿真实验平台的实验系统可搭配实时仿真机实现快速控制原型半实物仿真，也可与实际数字控制器搭配组成实验样机。实验系统主要包括硬件和软件两部分，接下来将对每部分进行详细介绍。

1. 实验系统硬件

实验系统的硬件主要包括电气化铁路供电系统实验模型与再生制动能量利用系统实验模型。

1) 电气化铁路供电系统实验模型

电气化铁路供电系统实验模型根据实际电气化铁路供电系统电气结构对电压等级按比例缩小搭建[4]。电气化铁路供电系统实验模型包括模拟牵引供电系统和模拟列车两部分。其中模拟牵引供电系统由外部电源、牵引变电所、牵引网、AT 所与分区所组成。外部电源由电网模拟器进行模拟，可根据实验需要对电压进行调整，同时可模拟电网的背景谐波、电压暂升、电压暂降等电能质量问题。牵引变电所中牵引变压器采用 V/x 接线形式，可根据实验需要更换不同接线形式的牵引变压器。为便于验证保护策略，牵引变压器的高、低压侧母线处均装设有开关设备。牵引网根据 AT 供电方式搭建，为简化线路仅考虑了接触线和负馈线。AT 所和分区所将每侧供电臂的牵引网分成两段，并分别配置阻抗以模拟线路阻抗。其中，AT 所和分区所分别采用 AT 变压器和相关开关设备进行模拟。

模拟列车采用与仿真模型中列车相同的方式搭建，可模拟交-直型和交-直-交型两类传动系统的列车，每类列车均可满足牵引、惰性以及再生制动(交-直-交型列车才具备再生制动能力)等多工况运行。当四象限整流器工作于不控整流工况时可以模拟交-直型列车，而其工作于全控整流时可以模拟交-直-交型列车。在模拟列车运行过程中，通过改变列车控制系统功率参考值正负即可以实现牵引工况与再生制动工况的切换。

2) 再生制动能量利用系统实验模型

再生制动能量利用系统实验模型根据系统实际电气结构按缩小比例搭建。此外，为验证再生制动能量利用系统的保护策略，也应配置相关保护设备(如断路器、接触器、熔断器等)。除电路结构外，还需搭建再生制动能量利用系统的控制系统。控制系统可采用虚拟控制器(如实时仿真机)或实际控制器(如数字信号处理器(digital signal processor, DSP)或现场可编程门阵列(field-programmable gate array, FPGA))搭建，并根据实际需求设置采样周期和控制周期等参数。

基于上述实验系统的架构，根据需求搭建不同类型再生制动能量利用系统的实验模型。图 8-5 为牵引变电所再生储能系统的实验模型结构图，模型参数如表 8-1 所示。

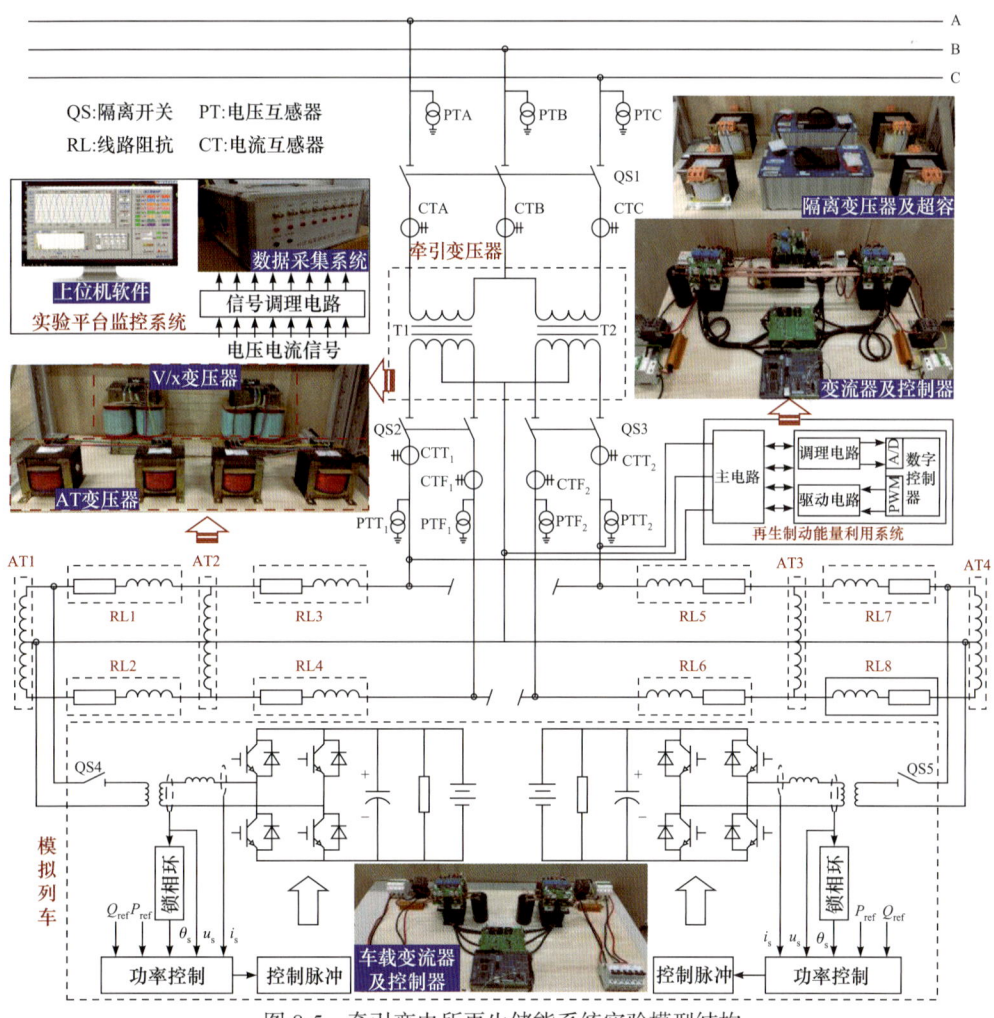

图 8-5 牵引变电所再生储能系统实验模型结构

图 8-10 牵引变电所再生储能系统实时仿真结果

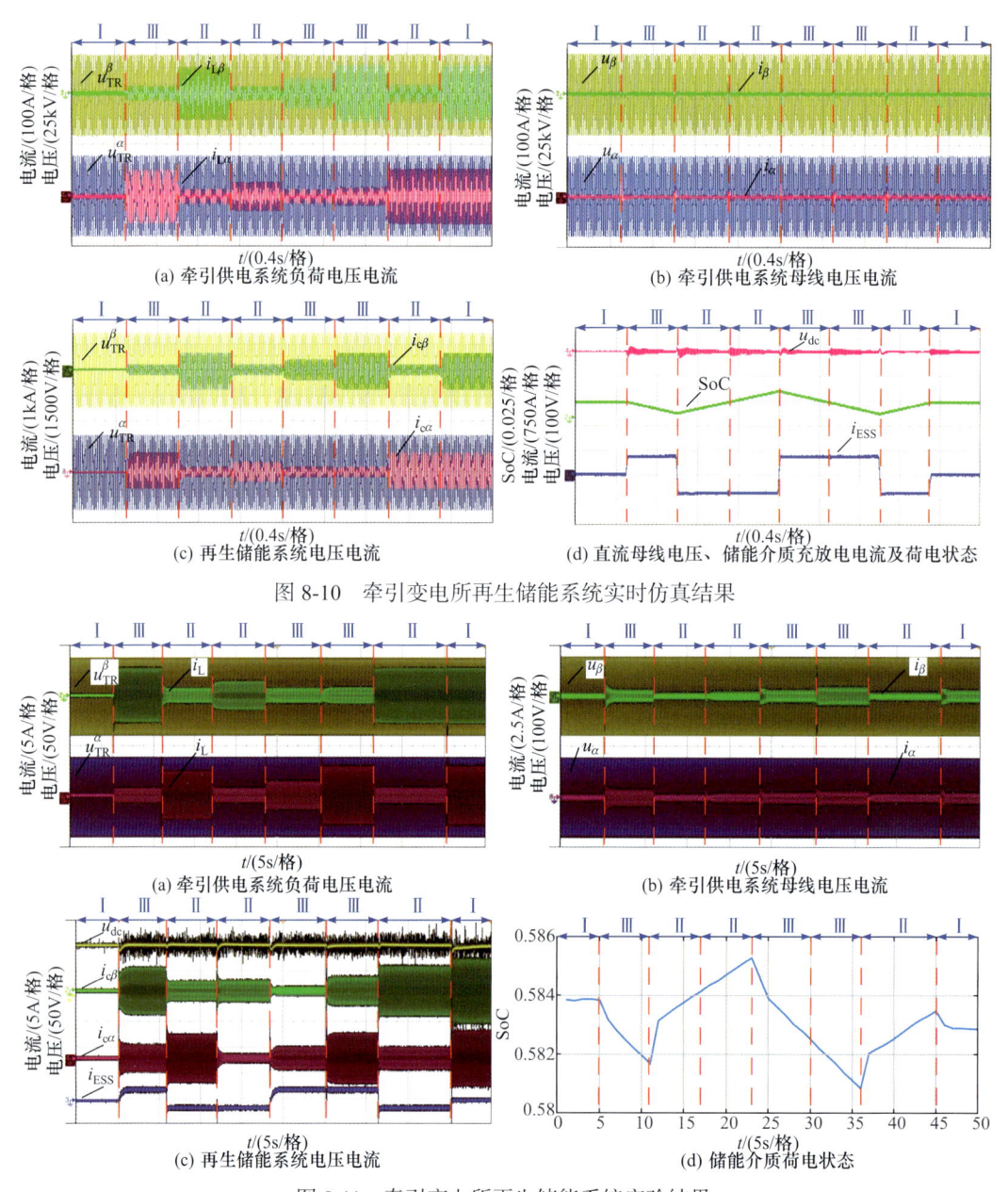

图 8-11 牵引变电所再生储能系统实验结果

8.2 再生制动能量利用系统分析评估软件

再生制动能量利用系统综合仿真实验平台仅可为再生制动能量利用系统提供拓扑结构和控制策略等方面的设计与验证，但难以实现再生制动能量利用系统运行效果和经济性分析评估，以及容量优化配置等功能。因此，再生制动能量利用系统分析评估软件旨在实现电气化铁路再生制动能量利用系统在各种运行条件下，系统相关运行指标的评估以及容量优化配置，为再生制动能量利用系统的应用方案提供分析评估工具。

8.2.1 软件需求

为实现再生制动能量利用系统的运行效果和经济性分析评估，以及容量优化配置等目标，再生制动能量利用系统分析评估软件需具备以下三大核心功能。

(1) 牵引供电系统负荷特性仿真：根据再生制动能量利用系统的运行原理，牵引供电系统的实时负荷特性决定了再生制动能量利用系统的运行状态。同时，再生制动能量利用系统的运行效果也严重依赖牵引供电系统的负荷特性。对于既有线路，牵引供电系统的负荷特性可通过现场实测数据掌握。但对于新建线路，其负荷特性只能根据线路设计参数(如线路参数和预期运量等)进行仿真。为此，再生制动能量利用系统仿真软件需具备牵引供电系统负荷特性仿真功能，以根据线路设计参数(如线路参数和列车运行图)实现对新建线路牵引供电系统负荷特性的仿真[5,6]。

(2) 再生制动能量利用系统运行特性仿真：再生制动能量利用系统的容量参数设计、运行效果与经济性评估均以再生制动能量利用系统的运行特性为基础。为此，再生制动能量利用系统分析评估软件需具备根据目标线路牵引供电系统的负荷数据仿真再生制动能量利用系统运行特性(如再生制动能量利用、电能质量治理等)的功能。其中，目标线路牵引供电系统的负荷特性可通过实测数据或牵引供电系统负荷特性仿真结果获得。

(3) 再生制动能量利用系统运行效果及经济性评估：再生制动能量利用系统的运行目标即为通过回收利用再生制动能量实现电气化铁路的节能降耗，并降低铁路部门的运营电费。同时，再生制动能量利用系统还可提供如无功补偿、负序治理等辅助功能。因此，再生制动能量利用系统的运行效果和经济性分析评估在设计阶段是关注重点之一。此外，在掌握运行效果和经济性的基础上，还可进一步实现再生制动能量利用系统的容量优化配置。基于上述需求，再生制动能量利用系统分析评估软件需具备根据再生制动能量利用系统运行特性仿真结果对再生制动能量利用系统运行效果及经济性进行分析评估的功能。

基于上述三大核心功能，再生制动能量利用系统分析评估软件便可实现再生制动能量利用系统运行效果和经济性的分析与评估，以及容量优化配置。

8.2.2 软件架构

针对再生制动能量利用系统分析评估软件的上述功能需求，同时考虑到易用性、可移植性、人机可交互性等特点，制定了以用户管理、仿真参数设置、系统仿真以及结果输出四大模块为核心的软件架构。各模块基本功能如下。

(1) 用户管理模块：用户可通过可视化人机交互界面实现再生制动能量利用系统分析评估软件的用户账户管理，包括系统登录、账户注册、注销、密码修改等操作。

(2) 仿真参数设置模块：用户可通过可视化人机交互界面对系统仿真所需参数进行初始化，包括牵引供电系统参数、牵引负荷参数、列车运行图以及再生制动能量利用系统参数。其中，牵引负荷的功率参数支持列车牵引计算结果和现场实测负荷数据两种方式导入。

(3) 系统仿真模块：用户可通过系统仿真模块选择仿真模式(包括基于潮流计算的仿真和基于实测数据的仿真两种模式)，还可对系统的仿真需求进行选择(包括运行效果仿真、经济性评估以及最优容量配置)。同时，再生制动能量利用系统的相关功能(如有功转移、无功补偿)的启停也可单独进行设置。

(4) 结果输出模块：牵引供电系统以及再生制动能量利用系统仿真结果中部分关键数据可通过软件主界面中的显示面板直接显示，详细仿真结果数据将自动保存至软件目录中。同时，软件支持仿真结果数据报表的直接导出，便于用户快速掌握仿真分析结果。

图 8-12 为基于 MATLAB App Designer 工具开发的适用于牵引变电所再生储能系统的电气化铁路再生制动能量利用系统分析评估软件。该软件的核心为系统仿真模块中的仿真评估功能，该功能基于本书第 3 章、第 4 章和第 6 章的内容开发，主要功能如下所示。

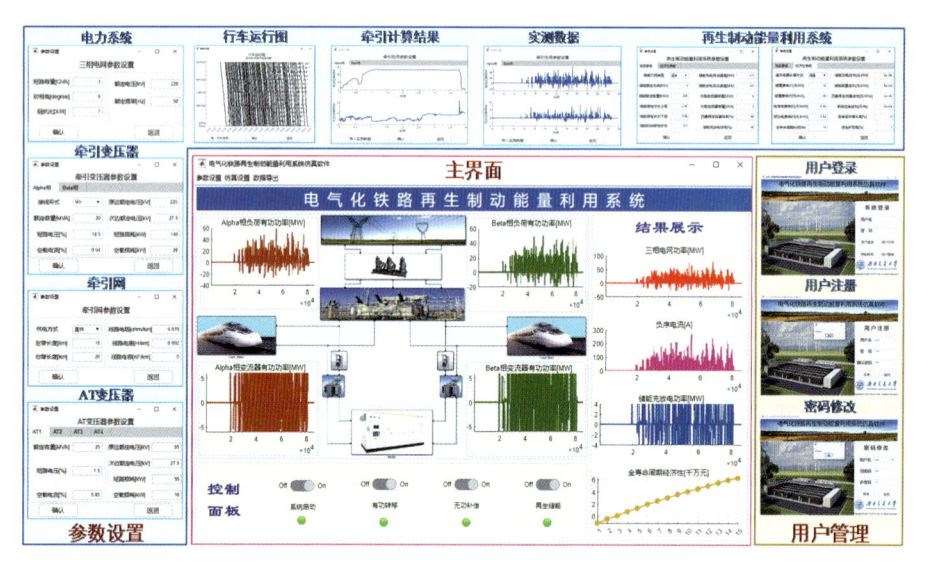

图 8-12 电气化铁路再生制动能量利用系统分析评估软件

(1) 牵引供电系统负荷特性仿真：牵引供电系统负荷特性可通过潮流计算和实测数据两种方式进行分析。两种方式均适用于既有线路牵引供电系统，而新建线路只能采用潮流计算的方式。实测数据分析方式较为简单，对现场实测采集的牵引供电系统母线电压电流波形数据进行傅里叶分析即可掌握电压电流的频谱数据，进而根据需要对基波电气量(如基波功率)和谐波电气量(如总谐波畸变率)进行统计分析即可掌握牵引供电系统负荷特性。潮流计算方式即通过目标线路的列车牵引计算结果，并考虑线路列车运行图进行潮流计算获得牵引供电系统的负荷特性[7]。

(2) 再生制动能量利用系统运行特性仿真：再生制动能量利用系统运行特性仿真即根据再生制动能量利用系统的拓扑结构和能量管理策略建立相应的数学分析模型[8]，进而实现系统运行特性仿真。牵引变电所再生储能系统的详细数学分析模型已在本书第 3 章与第 4 章中建立，因此该软件基于上述模型对牵引变电所再生储能系统的运行特性进行仿真。

(3) 再生制动能量利用系统运行效果及经济性评估：将牵引供电系统负荷数据代入再

生制动能量利用系统数学分析模型中进行仿真，便可得到配置再生制动能量利用系统牵引供电系统的负荷特性，进而可分析再生制动能量利用系统的运行效果。在此基础上，将相关节能数据(如节电量和最大需量削减量)代入再生制动能量利用系统的经济模型，便可对再生制动能量利用系统的经济性进行评估[9]。再生制动能量利用系统的经济模型已在本书第 6 章中建立，故软件中也采用该模型对系统经济性进行评估。

(4) 再生制动能量利用系统容量优化配置：在再生制动能量利用系统运行效果及经济性评估结果的基础上，考虑再生制动能量利用率、牵引变电所网侧功率因数以及负序不平衡度三大技术指标，配置满足上述技术指标前提下具有全寿命周期最优经济性的再生储能系统容量。本功能采用本书第 6 章中的多目标容量设计方法开发。

8.2.3 软件应用

图 8-13 为电气化铁路再生制动能量利用系统分析评估软件的应用流程图，详细步骤如下。

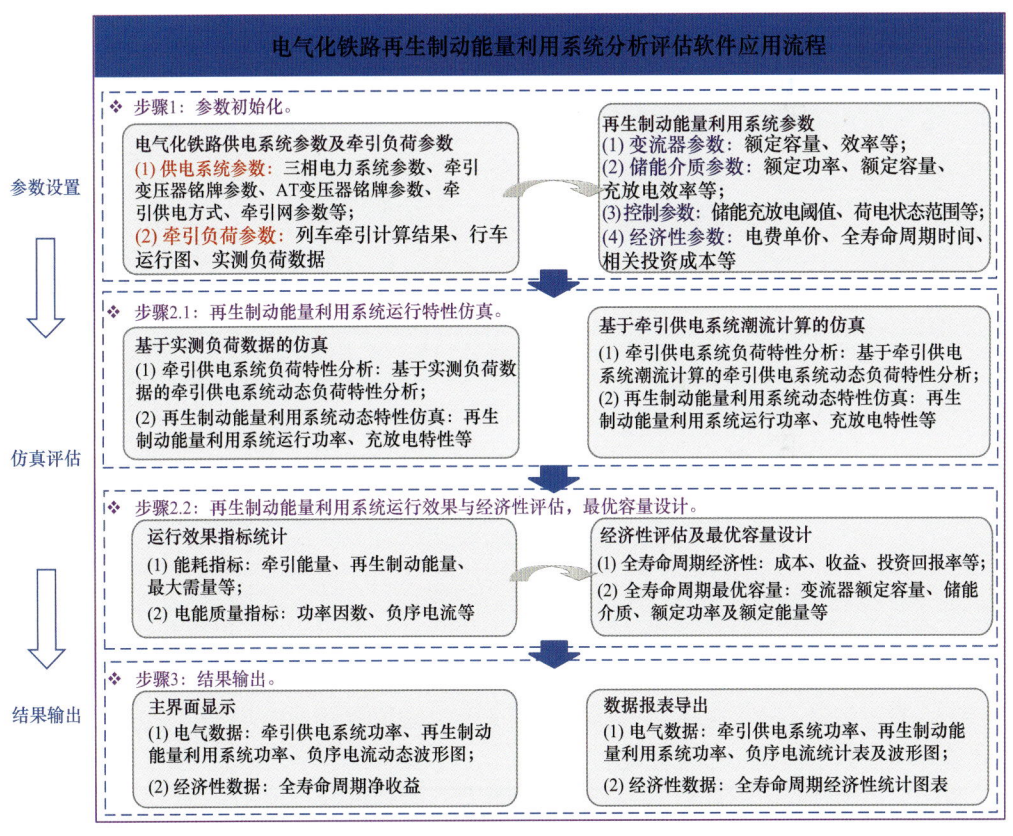

图 8-13 电气化铁路再生制动能量利用系统分析评估软件应用流程

1. 参数设置

参数设置主要包括如下三个方面。

(1) 电气化铁路供电系统参数：三相电力系统参数、牵引变压器铭牌参数、AT 变压器铭牌参数、牵引供电方式、牵引网参数。这些参数均可从牵引供电系统的设计资料中获得。

(2) 牵引负荷参数：牵引供电系统电网侧三相母线和牵引侧两相供电母线的负荷功率数据，可通过牵引供电系统实测负荷数据或列车牵引计算结果导入；若采用列车牵引计算结果，则还需提供相应的列车运行图。这些参数均可从现场或牵引供电系统的设计资料中获得。

(3) 再生制动能量利用系统参数：再生制动能量利用系统变流器参数(如额定容量、效率等)、储能介质参数(如额定功率、额定容量、充放电效率等)、控制参数(如储能充放电阈值、荷电状态范围等)以及经济性参数(如电费单价、全寿命周期时间、相关投资成本等)。这些参数可从相关技术手册及政策文件中获得，也可根据实际需要进行自定义。

2. 仿真评估

仿真评估主要包括再生制动能量利用系统仿真、运行效果评估、经济性评估以及最优容量设计四部分。

再生制动能量利用系统仿真包括如下两种模式。

(1) 基于实测负荷数据的仿真模式：若参数设置时输入的牵引负荷参数为现场实测负荷数据，则选择基于实测数据的仿真模式。该模式将基于现场实测负荷数据对再生制动能量利用系统的运行特性进行仿真。

(2) 基于牵引供电系统潮流计算的仿真模式：若参数设置时输入的牵引负荷参数为列车牵引计算结果，则选择基于潮流计算的仿真模式。该模式将基于列车牵引计算结果，根据输入的线路列车运行图进行潮流计算，以获得牵引供电系统的负荷特性，进而对再生制动能量利用系统的运行特性进行仿真。

在再生制动能量利用系统仿真结果的基础上，可进一步对其运行效果、经济性进行分析评估，以及对系统最优容量进行设计。主要流程如下。

(1) 结合再生制动能量利用系统的仿真结果和相关指标的计算方法，对相关能耗指标(牵引能量、再生制动能量、最大需量等)及电能质量指标(功率因数、负序电流等)进行计算，并对各项指标结果进行统计(如采用最大值、95%概率最大值等指标)。

(2) 在能耗及电能质量指标统计结果的基础上，将相关数据结果代入再生制动能量利用系统的经济性模型进行经济性评估。

(3) 在再生制动能量利用系统运行效果及经济性评估的基础上，可进一步根据用户自定义输入的期望技术指标(包括再生制动能量利用率、功率因数)对目标牵引变电所再生制动能量利用系统进行最优容量配置。最后，将全部技术指标仿真结果、经济性评估结果以及最优容量设计结果输入到"结果输出"模块。

3. 结果输出

将再生制动能量利用系统的仿真评估结果数据存储到软件所在目录，数据文件格式可选择为*.xls、*.mat等常用格式。此外，软件还提供两种数据结果的展示方式。

(1) 软件主界面：该方式通过软件主界面的展示面板对牵引供电系统和再生制动能量

利用系统的重要电气量及经济性分析评估结果进行展示。

(2) 数据报表：该方式通过数据报表的形式对牵引供电系统和再生制动能量利用系统的重要电气量及经济性仿真评估结果进行展示，便于用户快速掌握分析评估结果。

8.2.4 案例分析

本节将以牵引变电所再生储能系统为例说明电气化铁路再生制动能量利用系统分析评估软件的实用性。由于基于牵引计算结果的仿真模式与基于实测负荷数据的仿真模式区别仅在于牵引供电系统负荷数据来源，故此处仅选取一种方式进行验证。此处选取国内某高速铁路区段进行验证。该高速铁路全长 155.4km，区间内设有 3 个牵引变电所、6 个车站、4 个分区所，如图 8-14 所示。区间线路资料和牵引供电系统参数分别如表 8-4 和表 8-5 所示。

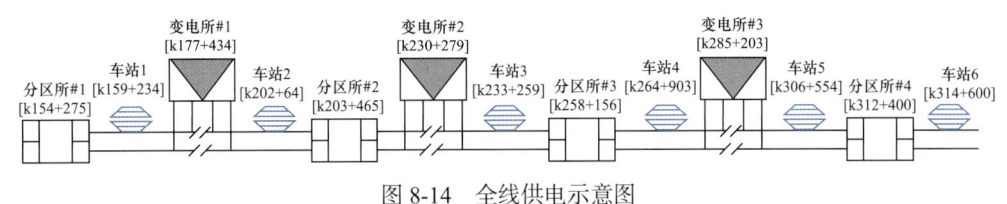

图 8-14 全线供电示意图

表 8-4 区间线路资料

牵引变电所编号	区间车站数/个	区间长度/km	平均坡度/‰
1	2	49.190	0.43
2	1	54.691	0.37
3	3	54.244	0.63

表 8-5 牵引供电系统参数

位置	参数名称	变电所#1	变电所#2	变电所#3
电力系统	短路容量/(GV·A)	4	7	2
	额定电压/kV	220	220	220
牵引变电所	接线方式	V/x	Scott	V/x
	牵引变压器变比/(kV/kV)	220/(2×27.5)	220/(2×27.5)	220/(2×27.5)
	额定容量/(MV·A)	T1: 40, T2: 40	T1: 20, T2: 20	T1: 31.5, T2: 31.5
	短路损耗/kW	T1: 117.54, T2: 117.82	T1: 138.1, T2: 83.8	T1: 98.98, T2: 99.35
	短路电压/%	T1: 10.32, T2: 10.35	T1: 10.2, T2: 10.5	T1: 10.25, T2: 10.3
	空载损耗/kW	T1: 30.92, T2: 30.61	T1: 20.1, T2: 20.6	T1: 24.15, T2: 23.97
	空载电流/%	T1: 0.17, T2: 0.19	T1: 0.04, T2: 0.08	T1: 0.14, T2: 0.14

续表

位置	参数名称	变电所#1	变电所#2	变电所#3
AT变压器 (AT所/分区所)	牵引变压器变比/(kV/kV)	55/27.5	55/27.5	55/27.5
	额定容量/(MV·A)	32	32	25
	短路损耗/kW	53.42	57.27	80
	短路电压/%	1.22	1.44	1.88
	空载损耗/kW	9.13	9.33	8.96
	空载电流/%	0.05	0.08	0.07
大地	大地电阻率/Ωm	100	100	100
	钢轨对地电导/(S/km)	2	2	2
	接地网对地电导/S	变电所: 4, AT: 2	变电所: 4, AT: 2	变电所: 4, AT: 2

再生制动能量利用系统容量配置的相关变量与参数如表 6-2 和表 6-3 所示。详细仿真评估步骤及结果如下。

1. 参数设置

根据图 8-13 所示软件应用流程,首先将仿真评估需要的全部参数(包括电气化铁路供电系统参数、再生制动能量利用系统参数以及牵引负荷数据)通过软件的参数设置界面进行设置。其中,牵引负荷数据由导入的列车牵引计算结果与相应线路的列车运行图通过潮流计算获得。线路的列车运行图如图 8-15 所示,图中实线表示下行列车,虚线表示上行列车。

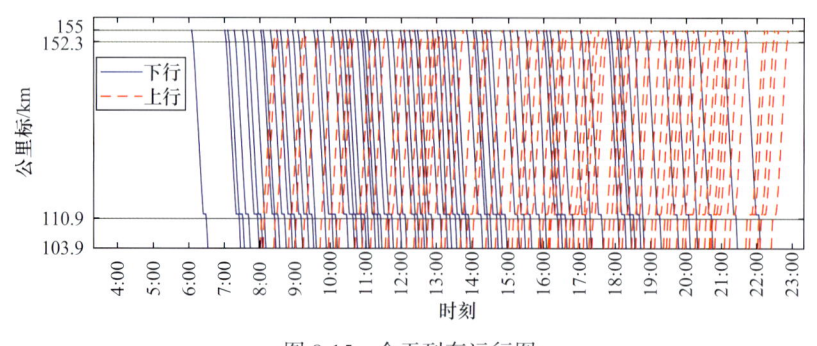

图 8-15 全天列车运行图

图 8-16 给出了该变电所供电区间内的上下行列车的牵引计算结果。其中,图 8-16(a)为一列由车站 3 始发至车站 6 的上行列车牵引计算结果,图 8-16(b)为一列由车站 5 始发至车站 3 的下行列车牵引计算结果。

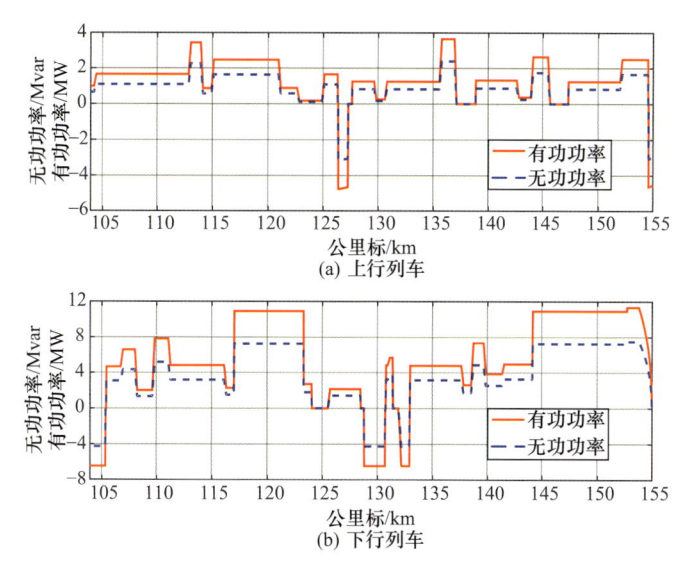

图 8-16 上下行列车牵引计算结果

2. 仿真评估

输入仿真评估所需的各项参数后,首先根据列车牵引计算结果和列车运行图进行潮流计算以获得牵引供电系统的负荷数据(图 8-17 为基于该牵引变电所区间内全部列车

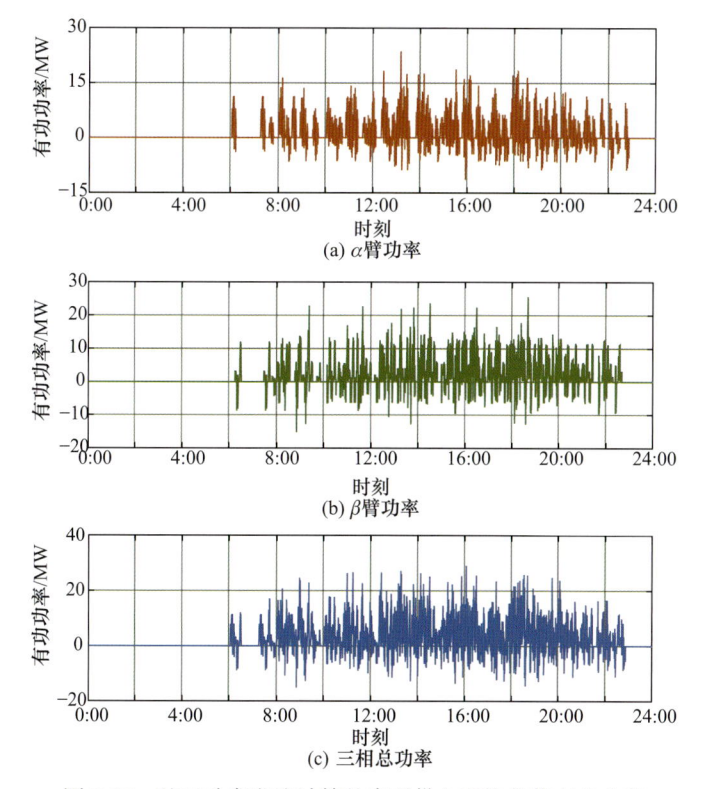

图 8-17 基于动态潮流计算的牵引供电系统负荷有功功率

的牵引计算结果和列车运行图，通过动态潮流计算得到该牵引变电所负荷有功功率)。获得负荷功率后，接下来需基于牵引供电系统负荷数据对再生制动能量利用系统进行仿真，并评估不同参数条件下的再生制动能量利用系统运行效果以及经济性，进而确定再生制动能量利用系统的最优经济容量。最后，保存全部仿真评估结果以供软件调用输出。

3. 结果输出

根据再生制动能量利用系统的仿真评估结果，电气化铁路再生制动能量利用系统分析评估软件将通过图形化显示及数据报表的形式输出结果。软件主界面中显示模块将直接以图形形式展示配置最优容量的再生制动能量利用系统后牵引供电系统的仿真评估结果以及再生制动能量利用系统的运行效果及全寿命周期经济性，如图 8-18 所示。

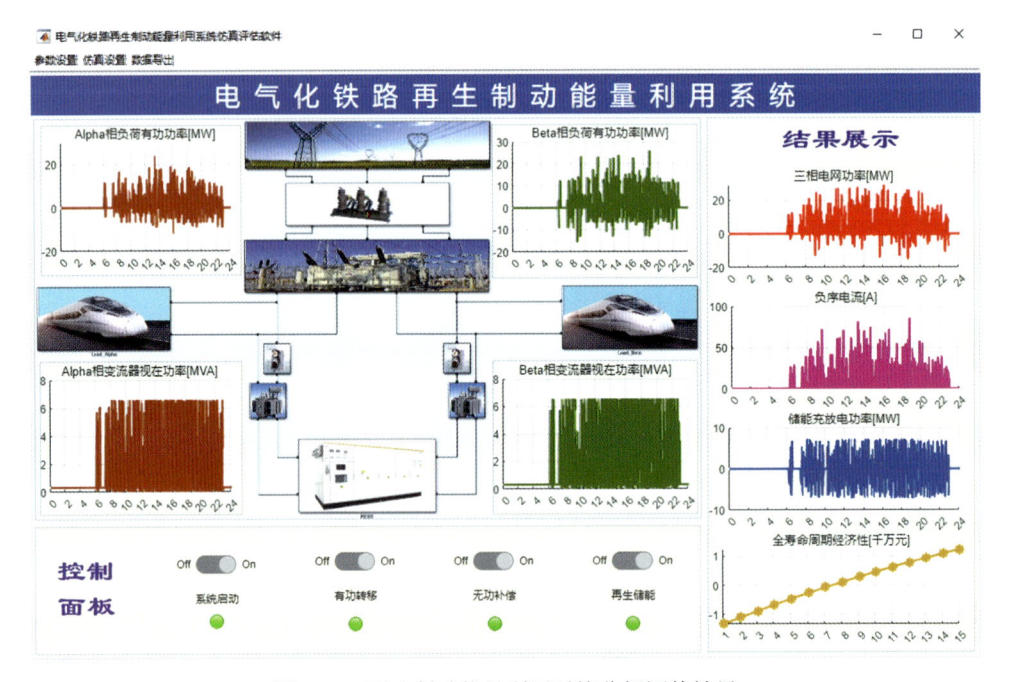

图 8-18 再生制动能量利用系统分析评估结果

软件导出的数据报表中包含了更详细的仿真评估结果，主要包括能耗、电能质量以及经济性三类指标。详细的数据报表内容如下。

1) 能耗

能耗指标主要包括配置再生制动能量利用系统前后牵引供电系统功率、再生制动能量利用系统功率以及整个系统的电量三部分，以统计报表及图形形式呈现。

(1) 牵引供电系统功率。

牵引供电系统功率指标统计了配置再生制动能量利用系统前后牵引供电系统三相电网侧及牵引侧母线功率的对比情况。详细统计结果如表 8-6 和表 8-7 所示，功率曲线如图 8-19 所示。

表 8-6 配置前牵引供电系统功率统计表

相别	A 相			B 相			C 相		
	P/MW	Q/Mvar	S/(MV·A)	P/MW	Q/Mvar	S/(MV·A)	P/MW	Q/Mvar	S/(MV·A)
最大值	11.8	0.8	11.8	14.5	1.2	14.5	12.8	1.2	12.8
平均值	0.5	−0.1	0.8	1.3	−0.2	1.7	0.7	−0.1	1.1
最小值	−5.7	−0.2	0	−7.6	−0.3	0	−7.6	−0.2	0
95%概率最大值	3.5	0.1	3.6	6.4	0.3	6.4	5.6	0.3	5.6

相别	α 臂			β 臂			总功率		
	P/MW	Q/Mvar	S/(MV·A)	P/MW	Q/Mvar	S/(MV·A)	P/MW	Q/Mvar	S/(MV·A)
最大值	23.7	1.5	23.7	25.6	2.3	25.6	29	2.5	29
平均值	1	−0.2	1.7	1.5	−0.1	2.3	2.5	−0.3	3.4
最小值	−11.5	−0.3	0	−15.2	−0.3	0	−15.2	−0.6	0
95%概率最大值	7	0.2	7.2	11.3	0.7	11.3	12.7	0.6	12.8

表 8-7 配置后牵引供电系统功率统计表

相别	A 相			B 相			C 相		
	P/MW	Q/Mvar	S/(MV·A)	P/MW	Q/Mvar	S/(MV·A)	P/MW	Q/Mvar	S/(MV·A)
最大值	8.6	0.8	8.6	14.5	1.2	14.5	9.5	1.3	9.6
平均值	0.6	−0.1	0.7	1.3	0.1	1.3	0.6	0	0.7
最小值	−3.7	−0.5	0	−7.3	−0.3	0	−4.4	−0.3	0
95%概率最大值	3.2	0	3.2	6.3	0.3	6.3	3.2	0	3.2

相别	α 臂			β 臂			总功率		
	P/MW	Q/Mvar	S/(MV·A)	P/MW	Q/Mvar	S/(MV·A)	P/MW	Q/Mvar	S/(MV·A)
最大值	17.2	1.5	17.2	19.1	2.3	19.1	29	2.6	29
平均值	1.3	−0.1	1.3	1.3	0.1	1.4	2.5	0	2.7
最小值	−7.3	−1.1	0	−8.7	−0.5	0	−14.6	−0.5	0
95%概率最大值	6.3	0	6.4	6.4	0.5	6.4	12.7	0.1	12.7

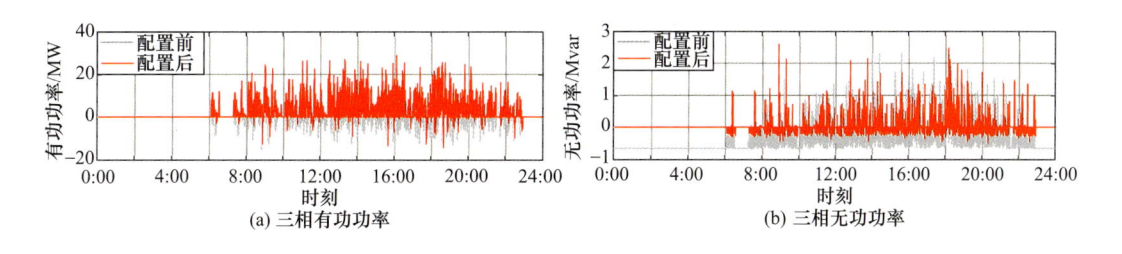

(a) 三相有功功率

(b) 三相无功功率

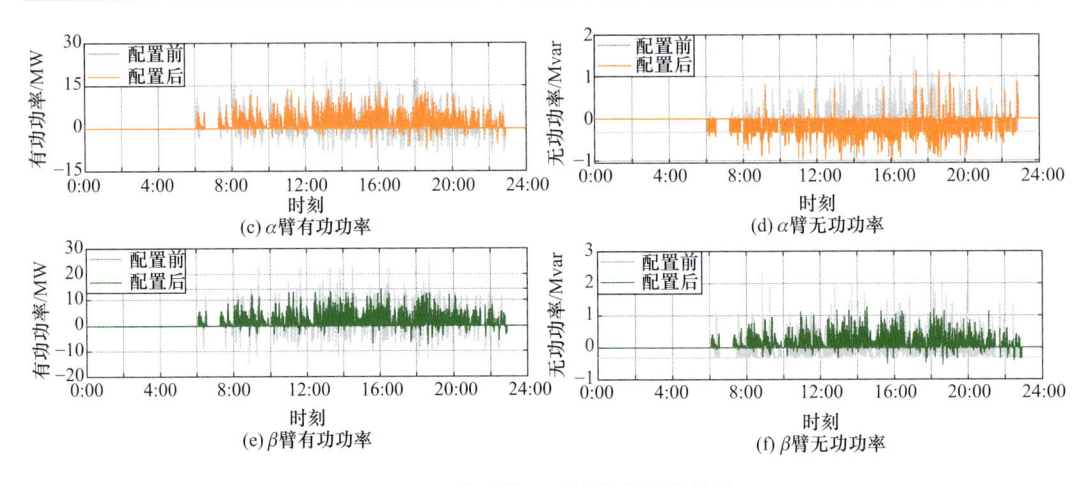

图 8-19 牵引供电系统仿真评估结果

(2) 再生制动能量利用系统功率。

再生制动能量利用系统功率指标统计了再生制动能量利用系统的功率。详细统计结果如表 8-8 所示，功率曲线如图 8-20 所示。

表 8-8 再生制动能量利用系统功率统计表

相别	α 臂变流器			β 臂变流器			储能变流器	
	P/MW	Q/Mvar	S/(MV·A)	P/MW	Q/Mvar	S/(MV·A)	P/MW	SoC
最大值	6.5	0.6	6.5	6.5	1.1	6.5	7.0	0.95
平均值	−0.2	0.1	1.5	0.2	0.2	1.5	0.1	0.18
最小值	−6.5	−1.5	0.1	−6.5	−2.1	0.1	−7.0	0.05
95%概率最大值	3.6	0.3	5.8	5.2	0.5	6.1	2.1	0.95

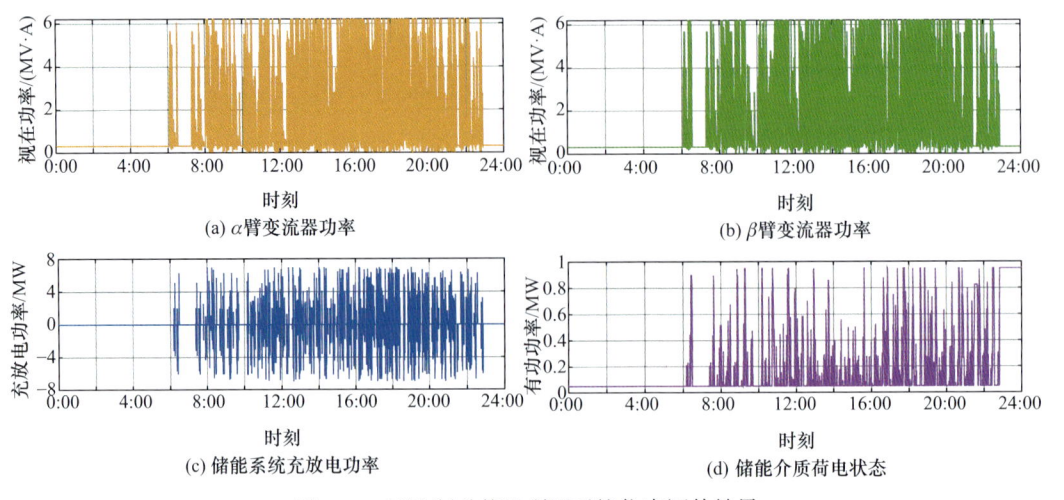

图 8-20 再生制动能量利用系统仿真评估结果

第8章 再生制动能量利用系统仿真实验平台

(3) 电量。

电量指标统计了配置再生制动能量利用系统前后牵引供电系统的正向牵引能量和反向再生制动能量，以及再生制动能量利用系统中储能介质的电量情况，详细统计结果如表 8-9 所示。

表 8-9 电量统计表

相别	有功电量/(kW·h) 配置前	有功电量/(kW·h) 配置后	无功电量/(kvar·h) 配置前	无功电量/(kvar·h) 配置后
A 相正向电量	29735.1	30857.7	811.3	216.8
A 相反向电量	5376.1	702.1	5690.9	2770.4
B 相正向电量	27157.1	62177.9	203.9	174.4
B 相反向电量	7920.7	1597.8	5083.5	2340.3
C 相正向电量	29735.1	31359.5	802.3	216.8
C 相反向电量	2954.0	935.1	4077.3	2770.4
正向计量电量	136296.7	124355.8	3781.7	1403.6
反向计量电量	15841.3	3195.5	19378.9	1352.5
储能介质电量	7.1	134.0	0.0	0.0

2) 电能质量

电能质量指标统计了配置再生制动能量利用系统前后牵引供电系统三相电网侧功率因数以及负序电流，详细统计结果如表 8-10 所示。功率因数与负序电流曲线如图 8-21 所示。

表 8-10 电能质量指标统计表

指标	三相功率因数 配置前	三相功率因数 配置后	负序电流/A 配置前	负序电流/A 配置后
最大值	1	1	136	84.7
平均值	0.4	0.6	17.1	6.2
最小值	−1	−1	0.2	0
95%概率最大值	1	1	60.6	29.9

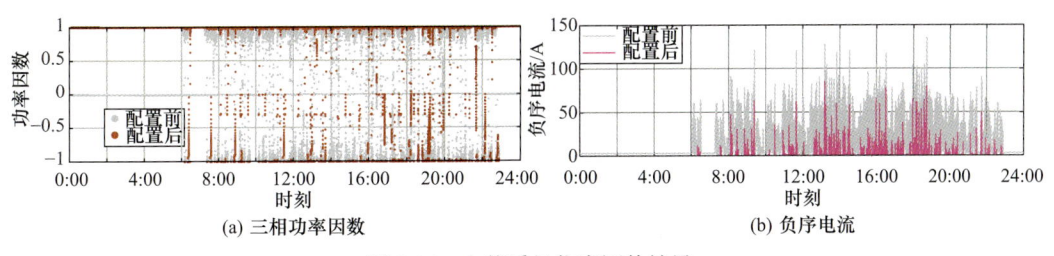

(a) 三相功率因数

(b) 负序电流

图 8-21 电能质量仿真评估结果

3) 经济性

经济性指标评估以图形形式呈现不同参数条件下再生制动能量利用系统的全寿命周期成本和收益，并给出最优经济容量相关参数，相关结果如图 8-22 和图 8-23 所示。

(a) 不同目标功率因数及再生制动能量利用率时全寿命周期净收益

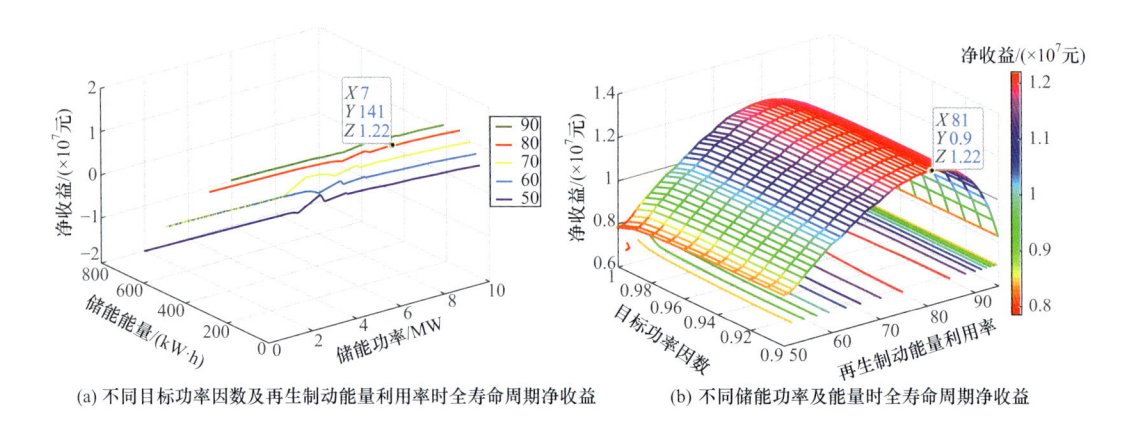

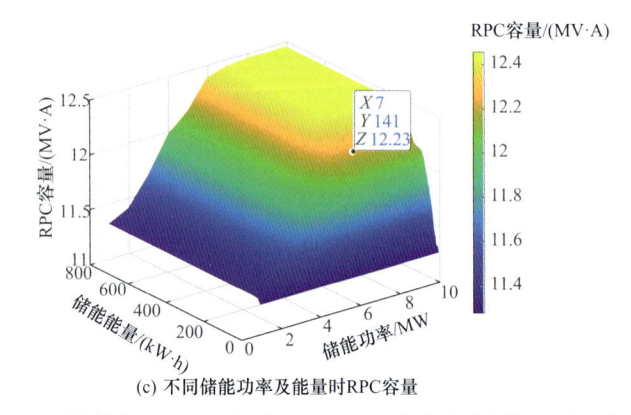

(b) 不同储能功率及能量时全寿命周期净收益

(c) 不同储能功率及能量时RPC容量

图 8-22 不同参数条件下再生制动能量利用系统全寿命周期经济性仿真评估结果

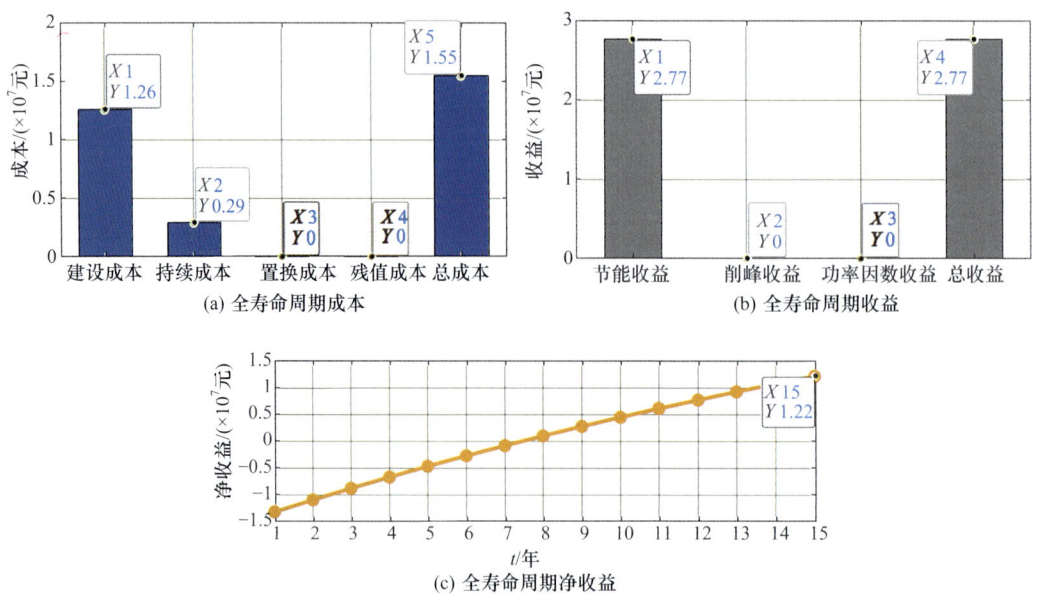

(a) 全寿命周期成本

(b) 全寿命周期收益

(c) 全寿命周期净收益

图 8-23 最优经济容量参数下全寿命周期经济性仿真评估结果

8.3 本章小结

本章针对电气化铁路再生制动能量利用系统在应用中的设计验证需求，介绍了电气化铁路再生制动能量利用系统综合仿真实验系统和分析评估软件。综合仿真实验系统通过建立电气化铁路供电系统、牵引负荷以及再生制动能量利用系统的仿真实验模型，可实现再生制动能量利用系统的拓扑结构、能量管理策略以及控制策略等方面的离线仿真、实时仿真以及实验验证。分析评估软件主要包括牵引供电系统负荷特性仿真、再生制动能量利用系统运行特性仿真以及再生制动能量利用系统运行效果及经济性评估三大核心功能，可对再生制动能量利用系统各种运行条件下相关运行指标进行分析评估以及对容量进行优化配置，进而为再生制动能量利用系统的应用方案设计提供参考。

参 考 文 献

[1] The what, where and why of real-time simulation[EB/OL]. https://blobdevweb.opal-rt.com/medias/L00161_0436.pdf. [2022-05-07].

[2] RAPID CONTROL PROTOTYPING[EB/OL]. https://www.opal-rt.com/zh-hans/rapid-control-prototyping/. [2022-05-07].

[3] 硬件在环仿真(HIL)[EB/OL]. https://www.opal-rt.com/zh-hans/hardware-in-the-loop/. [2022-05-07].

[4] 李群湛, 贺建闽. 牵引供电系统分析[M]. 3版. 成都: 西南交通大学出版社, 2012.

[5] 陈俊宇, 胡海涛, 王科, 等. 一种考虑列车运行图的高速铁路牵引供电系统再生能量评估方法[J]. 中国铁道科学, 2019, 40(1): 102-110.

[6] 王科, 胡海涛, 魏文婧, 等. 基于列车运行图的高速铁路动态牵引负荷建模方法[J]. 中国铁道科学, 2017, 38(1): 102-110.

[7] Wang K, Hu H T, Chen J Y, et al. System-level dynamic energy consumption evaluation for high-speed railway [J]. IEEE Transactions on Transportation Electrification, 2019, 5(3): 745-757.

[8] Chen J Y, Hu H T, Ge Y B, et al. An energy storage system for recycling regenerative braking energy in high-speed railway[J]. IEEE Transactions on Power Delivery, 2021, 36(1): 320-330.

[9] Chen J Y, Hu H T, Ge Y B, et al. Techno-economic model-based capacity design approach for railway power conditioner-based energy storage system[J]. IEEE Transactions on Industrial Electronics, 2022, 69(5): 4730-4741.

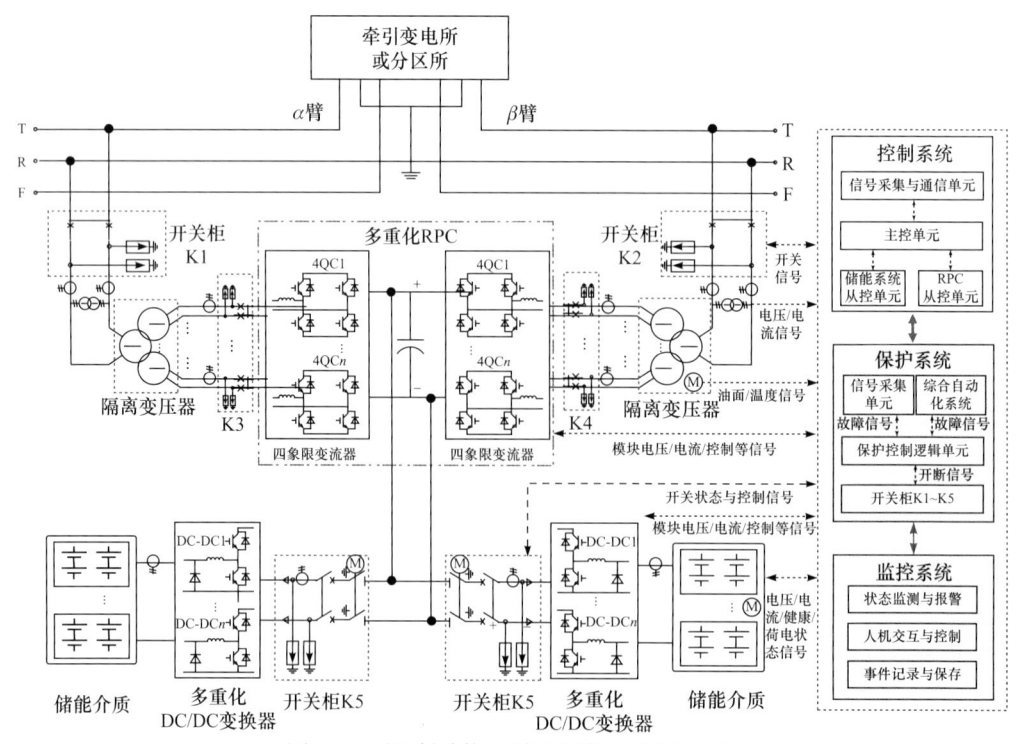

第 9 章 再生制动能量利用系统工程应用

近年来,随着我国电气化铁路的飞速发展,牵引供电系统节能降耗需求迫切。基于潮流控制的再生制动能量利用系统不仅可显著提高再生制动能量利用率,同时可提供如无功补偿、网压波动抑制以及谐波治理等辅助服务,因此具有广阔的工程应用前景。再生制动能量利用系统作为铁路节能领域重大装备得到科技部、国家自然科学基金委、国铁集团等单位的重点资助。经过相关科研院所与企业的联合攻关,再生制动能量利用系统相关理论得到深入研究,并开展了相关工程应用。本章将首先介绍再生制动能量利用系统的工程应用方案,涉及再生制动能量利用系统工程样机的技术方案、保护方案以及监控方案;在此基础上,分别介绍再生制动能量利用系统在电气化铁路牵引变电所和分区所的工程应用案例。

9.1 工程应用方案

再生制动能量利用系统的工程应用方案如图 9-1 所示(图中方案以 AT 供电方式为例,对于直供方式牵引供电系统同样适用),主要包含技术方案、保护方案和监控方案三部分。

图 9-1 再生制动能量利用系统工程应用方案

其中，技术方案主要涉及再生制动能量利用系统的主电路拓扑和控制系统；保护方案涉及再生制动能量利用系统的自保护以及再生制动能量利用系统与牵引供电系统的协同保护；监控方案涉及再生制动能量利用系统运行状态的监测与控制。

9.1.1 技术方案

再生制动能量利用系统的主电路拓扑主要由隔离变压器、RPC、双向 DC/DC 变换器和储能介质四部分构成，如图 9-1 所示。系统各部分均采用模块化设计，便于通过单元并联或级联实现功率的提升，以适应不同牵引变电所对系统功率和容量的需求。下面针对再生制动能量利用系统电气拓扑各部分的详细技术方案进行介绍。

1. 隔离变压器

隔离变压器用于将单相 27.5kV 交流电降为单相低电压等级(目前主流电压等级为 1000V)的交流电给 RPC 提供并网交流电压，同时可实现再生制动能量利用系统与牵引供电系统的电气隔离，避免牵引供电系统两供电臂和 RPC 间出现环流。隔离变压器的副边通常采用多绕组结构，且副边绕组数量需根据再生制动能量利用系统的功率等级来选择，以满足 RPC 多单元并联的需求。

2. RPC

RPC 是再生制动能量利用系统的并网变流器，由两个四象限变流器共用直流环节背靠背连接组成[1,2]。考虑到成本、控制复杂度以及可靠性等因素，RPC 通常采用单相两电平拓扑，并以多单元交错并联的方式减小交流侧电流谐波。RPC 并联单元数量与隔离变压器副边绕组数量相同，且均由再生制动能量利用系统的功率等级决定[3]。

3. 双向 DC/DC 变换器

双向 DC/DC 变换器是储能介质和 RPC 的连接通道，并接于 RPC 直流母线实现储能介质的充放电控制。双向 DC/DC 变换器通常采用非隔离型 Buck/Boost 拓扑，结构简单，易于通过多重化提升功率等级。当列车再生制动时，双向 DC/DC 变换器工作在 Buck 模式，将再生制动能量存入储能介质；当列车牵引时，双向 DC/DC 变换器工作在 Boost 模式，将存储在储能介质中的再生制动能量释放。双向 DC/DC 变换器采用多个单元交错并联的方式组成，提升充放电功率的同时还可减小充放电电流纹波。

4. 储能介质

根据电气化铁路负荷特性，不同线路条件的电气化铁路负荷差异较大，故储能介质可根据实际需求选取适宜的介质。目前可用于电气化铁路的储能介质主要包括能量型介质(如磷酸铁锂和钛酸锂电池)和功率型介质(主要为超级电容和飞轮)。表 9-1 给出了上述几种储能介质的参数对比。在能量型介质中，磷酸铁锂是目前广泛应用的储能介质，其能量密度可到 140W·h/kg 以上，但其功率密度小、循环寿命短、充放电损耗较大；钛酸锂电池虽能量密度较低，但其安全性好，功率密度较高，循环寿命可以达 2 万次以上。

功率型介质中，超级电容、飞轮等具有功率密度高、充放电效率高、循环寿命长的特点，广泛应用于电动汽车、新能源发电、城市轨道交通节能等领域。

表 9-1 储能介质参数对比

指标	能量型介质		功率型介质	
	磷酸铁锂	钛酸锂	超级电容	飞轮
能量密度/(W·h/kg)	140	80	3～8	
功率密度/(W/kg)	500	1000	8000～15000	
循环寿命/次	3000	20000	100万	100万
充放电效率	90%	95%	95%	95%
温度适应性/℃	0～50	−25～55	−40～65	
记忆效应	无	无	无	无
环境污染	无	无	无	无
安全性	良	良	好	好
可维护性	免维护	免维护	免维护	免维护
成本	较高	高	高	高

下面以钛酸锂电池和超级电容为例对储能介质进一步分析。以电压等级 1000V、额定功率 1MW 的储能系统为例，系统的持续充放电电流为 1000A。目前钛酸锂电池应用量较大的是 10A·h 单体，超级电容应用量最大的是 2.7V/3000F 单体。以上述两种介质单体为例，核算两种介质组成的储能系统相关技术与经济参数，如表 9-2 所示。

表 9-2 钛酸锂电池与超级电容单体参数对比

类别	EDLC 超级电容	钛酸锂电池
单体最高电压	2.7V	2.7V
单体最低电压	1.35V	1.6V
单体标称电压	2.3V	2.3V
单体容值	3000F	10A·h
单体最大可持续充电电流	130A	4C
单体质量	510g	285g
单体全部能量	3.04W·h	23W·h
单体有效能量	2.28W·h	23W·h
单体能量密度(有效)	4.47W·h/kg	80.71W·h/kg
循环寿命	100万次	2万次
单体串联数量	370串	370串
单体并联数量	8并	25并
系统最高电压	999V	999V
系统额定电压(超级电容最低电压)	500V	851V
系统额定电流	1040A	1000A
系统容值	64.86F	250A·h
系统全部电量	8.991kW·h	212.75kW·h

从表 9-1 和表 9-2 中可以看出，为了达到 1MW 的功率等级，超级电容因功率密度大、所需并联单体的数量远少于钛酸锂电池。另外，1MW 超级电容总能量约为 9kW·h，而 1MW 钛酸锂电池的总能量约为 210kW·h，相同功率等级下钛酸锂电池的储能容量远大于超级电容。目前，超级电容的循环寿命超过 100 万次，而钛酸锂电池的循环寿命仅约为 2 万次。考虑到电气化铁路负荷功率大、波动性强、短时强冲击性、运行工况切换频繁等特点，储能介质将工作在快速频繁大功率充放电状态，对其循环寿命考验较大。若计及储能介质的循环寿命影响，钛酸锂电池和超级电容的成本将相差无几。因此，储能介质的选取主要依据应用场景的功率和能量需求。普通线路和枢纽型线路负荷再生制动功率高、制动次数频繁且单次制动持续时间短，这类电气化铁路线路对储能介质功率密度要求高而能量密度要求较低，故超级电容更适用于该场景。相反，对于长大坡道线路，其负荷再生制动功率较高、制动次数较少且单次制动持续时间长，这类电气化铁路线路对储能介质功率密度要求较低而能量密度要求高，故钛酸锂电池更适用于该场景。

下面以 1MW/1000V 的超级电容储能系统为例说明储能介质的配置方案。根据再生储能系统中 RPC 和双向 DC/DC 变换器电压等级，选择超级电容储能系统的额定工作电压为 960V。若选用 48V/165F 标准模组来配置超级电容储能系统，需将 20 个模组串联成一组以满足额定电压。若设置超级电容储能系统运行电压为 500~900V，则可计算每组超级电容模组可存储的能量为

$$q = \frac{1}{2}CU^2 = \frac{1}{2} \times \frac{165}{20} \times (900^2 - 500^2) = 2310\text{kJ} = 0.642\text{kW·h} \tag{9-1}$$

由式(9-1)可知，每组超级电容模组可存储的能量为 0.642kW·h，应用时只需根据实际能量需求进行多组并联。需要注意的是，超级电容储能系统集成时需配置相应的电容管理系统以均衡模组的电压和电流，继而保障系统的安全稳定工作。

5. 控制系统

控制系统采用"主控制器+从控制器"的"主从式"结构，由 1 个主控单元和多个从控单元组成，实现牵引供电系统负荷信息采集、再生制动能量利用系统实时控制以及与变电所内综合自动化系统的信息交互。从控单元具体数量与变流器拓扑结构相关，通常每个变流器单元均配置独立的从控单元，故从控单元数量需根据实际需求确定，这也体现了再生制动能量利用系统的强可扩展性。控制系统总体结构如图 9-2 所示，各控制单元的详细功能如下。

1) 主控单元

再生制动能量利用系统的主控单元是整个系统的控制核心，主要实现：①牵引供电系统负荷功率、再生制动能量利用系统运行状态(如变流器、储能介质等)以及系统辅助设备运行状态(如接触器、断路器等)等信息的实时采集，同时计算再生制动能量利用系统与各变流器单元的实时参考功率，并生成控制指令下发至各从控单元；②采集馈线电压互感器的电压信号和各变流单元电流互感器的电流信号用于变流器实时保护，同时与再生制动能量利用系统的保护系统和牵引供电系统既有综合自动化系统进行信息和控制指令

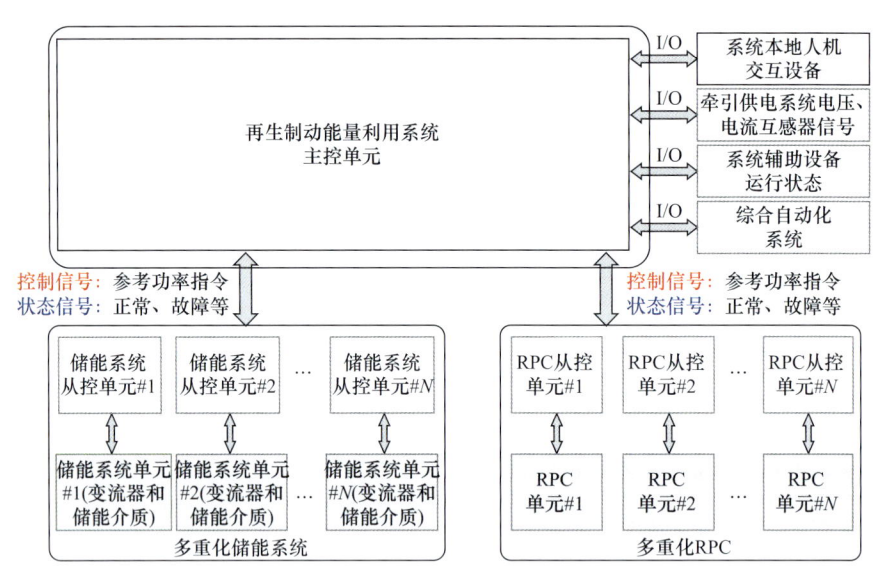

图 9-2 控制系统总体结构

交互，实现再生制动能量利用系统运行状态的实时监控与故障保护；③与设备本地的人机交互设备实时通信，实现再生制动能量利用系统运行状态的本地监控与管理。

2) RPC 从控单元

RPC 从控单元用于 RPC 的控制，其根据主控单元实时分配的参考功率指令，执行RPC 控制算法实现参考功率跟踪。同时，RPC 从控制器将实时运行状态信息反馈至主控单元。考虑到 RPC 控制算法的复杂度较高且实际应用中采用多重化结构，故通常每个RPC 单元采用独立的从控单元。

3) 储能系统从控单元

储能系统从控单元用于控制双向 DC/DC 变换器，其实时接收主控单元的参考功率指令，执行双向 DC/DC 变换器控制算法实现储能介质的充放电功率控制。除双向 DC/DC 变换器功能，储能系统从控单元还与储能介质管理系统实时交互，实现储能介质的荷电状态和健康状态的监测。同时，储能系统从控单元还需与主控单元实时通信，将双向DC/DC 变换器和储能介质的实时运行状态信息反馈至主控单元。

9.1.2 保护方案

再生制动能量利用系统的保护原则为：设备故障不影响牵引供电系统的正常运行，并且遵守铁路系统的故障导向安全原则。按照设备故障严重程度不同，可将再生制动能量利用系统的故障分为系统级(Ⅰ)、设备级(Ⅱ)、预警级(Ⅲ)，分别采取整体退出、故障子系统切除、预警等动作，确保系统安全。再生制动能量利用系统结合本地分布式保护与集中总体保护构建多层保护体系，保证故障不漏报、不误报[4]。

如图 9-1 所示，再生制动能量利用系统并联接入牵引供电系统，当系统自身出现系统级故障时跳开并网断路器 K1 和 K2 将系统从牵引供电系统中切除，牵引供电系统保护不动作。当再生制动能量利用系统出现设备级故障时，只需切除故障设备单元，无须切除整个系统。当牵引供电系统发生故障时，再生制动能量利用系统的保护系统根据本地检测到的故障信号或牵引供电系统保护的联跳信号动作，跳开并网断路器K1和K2，避免加剧故障。再生制动能量利用系统的详细保护方案已在第5章中介绍，此处不再赘述。

9.1.3 监控方案

再生制动能量利用系统的监控方案采用"本地监控+远程监控"的方式。通常，本地监控配置于再生制动能量利用系统的安装站所，而远程监控配置于供电调度室。再生制动能量利用系统的监控系统主要包括以下功能。

(1) 系统控制和参数设定：再生制动能量利用系统的运行状态可通过本地和远程监控系统进行控制，如系统的启停。同时，再生制动能量利用系统控制参数和保护参数等也可以通过监控系统进行设定。

(2) 实时数据采集与运行状态监测：监控系统采用分布式监测方式，对再生制动能量利用系统关键位置的电压、电流等电气量，以及设备温度、环境湿度等非电量进行实时采集，并将相关数据汇集至再生制动能量利用监控平台，实现运行状态的全面监测。

(3) 事件记录与故障报警：当再生制动能量利用系统出现故障时，监控系统启动事件记录功能进行故障录波，并及时发出故障报警信号指示故障信息，指导运维人员进行故障处理。

通过上述"本地监控+远程监控"的方式，可实现再生制动能量利用系统运行状态的全面监测与控制，有助于保障系统安全运行，提高运维效率。

9.2 工程应用案例

针对电能质量问题治理的潮流控制设备在数十年前已应用于国内外的电气化铁路，其中RPC已在日本和中国得到应用[2,3]。此外，同相供电系统也在国内开展了多个试点应用[5,6]。目前，国内电气化铁路再生制动能量利用系统的工程应用刚处于起步阶段，应用案例涉及普速铁路和长大坡道重载铁路，储能介质涵盖了锂电池、飞轮以及超级电容三类典型介质。下面以再生制动能量利用系统在牵引变电所和分区所应用案例为例，分别介绍再生制动能量利用系统的工程应用。

9.2.1 牵引变电所案例

在牵引变电所应用方案中，再生制动能量利用系统并接于牵引变压器二次侧母线处，用于实现牵引供电系统再生制动能量利用，还可兼顾无功补偿和负序治理等功能[7]。国内目前已完成的两个牵引变电所应用案例均采用储能型再生制动能量利用系统，二者区别仅在于储能介质，分别采用了飞轮与超级电容。两个案例的详细参数如表9-3所示。下面以东部某牵引变电所基于超级电容的再生储能系统为例对牵引变电所工程应用案例的技术方案和现场应用效果进行说明。

表 9-3　牵引变电所应用案例

参数	中部某牵引变电所	东部某牵引变电所
并网变流器拓扑	RPC	RPC
并网变流器容量	2MV·A	2MV·A
储能介质类型	飞轮	超级电容
储能功率	2MW	2MW
储能容量	20kW·h	11.5kW·h

1. 技术方案

该牵引变电所早期区间运行的牵引负荷主要为交-直型韶山系列电力机车，导致该变电所无功和谐波问题较为严重。为解决上述问题，该牵引变电所曾开展采用 FC+TCR 型动态无功补偿装置进行电能质量治理，取得了较好的效果。近年来，随着交-直-交型和谐系列大功率电力机车比例大幅提高，该牵引变电所的无功和谐波问题从源头得到改善，但负序问题较为严重。另外，由于交-直-交型电力机车具备再生制动功能，该牵引变电所存在向电网返送再生制动能量的情况。基于上述现状，国铁集团批复同意在该牵引变电所开展再生储能系统的工程试验，以验证系统在再生制动能量利用和电能质量治理方面的效果。结合该牵引变电所既有场地条件情况，综合考虑工程投资和施工难度，再生储能系统在拆除既有补偿设备的基础上进行安装。

该牵引变电所改造后的主接线图如图 9-3 所示。

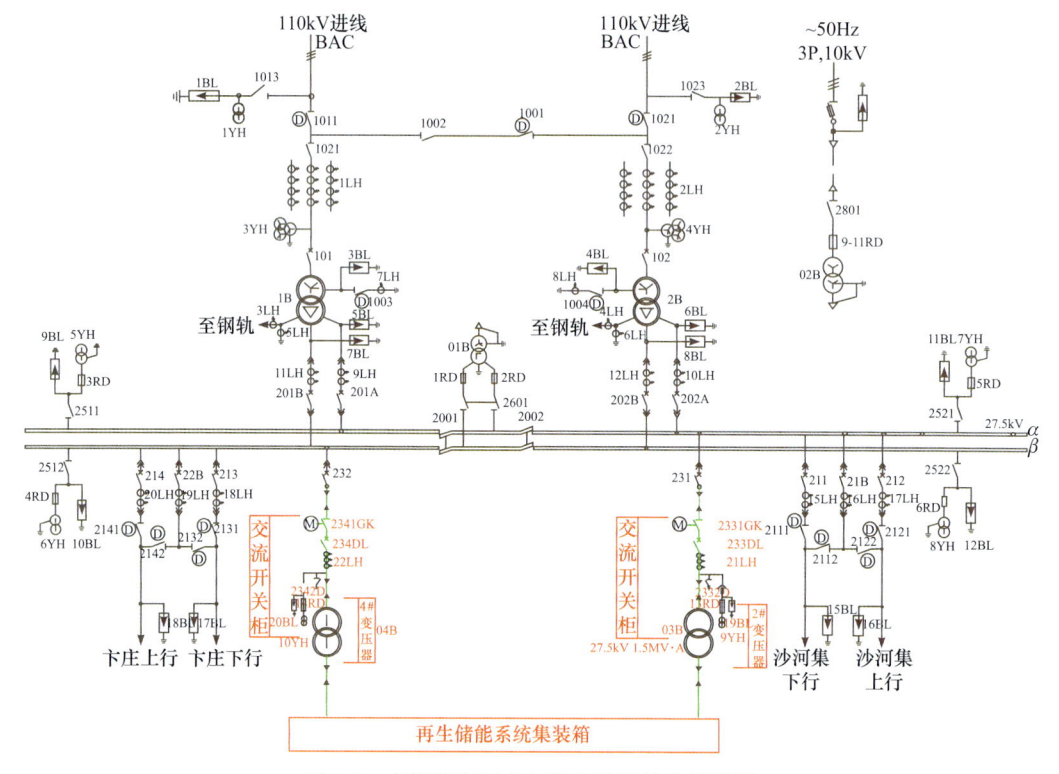

图 9-3　东部某牵引变电所改造后的主接线图

再生制动能量利用系统的现场布局图如图 9-4 所示。该牵引变电所牵引供电系统和再生储能系统的相关电气参数如表 9-4 所示。从图 9-4 中可以看出，再生储能系统包含集装箱式再生储能系统、隔离变压器以及交流开关柜三部分，呈"一"字布局，总占地面积约 190m²(长 22.6m，宽 8.4m)。

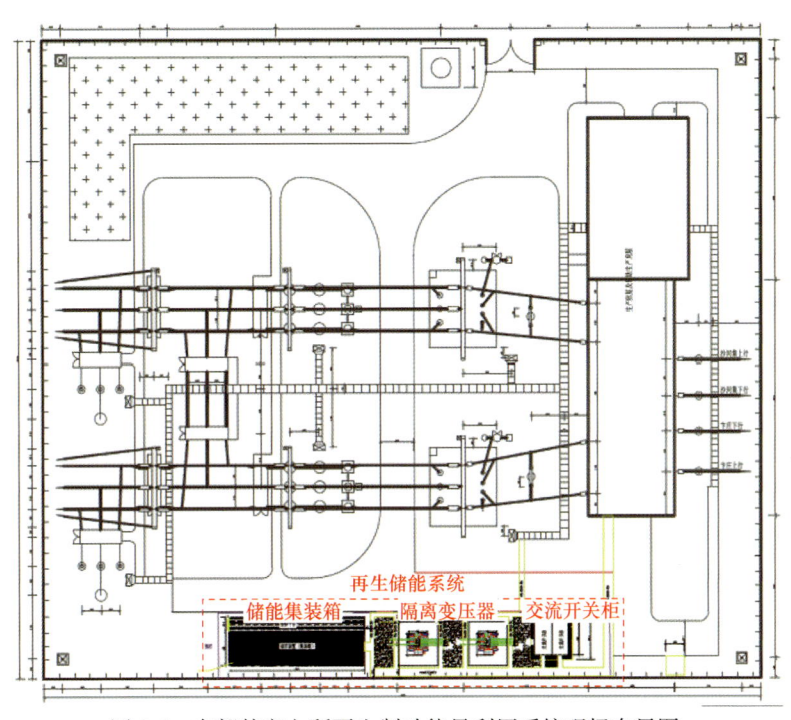

图 9-4 东部某变电所再生制动能量利用系统现场布局图

表 9-4 东部某牵引变电所牵引供电系统和储能系统的相关电气参数

系统	参数	数值
牵引供电系统	三相电压	110kV
	电网频率	50Hz
	牵引变压器变比	110kV/27.5kV
	牵引变压器接线方式	YNd11
	牵引变压器容量	50MV·A
再生储能系统	隔离变压器变比	27.5kV/(2×1kV)
	隔离变压器容量	1.5MV·A
	RPC 容量	1.5×1MV·A
	RPC 直流母线电压	1800V
	双向 DC/DC 变换器额定功率	4×0.4MW
	超级电容模组参数	48V，165F
	超级电容配置方式	20 串 18 并
	超级电容储能系统额定电压	960V
	超级电容储能系统额定功率	1.5MW

再生储能系统接入东部某牵引变电所的原理图如图 9-5 所示，其中并网 RPC 采用二重化结构，双向 DC/DC 变流器采用四重化结构。结合图 9-4 和图 9-5 可知，再生储能系统的两个并网点由隔离变压器高压侧引出，分别通过交流断路器经高压电缆接入牵引变电所高压室的牵引变压器低压侧母排，实现并接于牵引供电系统两供电臂。集装箱式再生储能系统内部主要分为三块区域，分别放置了 RPC、双向 DC/DC 变换器以及超级电容。除此之外，集装箱箱体内还配置了用于保护和散热的相关设备，如水冷系统和消防系统。再生储能系统的综合自动化保护装置和交流断路器等设备则放置于户外开关柜中。

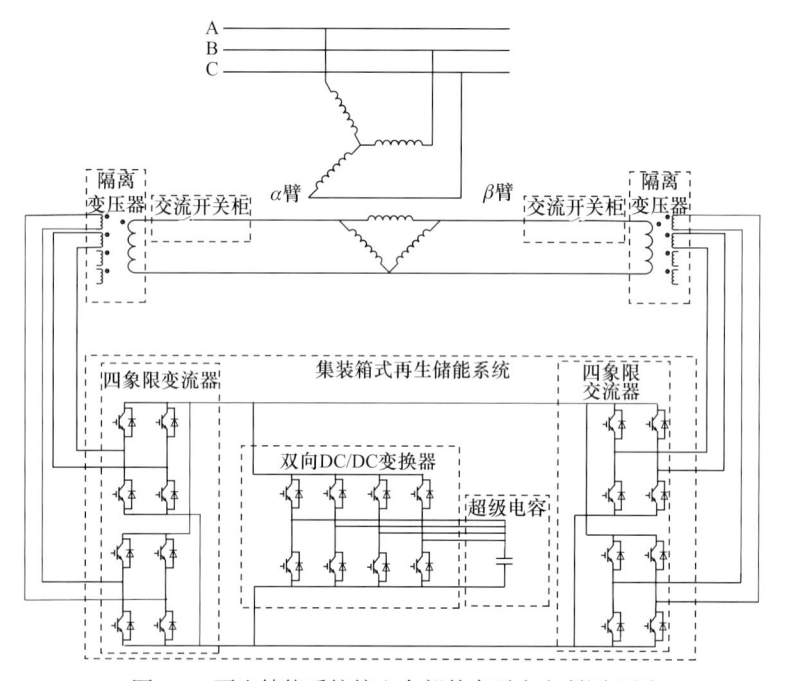

图 9-5 再生储能系统接入东部某牵引变电所原理图

牵引变电所再生储能系统的控制系统总体结构如图 9-2 所示，由 1 个主控单元和 3 个从控单元(2 个 RPC 从控单元和 1 个储能系统从控单元)组成，实现系统的实时控制、运行状态监测与故障保护。各控制器详细功能如下。

(1) 主控单元：主控单元是整个控制系统的核心，负责采集牵引变电所的负荷电压和电流信息实现负荷功率计算及各变流器单元的参考功率分配；同时，主控单元接收各变流器单元、储能介质及辅助设备的运行状态信息实现系统运行状态的实时监测，并将相关信息与保护系统和综合自动化系统进行通信，实现系统运行状态的远程监控与故障保护。

(2) RPC 从控单元：RPC 从控单元根据主控制器实时发送的参考功率指令执行 RPC 控制算法，实现牵引供电系统的再生制动能量潮流控制；同时，RPC 从控单元将实时运行状态信息反馈至主控制器。

(3) 储能系统从控单元：储能系统从控单元根据主控制器实时发送的参考功率指令执行双向 DC/DC 变换器控制算法实现超级电容的充放电控制，同时负责超级电容单体和模组的运行状态监控、管理、故障保护等。此外，双向 DC/DC 变换器和超级电容储能系统的实时运行状态信息也由储能系统从控单元反馈至主控制器。

为满足工程应用中再生储能系统运行状态的监测需求，开发了再生储能系统远程监控平台，如图 9-6 所示。监控平台与再生储能系统主控单元实时通信，主要包括系统运行状态实时监测、系统功能远程监控管理以及系统运行数据统计分析等功能。

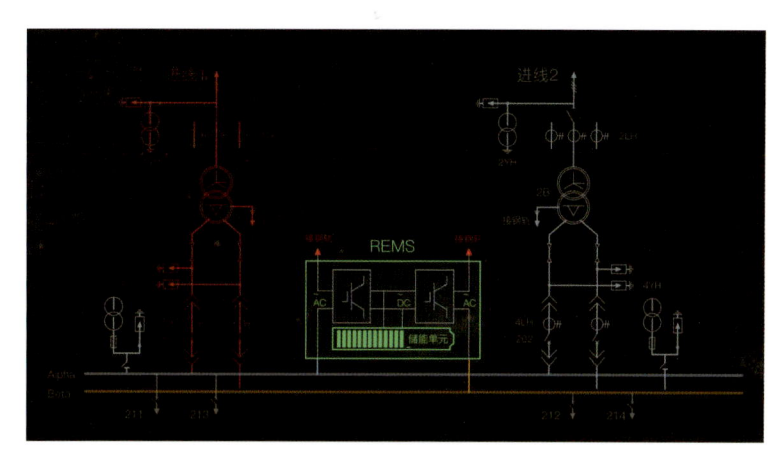

(a) 初始界面

(b) 再生制动能量利用系统监控主界面

图 9-6 再生储能系统远程监控平台

2. 工程应用效果分析

牵引变电所再生储能系统的现场实物图如图 9-7 所示。该系统采用一个户外集装箱布置 RPC 和超级电容储能系统。结合该牵引变电所的实测负荷数据和表 9-4 所示再生储能系统参数，对牵引变电所再生储能系统的运行效果进行分析，结果如图 9-8 所示。再生储能系统的运行情况如图 9-9 所示。由牵引变电所再生储能系统的运行原理可知，根据牵引供电系统两臂负荷工况对再生制动能量进行转移和储能利用，同时兼顾两臂有功平衡和无功补偿的功能。从图 9-8 和图 9-9 中可以看出，牵引供电系统两臂负荷功率较高、波动性大，负荷功率随着运行工况的变换在正负功率间来回波动。

图 9-7 某牵引变电所再生储能系统现场实物图

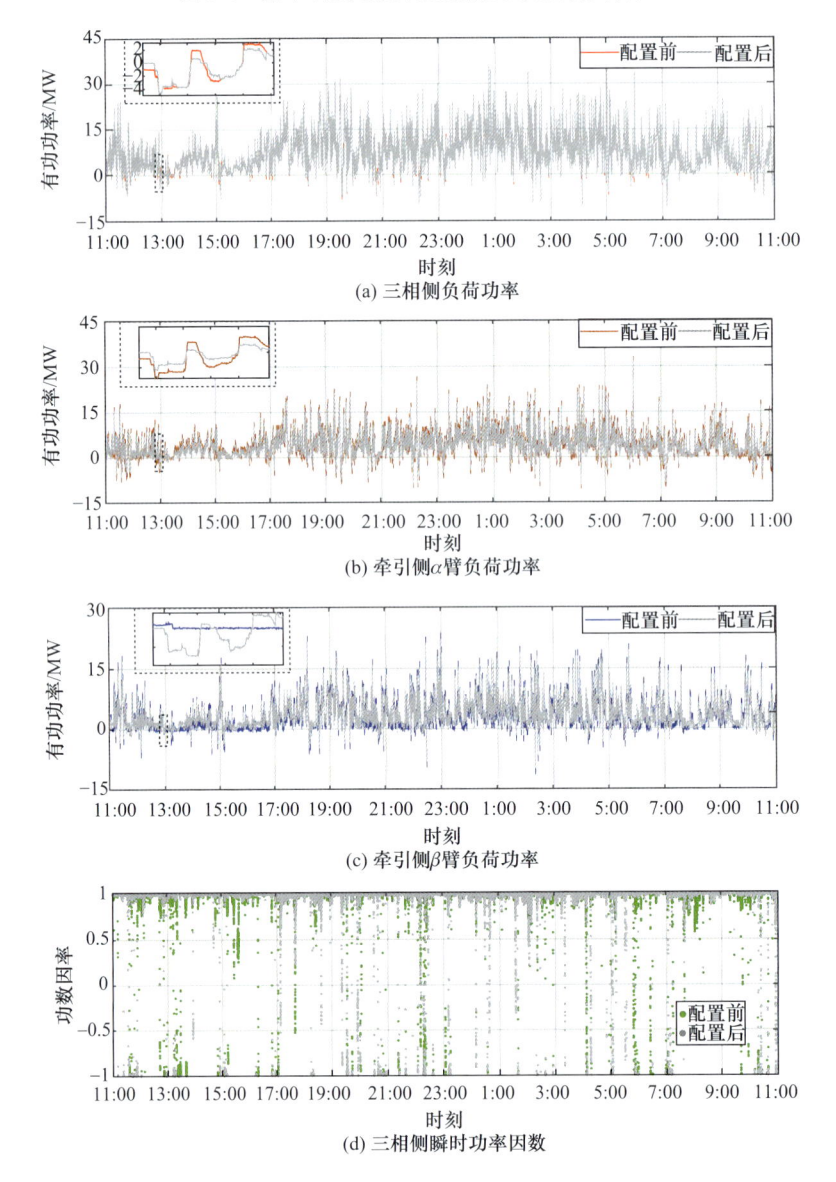

(a) 三相侧负荷功率

(b) 牵引侧α臂负荷功率

(c) 牵引侧β臂负荷功率

(d) 三相侧瞬时功率因数

(e) 负序电流

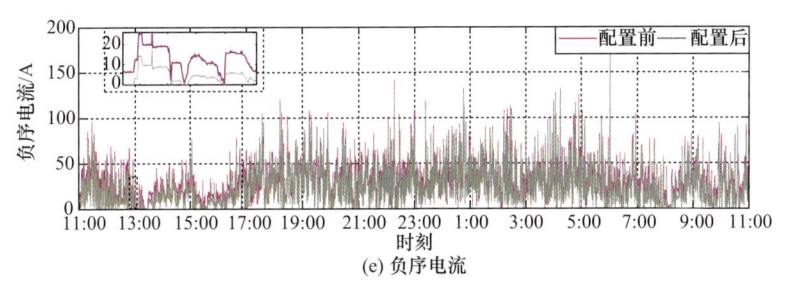

图 9-8　配置再生储能系统前后牵引供电系统负荷及电能质量指标对比

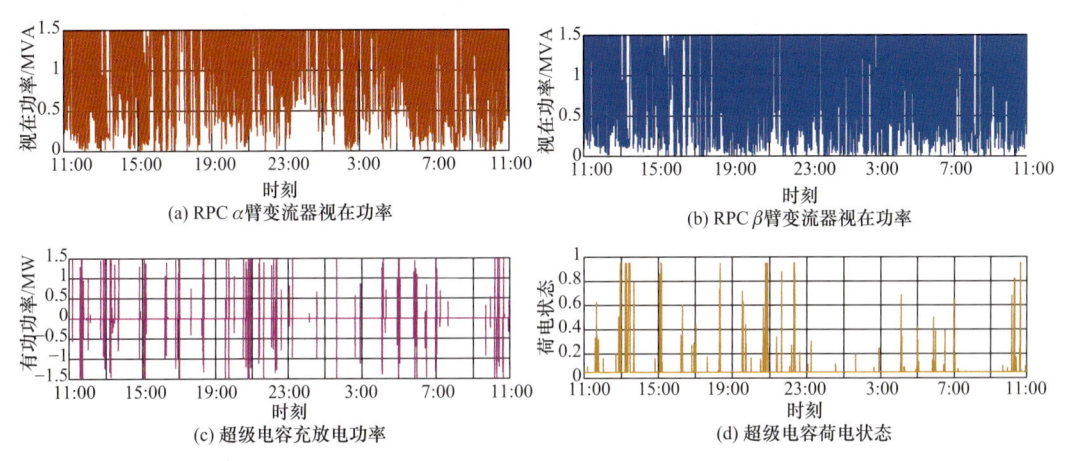

(a) RPC α 臂变流器视在功率

(b) RPC β 臂变流器视在功率

(c) 超级电容充放电功率

(d) 超级电容荷电状态

图 9-9　再生储能系统运行情况

再生储能系统根据两臂负荷运行工况运行，在两臂负荷运行工况互补时对再生制动能量进行转移利用，不足的牵引功率或剩余的再生制动功率由储能系统进行放电或充电。由于 RPC 对两臂负荷有功功率的转移平衡和无功功率的补偿，牵引供电系统三相侧瞬时功率因数与负序电流均得到明显改善。

配置再生储能系统前后牵引供电系统的能耗和电能质量指标统计结果如表 9-5 和表 9-6 所示。根据统计结果可得到如下结论。

表 9-5　配置再生储能系统前后牵引供电系统能耗指标评估结果

相别	有功电量/(kW·h) 配置前	有功电量/(kW·h) 配置后	无功电量/(kvar·h) 配置前	无功电量/(kvar·h) 配置后
α 臂正向电量	108777.7	101663.4	12495.4	9524.7
α 臂反向电量	4827.9	2572.7	1160.0	624.1
β 臂正向电量	85688.6	90564.2	7248.5	5166.3
β 臂反向电量	1396.7	1013.0	1790.7	1059.6
牵引侧总正向电量	194466.3	192227.6	19743.9	14691
牵引侧总反向电量	6224.6	3585.7	2950.7	1683.7
三相正向计量电量	190766.2	189689.1	18299.7	13876.9
三相反向计量电量	2524.3	1217.2	1506.6	769.6

变电所控制室内，其余一次设备均安装于分区所，呈"一"字布局，总占地面积约 210m²(长 26.3m，宽 8m)。再生储能系统的并网 RPC 采用四重化结构，每两重 RPC 为一个单元，共两个单元。双向 DC/DC 变流器采用两重化结构，高压侧接入其中一重 RPC 直流母线，低压侧连接钛酸锂电池。结合图 9-11 和图 9-12 可知，再生储能系统的两个并网点由隔离变压器高压侧引出，分别通过户外开关设备经高压电缆接入分区所两侧牵引变电所，实现并接于分区所两侧牵引变电所的两供电臂。集装箱式储能系统中放置了一套直流开关柜，钛酸锂电池模组与双向 DC/DC 变换器，集装箱式变流器柜中则放置了 RPC。除此之外，集装箱箱体内还配置了用于保护和散热的水冷系统和消防系统。

表 9-8　某重载铁路分区所电气参数

系统	参数	数值
牵引供电系统	电网频率	50Hz
	AT 变压器变比	55kV/27.5kV
	AT 变压器容量	25MV·A
再生储能系统	隔离变压器变比	27.5kV/(6×1kV)
	隔离变压器容量	6MV·A
	RPC 容量	4×1.5MV·A
	RPC 直流母线电压	1800V
	双向 DC/DC 变换器额定功率	2×0.5MW
	钛酸锂电池模组参数	24V/90A·h
	钛酸锂电池配置方式	23 串 5 并
	钛酸锂电池储能系统额定电压	552V
	钛酸锂电池储能系统额定容量	100kW·h
	钛酸锂电池储能系统额定功率	500kW

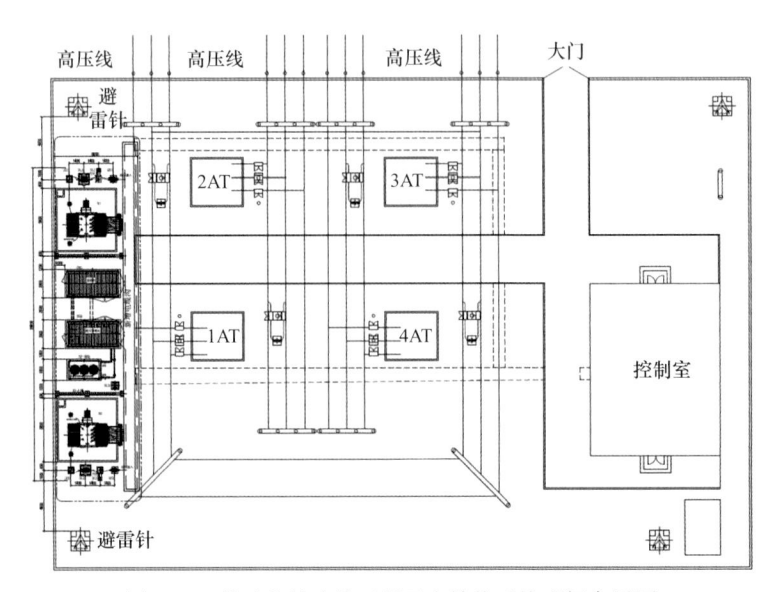

图 9-11　某重载铁路分区所再生储能系统现场布局图

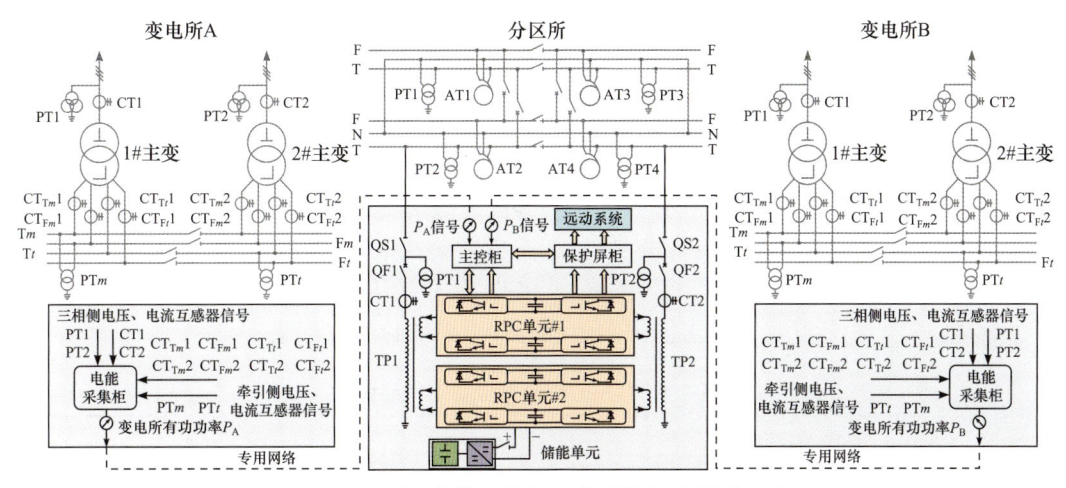

第9章 再生制动能量利用系统工程应用

图 9-12 再生储能系统接入牵引供电系统原理图

分区所再生储能系统的控制系统结构如图 9-13 所示，由 1 个主控单元和 3 个从控单元组成。其中每两重 RPC 作为一个单元共用 1 个从控单元，储能单元采用独立从控单元。控制系统各控制器详细功能与牵引变电所再生储能系统类似，唯一的区别在于主控单元对牵引供电系统负荷信息的采集方式。由于分区所处无法通过本地采集的牵引供电系统母线电压电流信号计算出牵引变电所的负荷功率，分区所再生储能系统只能依靠牵引变电所处安装的数据采集装置对牵引变电所负荷电压电流进行采样以计算功率，并通过铁路通信专网的方式传输给分区所处主控单元。主控单元实时接收来自分区所两侧牵引变电所电能测控柜采集的负荷功率信息，结合本地变流器和储能介质的运行状态信息，计算各变流器单元的参考功率指令并下发给从控单元，从而实现相邻牵引变电所间的再生制动功率潮流控制。

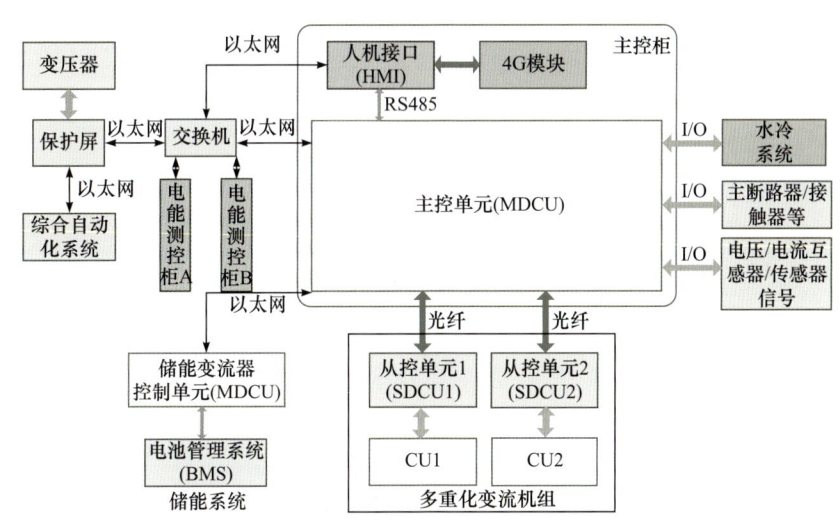

图 9-13 分区所再生储能系统的控制系统结构图

2. 工程应用效果分析

分区所再生储能系统的现场图如图 9-14 所示。该系统采用两个户外集装箱分别布置

RPC 和锂电池储能系统。为分析验证分区所再生储能系统的节能效果，对该系统和配置该系统的重载铁路分区所两侧牵引变电所进行 24 小时联合测试，详细测点如图 9-15 所示。测试期间采集分区所两侧牵引变电所牵引变压器原次边母线电压电流以及分区所再生储能系统的 RPC 两臂电压电流。由于测试期间储能系统处于运维状态未投入使用，故未能对储能系统数据进行采集。

图 9-14　某重载铁路分区所再生储能系统现场图

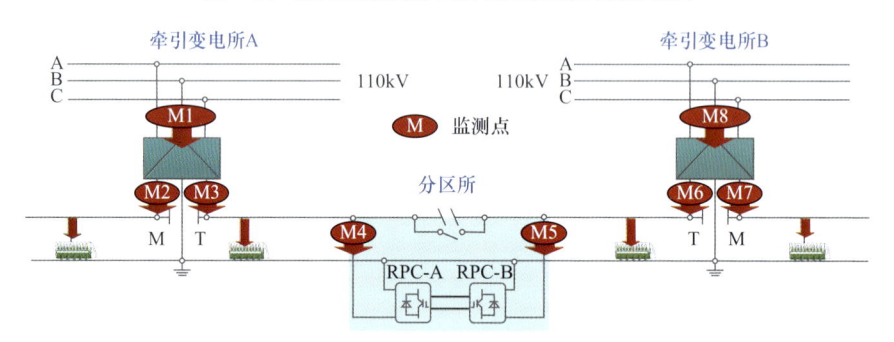

图 9-15　某重载铁路分区所再生储能系统节能效果测试方案

由分区所再生储能系统的运行原理可知，根据分区所两侧牵引变电所的负荷工况对再生制动能量进行转移利用。图 9-16 为分区所两侧牵引变电所和分区所再生储能系统 24 小时的运行情况。从图中可以看出，分区所两侧牵引变电所的负荷功率高、波动性大，负荷功率随着运行工况的变换在正负功率间来回波动。分区所再生储能系统根据两侧牵引变电所的负荷运行工况运行，在负荷互补工况下对再生制动能量进行转移利用，转移功率随牵引负荷的功率需求和再生制动负荷提供的功率变化。

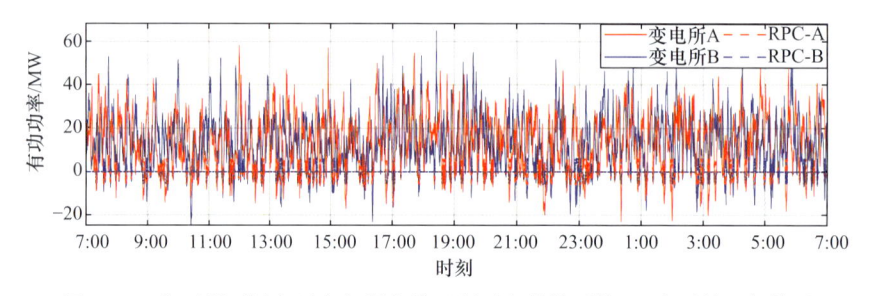

图 9-16　分区所两侧牵引变电所和分区所再生储能系统 24 小时的运行情况

图 9-17 为分区所再生储能系统在典型负荷工况下的运行情况。图 9-17(a)为典型负荷工况 1 的功率曲线。该工况下牵引变电所 A 负荷均处于再生制动工况，牵引变电所 B 负荷均处于牵引工况。从图中可以看出，此时分区所再生储能系统处于工作状态，通过 RPC 将牵引变电所 A 返送回电网的再生制动能量转移至牵引变电所 B 供牵引负荷利用，转移功率随牵引变电所 B 的牵引负荷功率需求变化，最大转移功率为 6MW。

(a) 牵引变电所A负荷均处于再生制动工况，牵引变电所B负荷均处于牵引工况

(b) 牵引变电所A负荷均处于牵引工况，牵引变电所B负荷均处于再生制动工况

(c) 分区所两侧牵引变电所负荷均处于牵引工况

(d) 分区所两侧牵引变电所负荷均处于再生制动工况

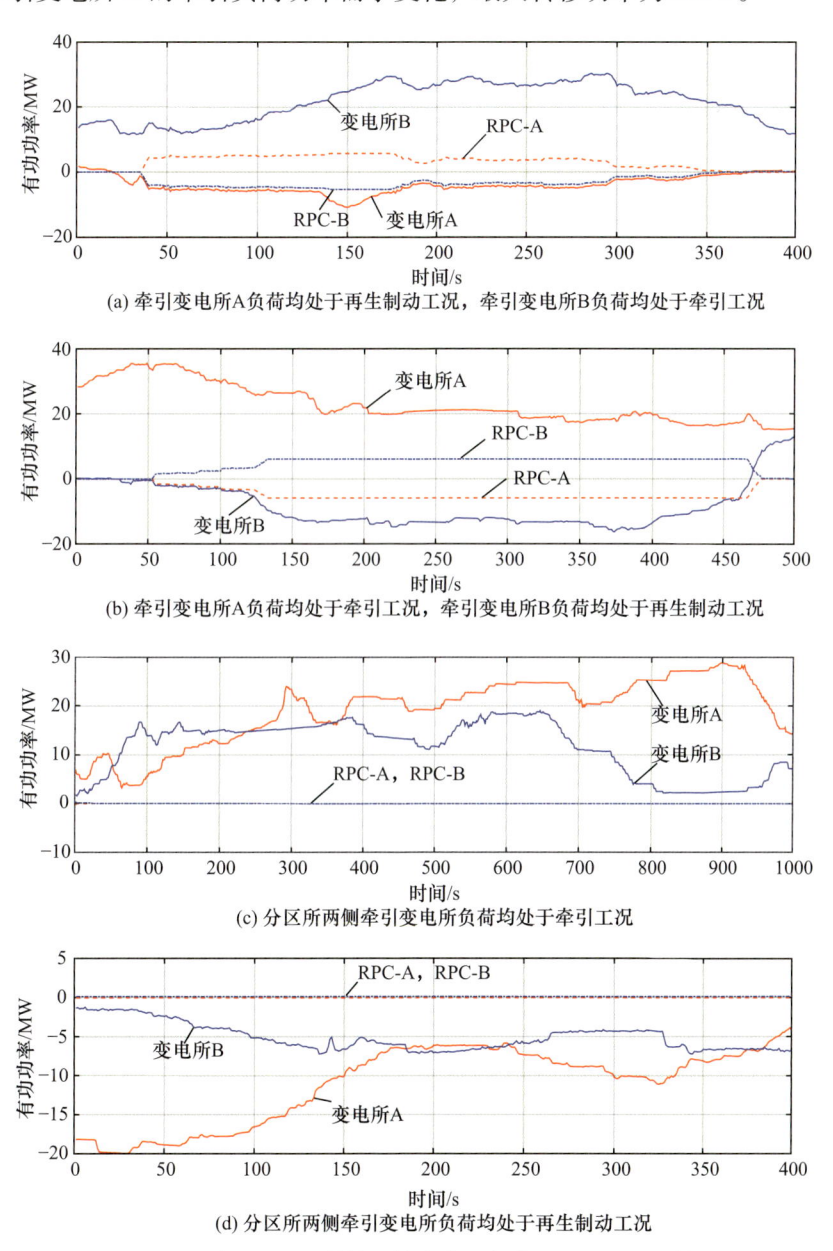

图 9-17 分区所再生储能系统在典型负荷工况下的运行情况

图 9-17(b)为典型负荷工况 2 的功率曲线。该工况下牵引变电所 A 负荷均处于牵引工况，牵引变电所 B 负荷均处于再生制动工况。从图中可以看出，分区所再生储能系统通

过 RPC 将牵引变电所 B 返送回电网的再生制动能量转移至牵引变电所 A 供牵引负荷利用，转移功率随牵引变电所 A 的牵引负荷功率需求变化，最大转移功率为 6MW。

图 9-17(c)为典型负荷工况 3 的功率曲线。该工况下牵引变电所 A 和牵引变电所 B 的负荷均处于牵引工况。从图中可以看出，此时分区所再生储能系统不工作，装置空载运行。

图 9-17(d)为典型负荷工况 4 的功率曲线。该工况下牵引变电所 A 和牵引变电所 B 的负荷均处于再生制动工况。从图中可以看出，此时分区所再生储能系统不工作，装置空载运行。

综合上述典型工况下的运行结果可知，分区所再生储能系统可有效实现相邻牵引变电所再生制动能量的协同利用。

图 9-18 和图 9-19 分别为配置分区所再生储能系统前后两侧牵引变电所负荷曲线与分区所再生储能系统的运行情况。从图中可以看出，配置分区所再生储能系统后，牵引变电所 A 和牵引变电所 B 返送电网的再生制动能量被有效用于牵引负荷消耗，分区所再生储能系统在运行过程中存在一定的功率损耗。图 9-20 给出了全部监测点的电能测试结果，详细数据如表 9-9 所示。根据测试结果可得到如下结论。

(1) 牵引变电所 A 牵引负荷消耗牵引量 39.0013 万 kW·h，返送再生电量 7.7094 万 kW·h(返送再生电量约占消耗牵引电量的比例为 19.77%)。

(2) 牵引变电所 A 牵引负荷消耗牵引电量构成如下：牵引变电所 A 110kV 三相电力系统供电 33.0727 万 kW·h(变压器损耗 0.2902 万 kW·h，实得 32.7825 万 kW·h)，牵引变电所 A 产生再生电量 5.4965 万 kW·h，牵引变电所 B 转移再生电量 0.7807 万 kW·h(变流器损耗 0.05 万 kW·h，实得 0.7307 万 kW·h)，合计 39.0097 万 kW·h(误差 0.022%)。

(3) 牵引变电所 A 牵引负荷返送再生电量消耗情况：牵引变电所 A 自利用电量 5.4965 万 kW·h，转移到牵引变电所 B 1.0522 万 kW·h，牵引变压器消耗 0.0579 万 kW·h，110kV 三相电力系统返送 1.1112 万 kW·h，合计 7.7178 万 kW·h(误差 0.11%)。

(4) 牵引变电所 B 牵引负荷消耗牵引电量 37.3268 万 kW·h，返送再生电量 4.2024 万 kW·h(返送再生电量约占消耗牵引电量的比例为 11.26%)。

(5) 牵引变电所 B 牵引负荷消耗牵引电量构成如下：牵引变电所 B 110kV 三相电力系统供电 34.0579 万 kW·h(变压器损耗 0.2392 万 kW·h，实得 33.8187 万 kW·h)，牵引变电所 B 产生的再生电量 2.5656 万 kW·h，牵引变电所 A 转移再生电量 1.0522 万 kW·h(变流器损耗 0.0865 万 kW·h，实得 0.9656 万 kW·h)，合计 37.3499 万 kW·h(误差 0.062%)。

(6) 牵引变电所 B 牵引负荷返送再生电量消耗情况：牵引变电所 B 自利用电量 2.5656 万 kW·h，转移到牵引变电所 A 0.7807 万 kW·h，牵引变压器消耗 0.0208 万 kW·h，110kV 三相电力系统返送 0.8585 万 kW·h，合计 4.2256 万 kW·h(误差 0.55%)。

(7) 110kV 计量牵引与再生电量相较于牵引负荷计量牵引与再生电量，牵引变电所 A 减少牵引电量 0.4322 万 kW·h，减少返送再生电量 1.1018 万 kW·h；牵引变电所 B 减少牵引电量 0.7033 万 kW·h，减少返送再生电量 0.7783 万 kW·h；通过接入再生储能系统

第9章 再生制动能量利用系统工程应用

实现了变电所节电的目标。

(8) 通过分别统计电网侧与牵引侧牵引电量与再生电量，得到牵引变电所 A 和牵引变电所 B 牵引变压器单日损耗分别为 0.3481 万 kW·h 和 0.26 万 kW·h。

(9) 再生储能系统的 RPC 转移再生制动能量 1.8329 万 kW·h，损耗 0.1365 万 kW·h，综合转移效率为 92.55%。

(10) 再生储能系统的投入运行使得再生制动能量利用率由 67.68%(8.062/11.9118) 提升到 83.46%(9.9421/11.9118)，提升了 15.78 个百分点；若仅考虑投入再生储能系统前剩余的再生制动能量，则投入再生储能系统后再生制动能量利用率为 46.79% (1.8014/3.8498)。

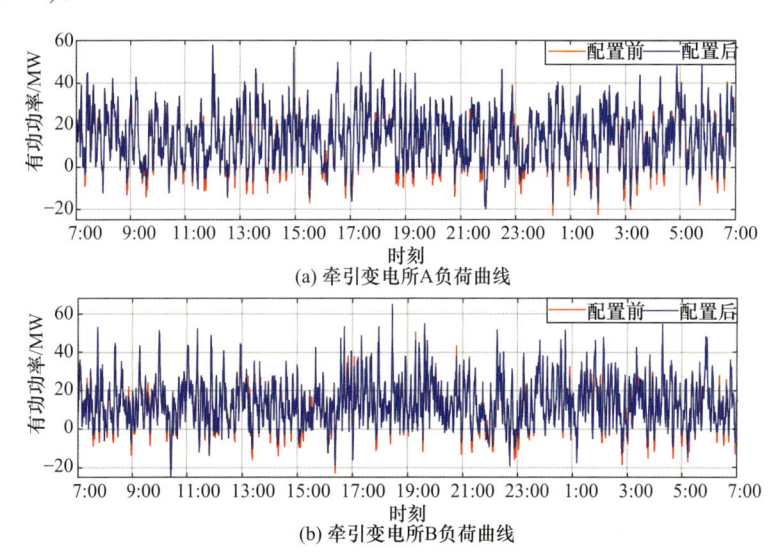

图 9-18 配置分区所再生储能系统前后相邻牵引变电所负荷功率对比

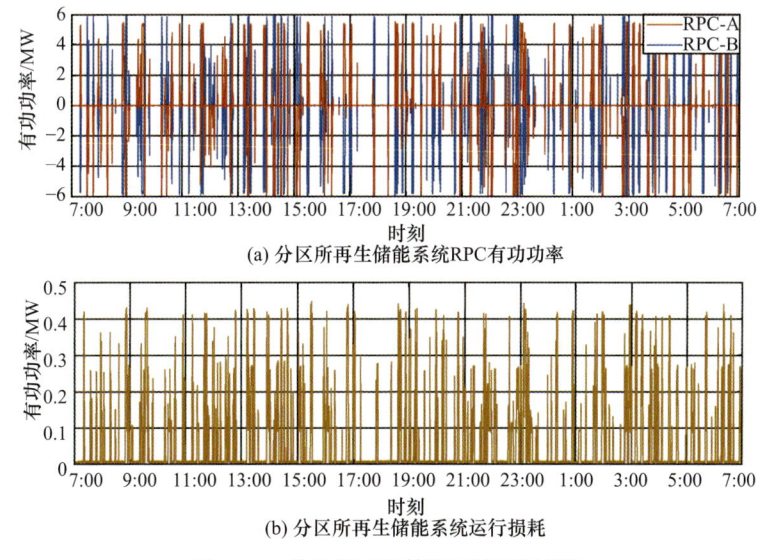

图 9-19 分区所再生储能系统运行情况

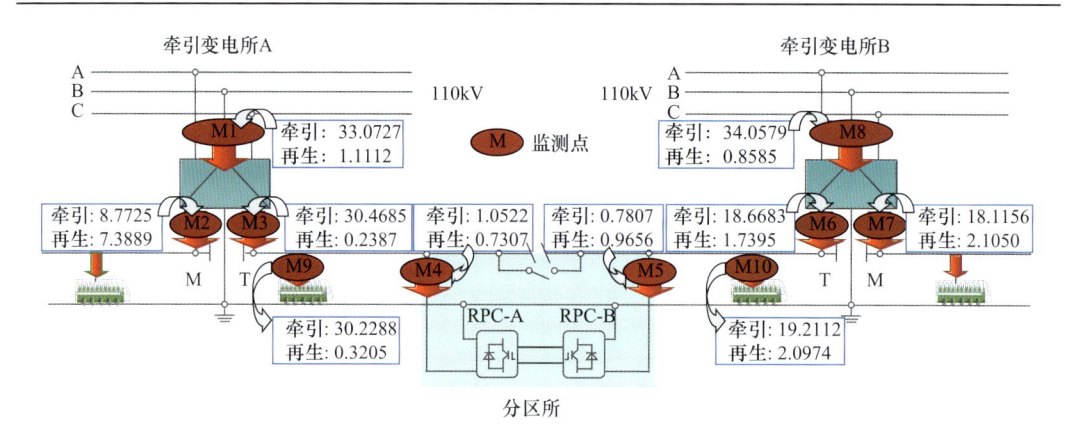

图 9-20 分区所再生储能系统各监测点电能测试结果

牵引表示牵引电量，单位为万 kW·h，再生表示再生电量，单位为万 kW·h

表 9-9 电能统计结果

电气量名称及测点		变电所 A 电能 /(万 kW·h)	变电所 B 电能 /(万 kW·h)
27.5kV 牵引负荷计量	T 相牵引电量 M9/M10	30.2288	19.2112
	T 相再生电量 M9/M10	0.3205	2.0974
	M 相牵引电量 M2/M7	8.7725	18.1156
	M 相再生电量 M2/M7	7.3889	2.1050
	合计牵引电量	39.0013	37.3268
	合计再生电量	7.7094	4.2024
	牵引电量 M2+M9/M7+M10	33.5048	34.7612
	再生电量 M2+M9/M7+M10	2.2130	1.6368
27.5kV 牵引母线计量	牵引电量 M2+M3/M7+M6	32.7825	33.8188
	再生电量 M2+M3/M7+M6	1.1691	0.8793
110kV 计量	牵引电量 M1/M8	33.0727	34.0579
	再生电量 M1/M8	1.1112	0.8585
变压器损耗	牵引电量 M1-M2-M3/M8-M7-M6	0.2902	0.2392
	再生电量 M1-M2-M3/M8-M7-M6	0.0579	0.0208
再生储能系统转移计量	正向转移电量 M4/M5	1.0522	0.7807
	反向转移电量 M4/M5	0.7307	0.9656
	转移损耗电量 M4-M5	0.0865	0.0500
110kV 计量节电量	牵引电量 M2+M9-M1/M7+M10-M8	0.4322	0.7033
	再生电量 M2+M9-M1/M7+M10-M8	1.1018	0.7783

9.3 本章小结

本章针对电气化铁路再生制动能量利用系统的工程应用，首先介绍了再生制动能量利用系统工程应用的技术方案、保护方案以及监控方案；然后，介绍了再生制动能量利用系统在既有线路牵引变电所和分区所的工程应用案例。再生制动能量利用系统对电气化铁路的能效提升和节能减支具有显著效果，随着工程示范对技术可行性的实证与应用效果的显现，再生制动能量利用系统将具备广阔的推广应用前景，有效促进电气化铁路牵引供电系统的节能高效发展。

参 考 文 献

[1] Horita Y, Morishima N, Kai M, et al. Single-phase STATCOM for feeding system of Tokaido Shinkansen[C]. The 2010 International Power Electronics Conference, Sapporo, 2010: 2165-2170.

[2] Ohmi M, Yoshii Y. Validation of railway static power conditioner in Tohoku Shinkansen on actual operation[C]. The 2010 International Power Electronics Conference, Sapporo, 2010: 2160-2164.

[3] Zhang D H, Zhang Z X, Wang W A, et al. Negative sequence current optimizing control based on railway static power conditioner in V/v traction power supply system[J]. IEEE Transactions on Power Electronics, 2016, 31(1): 200-212.

[4] 杨凯, 胡海涛, 陈俊宇, 等. 电气化铁路再生制动能量利用系统保护方案研究[J/OL]. 中国电机工程学报, 2022: 1-13. https://kns.cnki.net/kcms/detail/11.2107.TM.20221102.0916.004.html.

[5] Shu Z L, Xie S E, Lu K, et al. Digital detection, control, and distribution system for co-phase traction power supply application[J]. IEEE Transactions on Industrial Electronics, 2013, 60(5): 1831-1839.

[6] 楚振宇, 魏宏伟, 周娟. 电气化铁路同相供电技术工程应用方案研究[J]. 电气化铁道, 2017, 28(6): 1-3.

[7] 胡海涛, 陈俊宇, 葛银波, 等. 高速铁路再生制动能量储存与利用技术研究[J]. 中国电机工程学报, 2020, 40(1): 246-256, 391.

[8] 吕顺凯. 基于变电所间能量调度的电气化铁路再生制动能量利用研究[J]. 电气化铁道, 2020, 31(6): 1-6.